Ansgar Weymann

Individuum – Institution – Gesellschaft

Hagener Studientexte zur Soziologie

Herausgeber:
Heinz Abels, Werner Fuchs-Heinritz
Wieland Jäger, Uwe Schimank

Die Reihe „Hagener Studientexte zur Soziologie" will eine größere Öffentlichkeit für Themen, Theorien und Perspektiven der Soziologie interessieren. Die Reihe ist dem Anspruch und der langen Erfahrung der Soziologie an der FernUniversität Hagen verpflichtet. Der Anspruch ist, sowohl in soziologische Fragestellungen einzuführen als auch differenzierte Diskussionen zusammenzufassen. In jedem Fall soll dabei die Breite des Spektrums der soziologischen Diskussion in Deutschland und darüber hinaus repräsentiert werden. Die meisten Studientexte sind über viele Jahre in der Lehre erprobt. Alle Studientexte sind so konzipiert, dass sie mit einer verständlichen Sprache und mit einer unaufdringlichen, aber lenkenden Didaktik zum eigenen Studium anregen und für eine wissenschaftliche Weiterbildung auch außerhalb einer Hochschule motivieren.

Ansgar Weymann

Individuum – Institution – Gesellschaft

Erwachsenensozialisation im Lebenslauf

VS VERLAG FÜR SOZIALWISSENSCHAFTEN

VS VERLAG FÜR SOZIALWISSENSCHAFTEN

VS Verlag für Sozialwissenschaften
Entstanden mit Beginn des Jahres 2004 aus den beiden Häusern
Leske+Budrich und Westdeutscher Verlag.
Die breite Basis für sozialwissenschaftliches Publizieren

Bibliografische Information Der Deutschen Bibliothek
Die Deutsche Bibliothek verzeichnet diese Publikation in der Deutschen Nationalbibliografie;
detaillierte bibliografische Daten sind im Internet über <http://dnb.ddb.de> abrufbar.

1. Auflage April 2004

Alle Rechte vorbehalten
© VS Verlag für Sozialwissenschaften/GWV Fachverlage GmbH, Wiesbaden 2004

Lektorat: Frank Engelhardt

Der VS Verlag für Sozialwissenschaften ist ein Unternehmen von Springer Science+Business Media.
www.vs-verlag.de

Umschlaggestaltung: KünkelLopka Medienentwicklung, Heidelberg

Gedruckt auf säurefreiem und chlorfrei gebleichtem Papier

ISBN-13:978-3-531-14156-5   e-ISBN-13:978-3-322-80525-6
DOI: 10.1007/978-3-322-80525-6

Für Verena und Nina

Inhaltsverzeichnis

Vorwort

Vor rund zwanzig Jahren hatte ich auf Einladung von Heinz Abels für die Fernuniversität Hagen drei Studienbriefe zum Thema „Erwachsenensozialisation" verfasst. Sie erschienen 1984. Die Fernuniversität befand sich zu der Zeit noch im Aufbau, der Bedarf an Studienbriefen war hoch. Zudem hatte das Thema „Sozialisation" eine außerordentliche wissenschaftliche und politische Konjunktur, insbesondere im Kontext von Bildungspolitik. Kurz zuvor war das erste Handbuch zur Sozialisationsforschung erschienen, herausgegeben von Klaus Hurrelmann und Dieter Ulich.

Im Jahre 2000 wurde aufgrund anhaltender Nachfrage eine Überarbeitung der alten Studienbriefe vorgenommen. Sie erschienen jetzt als Dreifachkurseinheit in einem einzigen Band vereint. Die Überarbeitung betraf vor allem Aktualisierungen der Theorie sowie Ergänzungen empirischer Studien zur Erwachsenensozialisation in verschiedenen Feldern.

Der vorliegende Band baut auf der Neuauflage des Studienbriefs vom Jahre 2000 auf. Er enthält jedoch fünf zusätzliche Kapitel sowie umfangreiche Überarbeitungen des bisherigen Textes.

Das Buch macht nicht nur Gebrauch von der älteren und der jüngeren Fassung der Studienbriefe. Es stützt sich auf empirische Untersuchungen, die in den vergangenen beiden Dekaden im Rahmen meiner Forschungsgruppen entstanden. Hervorzuheben sind hier Untersuchungen zur Bildung und Erwachsenenbildung (DFG und NIAS), das Projekt zur Technik im Alltag (BMFT) und die „Berufsverlaufstudie Ost", die im Rahmen des abgeschlossenen Sonderforschungsbereichs 186 (Lebenslaufforschung), teilweise auch der KSPW, durchgeführt wurde. Das letzte Kapitel zu Globalisierung und Lebenslaufpolitik ist mit einer Gastprofessur an der University of Toronto (German and European Chair/Munk Center for International Studies) und mit jüngst angelaufenen Arbeiten des neuen Sonderforschungsbereichs 597 (Staatlichkeit im Wandel) verbunden sowie mit dem Programm C, Life-Course-Research, der neuen Bremer Graduate School of Social Sciences/GSSS (Volkswagen-Stiftung).

Zum Thema dieses Bandes haben im Laufe der vielen Jahre immer wieder Assistenten und Mitarbeiter gearbeitet, denen ich an dieser Stelle Dank ausspreche für vielfältige Anregungen. Stellvertretend sind zu nennen: Reinhold Sackmann, Michael Windzio, Matthias Wingens sowie Susanne Falk, Matthias Rasztar, Olaf Struck und jüngst Carolin Balzer und Kerstin Martens.

Der Band umfasst dreizehn Kapitel, gegliedert in vier große Abschnitte.

Im *ersten Abschnitt* – *„Erwachsenensozialisation im Alltag"* – wird mit dem Gegenstand von Erwachsenensozialisation vertraut gemacht, ohne dass dazu mehr vorausgesetzt würde als die Alltagserfahrung des Lesers. Er beginnt mit Definitionen von Erwachsenensozialisation (1. Kapitel), beschreibt sodann Erscheinungsformen von Erwachsenensozialisation in der Gegenwartsgesellschaft (2. Kapitel) und schließt mit einem Überblick über zentrale Strukturmerkmale und Institutionen (3. Kapitel).

Der *zweite Abschnitt* – *„Theoretische Grundlagen"* – richtet sich auf die Theorie der Erwachsenensozialisation. In vier Kapiteln werden die zentralen Annahmen konkurrierender Analysen vorgestellt. Der Abschnitt beginnt im 4. Kapitel mit der klassischen und für lange Zeit herrschenden Theorie des Strukturfunktionalismus, die Sozialisation als Vergesellschaftung analysiert. Das nachfolgende 5. Kapitel widmet sich verstehenden Theorien der sozialen Konstruktion von Identität und Institution. Im 6. Kapitel wird eine Theorie vorgestellt, die in aller Regel nicht in Bänden zur Erwachsenensozialisation (oder Sozialisation) behandelt wird: Es sind Rationalitätstheorien, Theorien rationaler Institutionen (Staat und Markt), rationalen Handelns und des sozialen und Humankapitals. Das 7. Kapitel ist ebenfalls ein Novum in Bänden zur Sozialisation- und Erwachsenensozialisation. Es geht um den – integrativen – Beitrag des Neo-Institutionalismus zu den theoretischen Grundlagen von Erwachsenensozialisation.

Der *dritte Abschnitt* – *„Empirische Untersuchungen"* – stellt eine Reihe von Institutionen und Organisationen der Erwachsenensozialisation vor. Zu den klassischen Institutionen der Sozialisation und Erwachsenensozialisation gehören die Bildungseinrichtungen, in diesem Falle Einrichtungen der Erwachsenenbildung (8. Kapitel). Ein anderes Forschungsfeld mit langer Tradition ist die Untersuchung der Sozialisation von Erwachsenen für den Beruf und durch den Beruf (9. Kapitel). Es folgen Untersuchungen zur Sozialisationswirkung des technischen Fortschritts im Alltag auf mehrere Generationen (10. Kapitel), zur Erwachsenensozialisation im Kontext von Migration (11. Kapitel) und zur Sozialisation von jungen Erwachsenen im Zuge der Transformation Ostdeutschlands (12. Kapitel).

Den Abschluss bildet ein *vierter Abschnitt* zur *„Zukunft der Erwachsenensozialisation"*. Hier geht es (13. Kapitel) um die absehbaren Konsequenzen des tiefgehenden Institutionswandels, die unter den Begriff „Globalisierung" gefasst werden, sowie um daraus reaktiv hervorgehende Versuche internationaler und supranationaler Institutionalisierungspolitik am Beispiel der EU mit ihren Wirkungen auf die Formung von Lebensläufen. Globalisierung ist ein Musterfall der Beobachtung des Zusammenhangs von Institutionen und Erwachsenensozialisation unter Bedingungen schnellen, tiefgreifenden und alle Bevölkerungsgruppen erfassenden Wandels.

Ich danke den Reihenherausgebern Heinz Abels, Werner Fuchs-Heinritz, Wieland Jäger, Uwe Schimank und dem Westdeutschen Verlag für die Aufnahme des Bandes in die Reihe der „Hagener Studientexte zur Soziologie". Ebenfalls zu Dank verpflichtet bin ich meiner Sekretärin, Dietlind Heckelen, sowie den studentischen Hilfskräften Arumugarajah Jegapradepan und Volker Prott für die Unterstützung der technischen Herstellung des Manuskripts.

I. Erwachsenensozialisation im Alltag

„Life is what happens to you while you are making other plans."
(John Lennon 1996, S. 29)

Der I. Teil dieses Bandes beginnt mit dem Versuch, den Begriff Erwachsenensozialisation zu definieren. Dazu wird – neben anderen Nachschlagewerken – primär das Lexikon zur Soziologie herangezogen. Dieses Lexikon enthält einige Definitionselemente zu Institutionen und Prozessen von Erwachsenensozialisation. Als Schlagwort selbst ist der Begriff jedoch nicht verzeichnet (1. Kapitel).

Der begrenzte Erfolg, auf diesem Weg Erwachsenensozialisation zu definieren, zeigt, wie wenig der Begriff in den Sozialwissenschaften eingeführt ist. Er verdeutlicht auch, dass nach einer alternativen Annäherung an den Gegenstand gesucht werden muss. Dazu werden phänomenologisch Strukturen der Lebenswelt des Alltags beobachtet und beschrieben, selbstverständlich gewordene Institutionen ebenso wie nicht hinterfragte Konstruktionen der Wirklichkeit im Alltagswissen (2. Kapitel).

Im 3. Kapitel wird die Erwachsenensozialisation im Alltag nach zwei Kriterien geordnet: ein erster Ordnungsgesichtspunkt sind Strukturmerkmale von Erwachsenensozialisation, ein zweiter sind die Institutionen, in denen oder durch die sich Erwachsenensozialisation abspielt.

1. Was ist Erwachsenensozialisation?

Die Überschrift des I. Teils – Erwachsenensozialisation im Alltag – enthält eine Behauptung, die nicht ohne weiteres auf Zustimmung stoßen muss. Mancher Leser wird geneigt sein, ein Fragezeichen hinter die Überschrift zu setzen oder die Behauptung alltäglicher Erwachsenensozialisation für falsch zu halten. Denn wer spricht schon im alltäglichen Leben von Erwachsenensozialisation?

Sozialisation hingegen ist ein Begriff, der den Weg aus fachwissenschaftlichen Kreisen in die weitere Öffentlichkeit gefunden hat, der im alltäglichen Gespräch in der Familie, unter Freunden und Kollegen verwendet wird, der sich auch in Zeitschriften, Zeitungen, Fernsehsendungen wiederfindet. Unter Sozialisation können sich die meisten Menschen etwas vorstellen. Man denkt typischerweise an die Erziehung von Kindern in der Familie und im Kindergarten, an ihre Bildung in Schule und Berufsschule, also an die Vermittlung jener Voraussetzungen, die für eine erfolgreiche Integration junger Menschen in die Gesellschaft unerlässlich sind. Man denkt beim Stichwort Sozialisation sicher auch an gelegentlich hitzige Diskussionen über Sozialisationsmängel und soziale Probleme bei Heranwachsenden, die zur Erklärung von Schulabbruch, Alkoholismus, Drogenmissbrauch, Vandalismus, Bandenbildung und Jugendkriminalität herangezogen werden. Ein Beispiel dafür ist der in den achtziger Jahren in der Pädagogik entdeckte und viel diskutierte *neue Sozialisationstyp*. Gemeint ist der vorgeblich neue Student oder Lehrling mit den Charaktermerkmalen sensibel, narzisstisch, kleingruppenbezogen, leistungsunwillig. Er entstammt einer Familie, deren Interaktionsstruktur durch die – sozial schwache – Mutter bestimmt wird, was wiederum ein symbiotisches Verhältnis zwischen Kind und Mutter und einen narzisstischen Persönlichkeitstypus beim Kind begünstige. Dieser verwöhnte Sozialisationstypus aus verziehender Kleinfamilie mit gehobenem Konsumniveau und antiautoritären Eltern ist mehr an seinem Selbstwertgefühl als an praktischer Bewährung im Leben interessiert, daher unfähig, den Anforderungen von Berufsausbildung und Hochschulstudium gerecht zu werden.

Solche, mit dem Begriff Sozialisation verbundene Vorstellungen reichen nicht aus, um dem Begriff Erwachsensozialisation einen Sinn abzugewinnen. Denn sie handeln von Kindern und Jugendlichen oder besser vom Verhältnis zwischen erziehenden und urteilenden Erwachsenen einerseits und zu erziehenden und zu beurteilenden Kindern und Jugendlichen andererseits. Der Begriff der Erwachsenensozialisation hingegen enthält zwei sich selbst widersprechende Bestandteile: einmal den Begriff des Sozialisierens (von Kindern und

Jugendlichen), zum anderen den Begriff des Erwachsenen (also des voll soziali-sierten Menschen). Der Erwachsene ist nach allgemeinem Sprachgebrauch und eigenem Selbstverständnis dadurch gekennzeichnet, dass er als sexuell voll entwickelte und in der Gesellschaft unbeschränkt rechtsfähige Person eben nicht sozialisationsbedürftig ist, sondern selbst Kinder erzieht, Schüler unterrichtet oder Lehrlinge und Studenten ausbildet.

1.1 Definitionen

Das *Lexikon zur Soziologie* (Lexikon zur Soziologie (Hg. W. Fuchs-Heinritz/R. Lautmann/O. Rammstedt/H. Wienold) 1973; 3. Auflage 1994*)* hilft angesichts der Probleme mit dem Begriff Erwachsenensozialisation nach dem ersten Ein-druck nicht weiter. Der Begriff ist nicht als Schlagwort verzeichnet.[1] Verzeich-net aber ist das Schlagwort Sozialisation mit zahlreichen Unterschlagworten wie antizipatorische, historische, klassenspezifische, lebenslange, militärische, par-tielle, politische, primäre, retroaktive, schichtspezifische, sekundäre Sozialisa-tion.

„*Sozialisation*, Sozialisierung, selten auf deutsch: Vergesellschaftung, [1] Bezeichnung für den Prozeß, durch den ein Individuum in eine soziale Gruppe eingegliedert wird, indem es die in dieser Gruppe geltenden sozialen Normen, insbesondere die an das Individuum als Inhaber bestimmter Positionen gerich-teten Rollenerwartung, die zur Erfüllung dieser Normen und Erwartungen er-forderlichen Fähigkeiten und Fertigkeiten sowie die zur Kultur der Gruppe ge-hörenden Werte, Überzeugungen usw. erlernt und in sich aufnimmt. Wenn die-ser Aneignungsprozeß soweit geht, dass das Individuum die betreffenden Ver-haltensstandards, Werte, Überzeugungen, Einstellungen usw. als seine ‚eigenen bzw. als ‚Selbstverständlichkeiten' empfindet, spricht man von einer Internali-sierung derselben. Der S.prozeß setzt unmittelbar nach der Geburt ein und führt durch die Internalisierung und Integration der von den wichtigsten Interaktions-partnern des Individuums während der Kindheits- und Jugendphase (Sozialisa-tionsinstanzen) vermittelten Werte, Einstellungen, Rollenerwartungen usw. zum Aufbau des sozialen Selbst bzw. der sozialkulturellen Persönlichkeit." (Lexikon zur Soziologie 1994, S. 615)

Welche Elemente enthält diese Definition?

---

1   Auch andere Lexika und Enzyklopädien enthalten das Stichwort nicht, so das „Wörterbuch der Soziologie" (Endruweit/Trommsdorff 2002); die „Grundbegriffe der Soziologie" (Schäfers 1998); das Lehrbuch der Soziologie (Joas 2001); Rowohlts Enzyklopädie „Spezielle Soziolo-gien" (Kerber/Schmieder 1994).

- Sozialisation beginnt unmittelbar nach der Geburt.
- Sie wird durch die Interaktionspartner von Kindern und Jugendlichen betrieben.
- Die Erziehenden vertreten Gesellschaft und Kultur dem Kind gegenüber.
- Sozialisation führt zur Vermittlung von Werten, Normen, Einstellungen, Fähigkeiten und Fertigkeiten.
- Diese machen, wenn die Vermittlung erfolgreich internalisiert, also verinnerlicht ist, die Übernahme von Erwachsenenpositionen möglich, weil die dann dort zu spielenden Rollen beherrscht werden.
- Voll sozialisiert ist das Kind, wenn es ein angemessen funktionierender Rollenspieler geworden ist, eine sozialkulturelle Persönlichkeit mit einem stabilen sozialen Selbst, mit anderen Worten: ein idealtypischer Erwachsener.
- Im Ergebnis werden also durch Sozialisation Kinder und Jugendliche in Familie, soziale Gruppen, Gemeinschaften, Institutionen und Organisationen, Kultur und Gesellschaft integriert.

Die zitierte Definition enthält alle wesentlichen Elemente, die auch Nichtsoziologen beim Stichwort Sozialisation einfallen. Der Begriff ist ein gutes Beispiel für die Verbreitung soziologischen Denkens, das sich heute nicht nur in vielen akademischen Berufsgruppen, sondern auch im alltäglichen Sprachgebrauch und im Alltagswissen wiederfindet.[2]

Obwohl das Schlagwort Erwachsenensozialisation nicht im Lexikon zur Soziologie enthalten ist, setzt sich der Text zum Schlagwort Sozialisation doch über den oben zitierten Abschnitt hinaus fort und definiert dabei, ohne den Begriff ausdrücklich zu benutzen, auch den Begriff der Erwachsenensozialisation. „Obwohl einige Autoren die Verwendung des S.begriffes auf diesen Aufbau der sozialkulturellen Persönlichkeit und somit auf die bewußt und unbewußt ablaufenden Erziehungsprozesse bis zum Abschluss der Jugendphase beschränkt wissen wollen, kann grundsätzlich jedes Erlernen einer neuen sozialen Rolle bzw. jede Eingliederung in eine neue Gruppe als S. bezeichnet werden. Insofern ist die S. ein Prozeß, der das gesamte Leben hindurch andauert. Von besonderer Bedeutung ist in diesem Zusammenhang die berufliche S., die bei einem Großteil der Bevölkerung in industriell entwickelten Gesellschaften erst nach Abschluss der Jugendphase einsetzt." (Lexikon zur Soziologie 1994, S. 615) Dieser zweite Teil der Definition bezieht sich explizit auf die Sozialisation von Erwachsenen. Die ergänzenden Elemente sind:

---

2 Zur Verwendung soziologischen Wissens Beck/Bonß 1989; zur Diagnosefähigkeit Friedrich/ Lepsius/Mayer 1998; im europäischen Vergleich Wagner 1990.

- Sozialisation bezeichnet nicht nur Erziehungsprozesse, sondern den lebenslangen Lernprozess des Menschen.
- Sozialisation ist mit jedem Erlernen einer neuen Rolle, mit jeder Eingliederung in eine neue Gruppe verbunden, also beispielsweise mit dem Übertritt von der Hochschule in einen Betrieb nach dem Abschluss des Studiums, mit jedem späteren Betriebswechsel, mit Ehe und Familie, mit der Mitgliedschaft in einem neuen Verein, einem Verband, einer Partei oder Gewerkschaft. Erwachsenensozialisation ist ein zwangsläufiges, unvermeidbares Element von Institutionszugehörigkeit, das insbesondere bei Institutionswechsel intensiv erfahren wird.
- Sozialisation ist lebenslanges Rollenlernen unter sich stets wandelnden gesellschaftlichen und kulturellen Bedingungen, eine Daueraufgabe in jedem Lebenslauf. Dies wird besonders dann sichtbar, wenn der individuelle Lebenslauf in eine historische Phase intensiven und schnellen sozialen Wandels eingebettet ist oder wenn der Lebenslauf als Folge von Migration durch unterschiedliche Gesellschaften und Kulturen führt.

Die Elemente dieses zweiten Teils der Definition von Sozialisation machen klar, weshalb hier der Sozialisationsbegriff durchgehalten wird, also nicht stattdessen beispielsweise von Erwachsenenbildung, Umschulung oder lebenslangem Lernen gesprochen wird. Denn das Erlernen der neuen Rollen findet keineswegs zwingend, ja eher selten in Institutionen des Erwachsenenbildungssystems statt, also in der Universität, in der Volkshochschule, oder in einem Goetheinstitut. Es gibt in aller Regel keinen systematischen Erziehungs- oder Bildungsprozess. Vielmehr geschieht das Erlernen der neuen Rollen im Alltag, nebenher, unorganisiert, unsystematisch. Die berufliche Sozialisation beispielsweise bezeichnet die andauernde Vergesellschaftung des arbeitenden Erwachsenen durch seine berufliche Tätigkeit, durch seinen Betrieb als Organisation mit festen Abläufen zu festen Zeiten am festen Ort, durch seine Kollegen, Kolleginnen und Vorgesetzten, ohne dass eine organisierte Bildung und Erziehung durch Berufsbildung, Fortbildung, Umschulung oder Bildungsurlaub gegeben sein muss. Auch das Lernen neuer sozialer Rollen durch das Eintreten in neue Kleingruppen wie Sportvereine, Bürgerinitiativen oder den Elternbeirat einer Schule sind Sozialisation der Erwachsenen, sind Beispiele lebenslanger Vergesellschaftung, die nicht durch das Bildungs- und Erziehungssystem organisiert sind.

Bei genauerem Hinsehen enthält das Lexikon zur Soziologie also zwar nicht das gesuchte Stichwort Erwachsenensozialisation, wohl aber dehnt es den Begriff der Sozialisation explizit auf den Bereich der Sozialisation von Erwachsenen aus. Es definiert die Sozialisation von Erwachsenen als lebenslanges Lernen von Rollen zur angemessenen Ausfüllung neuer Positionen in neuen, kleinen oder großen Gruppen, Organisationen. Erwachsenensozialisation ist damit als sozialer Prozess erfasst – wenn auch nicht durch ein besonderes Schlagwort.

Ganz besonders nahe kommt dem Begriff der Erwachsenensozialisation das ebenfalls im Lexikon enthaltene Schlagwort *lebenslange Sozialisation*: „Diese Bezeichnung betont, dass Sozialisation nicht – wie nach älterem Verständnis – in Kindheit und Jugend mehr oder weniger abgeschlossen wird, sondern dass sie im Gegenteil während der ganzen Lebensspanne vor sich geht. Erlernen neuer Rollenanforderungen, Verlernen alter und Lösung aus den alten Rollen, Bewältigung von Statusübergängen und damit verbundene Identitätswandlungen und auch -krisen usw. werden jetzt als Kennzeichen des gesamten Lebenslaufs angesehen und erforscht." (Lexikon zur Soziologie 1994, S. 616)

In diesem Schlagwort ist der Begriff Erwachsenensozialisation durch den Begriff lebenslange Sozialisation ersetzt worden. Seine Elemente sind:

- Aufhebung der Begrenzung des Sozialisationsbegriffs auf Kindheit und Jugend und Ausdehnung des Sozialisationsbegriffs auf das gesamte Leben.
- Ergänzung des Lernprozesses durch Verlernprozesse, durch die Kunst zu Vergessen und früher Erlerntes auszutauschen. Ein einfaches Beispiel für diese Kunst ist, dass man die kindlichen Angewohnheiten aus dem Umgang in der Familie ablegen muss, wenn man in Schule, Universität und Betrieb eintritt.
- Befassung mit dem dauerhaften Problem des Wechsels von Positionen im Leben und mit dem Problem des Wechsels von Rollen und Status, die mit diesen Positionen verbunden sind, was besonders unter Bedingungen schnellen sozialen Wandels erfahren wird.
- Sowie schließlich der Aspekt der fortlaufenden Bewältigung auch der inneren Wandlungsprozesse, der Wandlung der sozialkulturellen Persönlichkeit, also des Selbst, der Identität. Hier liegt eine unerschöpfliche Quelle für die individuelle Nachfrage nach Selbsterfahrungsgruppen, nach Psychotherapie, nach Esoterik, Ideologie, Religion und nach anderen Formen der Stiftung neuen Sinns.
- Da Sozialisation eine historische Ausprägung hat, trifft sie aufeinanderfolgende Geburtskohorten je nach deren Lagerung im historischen Geschehen in unterschiedlicher Weise. Diese kollektive Lebenserfahrung ist dann zugleich eine Quelle möglicher Entwicklung von Generationsbewusstsein, das wiederum Generationsbeziehungen auf der Basis der erlebten Generationsverhältnisse formt.

An der Definition dieses Stichwortes ist interessant, dass ein weiterer Aspekt von Erwachsenensozialisation eingeführt wird. Erwachsenensozialisation ist als wissenschaftlicher Begriff nicht auf die Problematik der Integration von Erwachsenen in Gesellschaft beschränkt, sondern umfasst zugleich die innere Verarbeitung des gesellschaftlichen Prozesses durch das betroffene Individuum. Diese innere Seite würde man üblicherweise als *soziale und personale Identität* bezeichnen, an deren Herausbildung und ständiger Weitergestaltung Erwachsenensozialisation beteiligt ist. Damit haben wir neben der gesellschaftlichen auch die personenbezogene Seite des Sozialisationsprozesses von Erwachsenen bezeichnet und beide Prozesse als zwei Seiten einer Münze dargestellt.

Wir wollen ein letztes Schlagwort aus dem Lexikon für Soziologie hinzunehmen, das ebenfalls einen wichtigen Aspekt der Erwachsenensozialisation beleuchtet, ohne den Begriff selbst zu erwähnen. Es ist die retroaktive Sozialisation: „... rückwirkende Sozialisation, also jene persönlichkeitsverändernden usw. Einflüsse, die vom Sozialisanden (z.B. dem Kind) auf die Sozialisatoren (z.B. die Eltern) ausgehen. Die Jugendsoziologie hat z.B. verschiedentlich festgestellt, daß sich Eltern an die politischen Meinungen, die modischen Präferenzen, die technischen Interessen oder den Umgangsstil ihrer heranwachsenden Kinder annähern. Als Bedingung für die Zunahme solcher r. S. gilt meist, daß Kinder und Jugendliche – wegen des beschleunigten sozialen und kulturellen Wandels – in manchen Bereichen (Mode, technische Hobbys, politische Bewegungen, Musik und Tanz z.B.) schneller und intensiver kompetent werden als Erwachsene, weil sie das Neue nicht auf dem Hintergrund lebensgeschichtlich früherer Erfahrungen, Präferenzen und Fähigkeiten aufnehmen. Aber auch unabhängig davon ist der Begriff der r. S. anregend, weil er Sozialisation nicht als einseitigen Vorgang auffasst." (Lexikon zur Soziologie 1994, S. 616) Interessant ist an den Ergänzungen dieser Definition,

- dass sich die aktive und passive Rolle der Sozialisation umkehren kann, dass also auch Erwachsene zum Objekt von Sozialisation werden, Erwachsene nicht nur selbst erziehen und bilden;
- und dass hier auf die Folgen des sozialen Wandels für Erwachsenensozialisation hingewiesen wird. In sich schnell wandelnden Gesellschaften wird nicht nur die angesammelte Weisheit der Erwachsenen an die Kinder weitergegeben, sondern die Kinder wachsen in den neuen Verhältnissen unbefangener auf und eignen sie sich schneller an als die Erwachsenen. Dies versetzt sie in die Lage, bestimmte Dinge ihrerseits zuerst zu beherrschen, die sie dann an Erwachsene vermitteln können. Ein in allen Familien vertrautes Beispiel ist die Technikkompetenz von Kindern und Jugendlichen im Umgang mit Videorekordern, DVD und MD, PC und

Internet, die derjenigen der Erwachsenen in der Regel überlegen ist, so dass hier die Erwachsenen die zu Sozialisierenden sind.

1.2 Zwei Musterfälle: Sozialpädagogik und Erwachsenenbildung

Erwachsenensozialisation ist – wie Sozialisation überhaupt – an Institutionen gebunden: Familien, Schule, Berufsschule, Hochschule, Betriebe, Vereine und Verbände. Typische Institutionen der systematischen Erwachsenensozialisation sind Einrichtungen der Sozialpädagogik/Sozialarbeit sowie der Erwachsenenbildung/Weiterbildung.

„Im Zuge des Ausbaus des modernen Bildungs- und Sozialstaates in den letzten Jahrzehnten haben sich vielfältige Aufgaben und Zuständigkeiten der Sozialarbeit/ Soziapädagogik entfaltet, etabliert und ausgedehnt." (Handbuch der Sozialarbeit/ Sozialpädagogik 1987, S. IX) „Sozialpädagogik, zusammen mit Sozialarbeit der Bereich der ursprünglich aus Armuts- und Verwahrlosungsproblemen motivierten institutionellen *Sozialisations- und Emanzipationshilfen* für verschiedene Gruppen außerhalb des traditionellen Bildungssystems. Prinzipien: Entwicklung, Organisation und Anwendung professioneller Dienstleistungen für solche Gruppen, deren erwünschte Sozialisation, Integration oder Autonomie aufgrund sozialer Bedingungen oder individueller Konflikte problematisch ist, wobei sozialwissenschaftliche Grundlagen angewendet werden. Arbeitsfelder: Kindergarten, Freizeitheim, Familienfürsorge, Beratungsdienste, Resozialisierung, Jugendtourismus, Altenhilfe u. ä." (S. 626)

In dieser Definition wird von Sozialisation gesprochen, die
- Erwachsene betrifft,
- nicht auf das Bildungs- und Erziehungssystem begrenzt ist, ja sich typischerweise außerhalb dieses Systems abspielt,
- als staatliche Intervention aufgrund festgestellter sozialer und personaler Defizite konzipiert wird und die
- sich in angebbaren Feldern durch angebbare Sozialisationsinstitutionen vollzieht.

In dieser Definition bildet sich ein System von *sekundärer Sozialisation* ab, das in seinem Institutionalisierungsgrad dem *primären System der Sozialisation* von Kindern und Jugendlichen in Kindergärten, Schulen, Berufsbildung vergleichbar ist. Zugleich zeichnen sich viele der genannten Felder und Adressaten der Erwachsenensozialisation durch ein Spezifikum aus: Es geht hier um Randgruppen, um Problemfälle.

Unter der zitierten Begriffsexplikation einer sekundären, lebenslangen oder zumindest verlängerten, von außen kommenden integrativen und intervenierenden Erwachsenensozialisation zur Behebung von Sozialisationsdefiziten der Klientel der Sozialpädagogik und Sozialarbeit verstecken sich auch zwei im Zusammenhang mit Erwachsenensozialisation überraschende Begriffe: Emanzipation und Autonomie. Sie gehen in dem Krankheits- oder Krisenszenarium defizitärer, reparaturbedürftiger sozialer und personaler Probleme fast unter. Sozialisation ist ein auf das Subjekt einwirkender, es in einer passiven Rolle sehender Prozess. Kinder und Jugendliche werden sozialisiert, Berufsanfänger erleiden den Praxisschock, Betriebswechsler sollen als Passageritus einen Einstand geben und sich anpassen lernen, Strafgefangene sind zu resozialisieren, Kranke zu rehabilitieren. Dies alles sind organisierte Lehr- und Lernprozesse mit beabsichtigter sozialisierender Wirkung auf Erwachsene. Autonomie und Emanzipation hingegen kann man nicht sozialisieren, man beansprucht, erstrebt und gewinnt sie aus freien Stücken. Sie stehen für Freiheit und Persönlichkeitsbildung.[3]

Wie Erwachsenensozialisation ein in sich widersprüchlicher Begriff ist, so ist auch die Verbindung von Sozialisation und Autonomie sowie Emanzipation in der Definition von Sozialpädagogik widersprüchlich. Dennoch ist dieser Widerspruch aufschlussreich. Denn immerhin macht er darauf aufmerksam, dass beide Aspekte häufig miteinander verbunden sind. Man kann sie nur analytisch trennen, indem man den theoretisch geschulten Blick auf den einen oder auf den anderen Aspekt des gleichen Prozesses lenkt. So haben beispielsweise viele soziale Bewegungen der Vergangenheit und Gegenwart einerseits sehr betont ihre Ziele über Emanzipation und Autonomie der von ihnen vertretenen Randgruppen und Sonderinteressengruppen definiert. Andererseits ist offensichtlich, dass auch auf ihre Autonomie bedachte und im eigenen Verständnis Emanzipationsziele anstrebende soziale Bewegungen auf ihre Mitglieder sehr intensiv und strikt sozialisierend einwirken. Erwartet wird Loyalität: die Vertretung der Ziele, die Einhaltung der „Linie" oder des Programms sind oberstes Gebot. Das gilt für die klassische politische Arbeiterbewegung und die Gewerkschaften ebenso wie für heutige Bürgerinitiativen und Parteien, für die Frauenbewegung und diverse Naturschutzbünde oder ökologische Gruppierungen, für selbstverwaltete Jugendfreizeit- und Kommunikationszentren, für Selbsthilfegruppen aller Art und für viele andere Bewegungen mehr. An diesen Beispielen wird deutlich,

---

3   An diesem Punkte sei an Humboldt 1967 erinnert, insbesondere an die Kapitel I-II und VI. Zur Geschichte des Humboldtschen Universitätstypus König 2000.

dass Sozialisation und Erwachsenensozialisation immer in einem Spannungs-verhältnis zur äußeren und inneren Freiheit stehen.

Die Ausdehnung des organisierten Bildungs- und Erziehungssystems auf das gesamte Leben und in viele Bereiche hinein, zu suchen unter den Schlagworten Weiterbildung oder Erwachsenenbildung, findet man im Lexikon ebenfalls nicht. Das Fehlen von Weiterbildung und Erwachsenenbildung ist überraschend. Denn an diesem mit Milliardenbeträgen aus Gebühren, sozial- wie beschäftigungspolitischen Subventionen und arbeitsmarktpolitischen Investitionen gespeisten und expandierenden Bildungssektor partizipieren jährlich Millionen – teils freiwillig, teils nachdrücklich aufgefordert.[4]

Die Erwachsenenbildung hat neben dem klassischen Ziel der Bildung der Persönlichkeit aus eigenem Antrieb und nach eigenen Zielen der Entfaltung von Anlagen und Interessen im Rahmen kultureller Traditionen auch andere Seiten, die sehr deutlich erwachsenensozialisatorische Züge tragen. „In dieser stärkeren Orientierung von Bildungsprozessen an den Alltagsbedürfnissen potentieller Teilnehmer trifft sich die EB mit Entwicklungen der Sozialarbeit/ Sozialpädagogik, die die Möglichkeiten von Bildungsmaßnahmen auch für therapeutische und sozialintegrative Aufgaben deutlich sieht." (Wörterbuch der Weiterbildung 1980, S. 120) Hierzu gehören die berufliche und berufsbezogene Weiterbildung, insbesondere Fortbildung und Umschulung, die für neue Positionen die neuen Rollenvoraussetzungen an Wissen und persönlichen Kompetenzen bereitstellen sollen. Hierzu gehören auch die berufliche Rehabilitation und die berufliche Resozialisation sowie der Bildungsurlaub, Arbeitslosenbildung und Altenbildung. Berufliche Weiterbildung und Qualifizierung wird aus Gründen staatlichen Interesses an Wirtschaftspolitik, Beschäftigungspolitik und Sozialpolitik großzügig aus öffentlichen Mitteln gefördert. Gefördert wird auch aus betrieblichen Mitteln im Rahmen betrieblicher Weiterbildung, sofern hier die Erwachsenensozialisation den betrieblichen Zwecken dienlich ist. Hierhin gehört neben der fachlichen Schulung auf allen Leitungs- und Qualifikationsebenen auch die Ausbildung der Ausbilder selbst. Ein weiterer deutlich erwachsenensozialisatorischer Aspekt von Erwachsenenbildung ist der weite Bereich der politischen, parteilichen, verbandlichen, auf Interessengruppen bezogenen Bildungsarbeit, also beispielsweise politische Bildung, Arbeiterbildung, parteiliche Stipendien-

---

4   Weiterbildung und Erwachsenenbildung gehören nicht zu den klassischen Themen der Soziologie, auch nicht zu denen der Bildungssoziologie, obwohl staatlich, betrieblich oder privat organisierte Weiterbildung Millionen Bürger betrifft und kein gesellschaftlich neues Phänomen ist. Siehe dazu „Handbuch für die Soziologie der Weiterbildung" (1980, hg. von A. Weymann). Zur Indienstnahme von Erwachsenenbildung auch Weymann 1983 und 2003b.

vergabe und Bildungseinrichtungen, Frauenbildung, kirchliche Bildungsarbeit, gewerkschaftliche Bildungsarbeit.

Erwachsenenbildung wird von kommunalen und staatlichen sowie von betrieblichen und verbandlichen Trägern erbracht, wobei man sich trefflich darüber streiten kann, welchem Trägertypus die Qualität freier oder gebundener Trägerschaft zukommt. (Es handelt sich um einen schon historischen Streit zwischen staatlich und verbandlich getragener Erwachsenenbildung.) Die außerordentliche und teilweise auch exotische, wenig systematische und offene, wandelbare Vielzahl von Bildungsangeboten hat häufig einen *transitorischen* Charakter im Lebensverlauf, also den Charakter der Begleitung von einer Position und Rolle zur nächsten. Dies ist ebenso eindeutig erwachsenensozialisatorisch wie die *kompensatorische* und die *komplementäre* Funktion von Erwachsenenbildung, also die Aufarbeitung und Beseitigung von Defiziten durch Erwachsenenbildung einerseits und die Begleitung von Veränderungen durch Erwachsenenbildung andererseits wie beispielsweise bei der Einrichtung von neuen Betrieben oder Arbeitsplätzen oder bei der Implementation von Programmen im Kontext der Transformation der ostdeutschen Bundesländer.

Ganz unabhängig von diesen häufig extern organisierten und zielgerichteten Funktionen von Erwachsenensozialisation durch Erwachsenenbildung bietet sich immer wieder Anlass zur lebenslangen Bildung aus *anthropologischen und psychodynamischen* Gründen. Die Verarbeitung des eigenen Lebensverlaufs, des sozialen und kulturellen Wandels oder besonderer Ereignisse und Statuspassagen von einer Rolle und Position zur anderen oder auch die Bewältigung von Lebenskrisen kann immer wieder dazu führen, dass Erwachsenenbildung als eines der angemessenen Hilfsmittel angesehen wird, von dem Erwachsene aus freien Stücken Gebrauch machen. Hier wird Erwachsenensozialisation selbst initiiert, ist mit Emanzipation und Autonomie verbunden, kommt damit Bildung im klassischen Sinne als Entfaltung der Person nahe (Wörterbuch der Pädagogik 1982).

1.3 Zusammenfassung

Die Definitionen des Begriffs Erwachsenensozialisation mussten mit gewissen Mühen zusammengesucht werden. Dies ist kennzeichnend für den wissenschaftlichen Bearbeitungsstand des Gebietes. Darüber hinaus wurde festgestellt, dass die schließlich gefundenen Definitionselemente relativ beziehungslos nebeneinander stehen. Das entspricht dem Stand der Theorie von Erwachsenensozialisation.

Da die Theorie der Erwachsenensozialisation Gegenstand des II. Teils sein wird, reicht es an dieser Stelle aus, die einzelnen Definitionselemente nochmals im Kern festzuhalten. Es waren:

- Einfügung in gegebene soziale Systeme und Kulturen. Diese Einfügung ist ein lebenslanger Prozess, denn mit jedem Gruppen- und Rollenwechsel zeigen sich Sozialisationsdefizite des Erwachsenen, die durch Nachanpassung korrigiert werden müssen.

- Bearbeitung der inneren Seite des Vorgangs: das Erleben und die Erfahrung des Sozialisierens, die aktive oder passive psychische und soziale Verarbeitung des Prozesses, die kulturelle und soziale Gliederung des Lebenslaufs in Abschnitte und Wendepunkte.

- Ein Element, das die Wechselseitigkeit des Sozialisationsvorgangs, die Interaktionsprozesse und Interaktionspartner, in den Vordergrund rückt.

- Eine Definition, die die zielgerichtete Beseitigung oder Minderung von Defiziten bestimmter Problemgruppen oder in bestimmten Lebensabschnitten und Lebenssituationen hervorhebt, wobei hier Eigeninteresse, Autonomie und Emanzipationsbestrebungen mit Zielen und Formen von passiver Sozialisation einhergehen unter staatlicher Intervention oder der Beteiligung anderer Dritter.

- Hinweise auf den Zusammenhang von sozialem und kulturellem Wandel mit Prozessen der Erwachsenensozialisation, die mit der Schnelligkeit, Tiefe und Breite des Wandels an Einfluss auf die Erwachsenensozialisation gewinnen. Musterfälle sind Fortschritte von Wissenschaft und Technik, Arbeitsmarkteinbrüche und Reformen der Sozialpolitik, inter- sowie supranationale Prozesse der Zurückdrängung der nationalen Autonomie und Souveränität durch Globalisierung oder die EU.

- Migration ist ein aufschlussreicher und politisch oft spannungsreicher Spezialfall des interkulturellen und internationalen Vergleichs und Vergleichserlebnisses von Erwachsenensozialisation.

- In Generationsverhältnissen und Generationsbeziehungen bilden sich die jeweils besonderen Einbettungen von Kohorten (Altersgruppen) in historische Kontexte oft eindrucksvoll ab.

2. Zur Phänomenologie der Lebenswelt von Erwachsensozialisation

„Die Wissenschaften, die menschliches Handeln und Denken deuten und erklären wollen, müssen mit einer Beschreibung der Grundstrukturen der vorwissenschaftlichen, für den – in der natürlichen Einstellung verharrenden – Menschen selbstverständlichen Wirklichkeit beginnen. Diese Wirklichkeit ist die alltägliche Lebenswelt." ... „Nur in der alltäglichen Lebenswelt kann sich eine gemeinsame kommunikative Umwelt konstituieren." (Schütz/ Luckmann 1979, S. 25)[5]

Dieses Kapitel dient der phänomenologischen Verständigung über die alltägliche Lebenswelt der Erwachsenensozialisation, also der Herstellung einer geschulten Aufmerksamkeit gegenüber der objektiven und subjektiven Realität von Erwachsenensozialisation.[6]

Erwachsenensozialisation ist alltägliche Lebenswelt in dem Sinne, dass sie konkrete und lebendige Lebenserfahrung von Handelnden ist, die in Erwachsenensozialisationsprozesse und -institutionen einbezogen sind und die diese Erfahrungen als sinnhafte subjektive Welt wahrnehmen. Die Wahrnehmung muss so strukturiert sein, dass sie in der gegebenen Gesellschaft Orientierung gibt. Dazu schöpft der Handelnde einmal aus der Umwelt, aus den historischen Erfahrungen seiner Zeitgenossen, und zum anderen aus den eigenen biographischen Erfahrungen sowie aus den Erfahrungen der unmittelbaren Mitwelt kontinuierlicher Sozialbeziehungen (Graathoff 1989, S. 93).[7] Die Alltagswelt wird zur eigenen Welt gemacht, zur Lebenswelt. Das geschieht durch Sinnkonstruktion, durch den sinnhaften Aufbau der Welt, in der wir leben.[8]

Zu den Strukturen der Lebenswelt des Alltags gehört, dass Lebenswelt unbefragt ist, fraglos gegebene, natürliche Weltanschauung. Lebenswelt gilt als strukturiert: soziales Handeln ist planbar und mit Erfolg durchführbar; es ist auch wiederholbar. Die Struktur der Lebenswelt hat räumliche und zeitliche Aspekte der Erreichbarkeit oder Unerreichbarkeit. So unterscheiden wir Nähe und Vertrautheit der eigenen Mitwelt vom Wissen um fernere oder unerreichbare Umwelten. Wir unterscheiden unsere Zeitgenossen, die in der selben Lebenswelt des Alltags leben, von Vorfahren und Nachfahren, die in anderen Lebenswelten lebten, an deren Konstruktion wir nicht beteiligt sind. Dabei ist un-

---

5   Zur Idee des Alltags bei Schütz vgl. Sprondel/Graathoff 1979.
6   Zur Methodologie Schütz 1971, S. 3-54; zu Symbol und Wirklichkeit Teil III, S. 401-410. Vgl. auch Soeffner 1989. Zu Orientierungshypothesen Wippler 1978.
7   Zur Unterscheidung von Umwelt und Mitwelt Schütz 1960, Vierter Abschnitt, Teile C und D.
8   Zum Zusammenhang von Alltag und Lebenswelt Graathoff 1989, S. 93-103.

ser Wissensvorrat je nach sozialer Position in der Sozialstruktur der Gesellschaft höchst unterschiedlich verteilt. Auch die Relevanz, die wir dem Alltag zumessen, stellt sich in der subjektiven Lebenswelt unterschiedlich dar. Jedoch hat die Lebenswelt des Alltags immer eine idealtypische Sinnstruktur, die aus der Verbindung von Leben und Denken durch Zuwendung hervorgeht (Schütz 1960, S. 72f.).

Der Phänomenologe „geht nämlich von der ontologischen Voraussetzung einer objektiven Welt nicht einfach aus, sondern macht diese zum Problem, indem er nach den Bedingungen fragt, unter denen sich die Einheit einer objektiven Welt für die Angehörigen einer Kommunikationsgemeinschaft konstituiert. Objektivität gewinnt die Welt erst dadurch, daß sie für eine Gemeinschaft sprach- und handlungsfähiger Subjekte als ein und dieselbe Welt gilt." (Habermas 1981, S. 31)[9]

2.1 Das Erwachsenensozialisationsprogramm des Club of Rome

Wie sehr Erwachsenensozialisation zur Lebenswelt des Alltags gehört, zeigt das zweite Buch des „Club of Rome" mit dem Titel „Zukunftschance Lernen" (Club of Rome 1979).

Nach den in Umweltdebatten prominenten ökologischen und ökonomischen Weltmodellen[10] des Clubs, die sich mit Ressourcen- und Energieknappheit, Nahrungsmittelmangel, Bevölkerungswachstum, Artenausrottung befassen, beschäftigt sich das Autorengremium des zweiten Berichts mit dem Zurückbleiben menschlicher Vernunft gegenüber dem technologischen und ökonomischen Fortschritt: „Wir müssen einen völlig neuen Kurs einschlagen, der zwar mit demjenigen, der der Menschheit den Weg zum Fortschritt ebnete, vergleichbar, aber auf einer anderen Ebene anzusetzen ist. Dieses neue Vorhaben, das sich an den Menschen orientiert, muss, wie bereits erklärt, darauf abzielen, deren latente Fähigkeiten des Verstehens und Lernens zu entwickeln, um den Gang der Ereignisse doch noch in den Griff zu bekommen." (S. 14)

Was hier als „latente Fähigkeiten des Verstehens und Lernens" apostrophiert wird, hat mit Lernen im üblichen erziehungswissenschaftlichen Sinn wenig zu

---

9   Schütz definiert die „Wissenschaften von der Sozialwelt" als „objektive Sinnzusammenhänge von subjektiven Sinnzusammenhängen" (Schütz 1960, S. 275). Zur Kritik Esser 1991.

10 Die Umwelt-Welt-Modelle enthält der Band: „Global 2000. Der Bericht an den Präsidenten", Frankfurt 1980 (24. Auflage, Aug. 1981): Verlag Zweitausendeins. Es handelt sich um einen Expertenbericht, den der ehemalige Präsident der USA, Carter, in Auftrag gegeben hatte. Zur wirtschaftswissenschaftlichen Grundlage siehe auch Meadows, D. L. 1994 (16. Auflage): Die Grenzen des Wachstums. Stuttgart, DVA.

tun. Es setzt sich davon im Gegenteil bewusst ab: „Dieser Bericht stützt sich auf neue Formen des Lernens als Hilfe bei der Überwindung des menschlichen Dilemmas. Den Begriff Lernen möchten wir in einem Sinn verstanden wissen, der über das konventionelle Vokabular von Erziehung, Ausbildung und Schulwesen hinausgeht, das heißt in seinem weitesten Sinn. Für uns bedeutet Lernen ein Sich-Annähern sowohl an das Wissen als auch an das Leben, bei dem der Nachdruck auf der menschlichen Initiative liegt." ... „Lernen ist der Prozeß der Vorbereitung auf neue Situationen. Es kann bewusst oder oft unbewusst erfolgen, gewöhnlich aber durch Erfahrungen des täglichen Lebens ..." (S. 28)

Es geht bei diesem neuen Lernbegriff um lebenslange Sozialisation. Das zeigen die Ausführungen des Bandes zu sozialen Pflichten, kultureller Identität, der Wiederentdeckung von Normen und Werten, sozialer Integration, vertieftem Sinnbezug, wechselseitiger Übernahme von Rollen, Partnerschaft, Solidarität und kluger Voraussicht. Das Bild eines anderen Menschen, einer neuen Persönlichkeit wird entworfen und die Frage gestellt, wie das entworfene Ziel zu erreichen sei. Die Antwort lautet nicht: „durch das Bildungs- und Erziehungssystem", sondern sie schließt alle sozialisierenden Einflüsse des Alltags mit ein, wobei neben Schule und Hochschule insbesondere das Arbeitsleben und die Massenmedien genannt werden:

- „Jedes Kind sollte einen Tag pro Woche außerhalb der Schule arbeiten." (S. 151)
- „Könnte man es nicht den Studenten anrechnen, ähnlich, als hätten sie zwei Semester lang einen Kurs belegt, wenn sie am Ende eines akademischen Jahres 10 Analphabeten das Lesen, Schreiben und Rechnen beigebracht hätten?" (S. 154)
- „Wenn das globale Telekommunikationsnetzwerk sich so weit ausdehnt, dass es fast jeden Menschen auf unserer Erde erreichen kann, wird es zu einem machtvollen Instrument der Beeinflussung unseres Zukunftsbildes." (S. 157)
- „Auch wäre es – entsprechend dem kulturellen Kontext – wünschenswert, wenn sich das Fernsehprogramm zu einem Drittel aus Erziehungs-, zu einem Drittel aus öffentlichen und kulturellen Angelegenheiten und zu einem Drittel aus Unterhaltung zusammensetzen würde." (S. 159)

Lebenslange, den Alltag umgreifende Einwirkung auf die Entwicklung der Persönlichkeit hin zu einem vordefinierten Ziel – das ist das Programm des Berichts des Club of Rome. Man kann es als weltweit zu organisierende Erwachsenensozialisation beschreiben, denn es hat mit der zeitlich und inhaltlich begrenzten Einflussnahme durch das herkömmliche Bildungssystem wenig gemein.

- „Globale Probleme zwingen zu einer tiefgreifenden universalen Umwandlung der Lernprozesse." (S. 137)
- „Den Menschen helfen, ihren Platz zu finden (anstatt ihnen ihren Platz zuzuweisen) in Bezug auf die Gesellschaft, auf Raum und Zeit und auf das, was sie wissen und was sie nicht wissen müssen." (S. 140)
- „Ziel dieses Projektes müsste sein, einen wissenschaftlichen Durchbruch in der Verbesserung unserer Lernmethoden und -programme zu erzielen und dadurch die Menschheit zu befähigen, ihr inneres Dilemma zu überwinden. Die beiden Pole dieses Vorhabens könnten die Erforschung des Gehirns einerseits und die psycho-pädagogische Forschung andererseits sein, unter angemessener Berücksichtigung der sozio-kulturellen Aspekte des Lernens." (S. 163)

Das Programm des Club of Rome ist Erwachsenensozialisation als Form fortlaufender gesellschaftlicher Entwicklungskontrolle. Den Autoren scheint nicht bewusst, dass sie sich nahe an den Problemen der Dialektik der Aufklärung[11] bewegen, gelegentlich nicht weit von Orwells Vision „1984": Denn die demokratische Verfassung der Frage – Wer sozialisiert hier wen lebenslang und umfassend aufgrund welcher Legitimation? – bleibt offen.

2.2 Beobachtungen eines fiktiven Tagesverlaufs

Es bedarf nicht des Club of Rome mit seinem philanthropischen, aber nicht unproblematischen Sozialisationsprogramm angesichts unbestreitbarer Überlebensprobleme der Menschheit und des Vergleichs mit der Orwellschen Vision vom totalen Überwachungsstaat, ja es bedarf überhaupt keiner dramatischen Akzente, um zu zeigen, wie weitgehend Sozialisation die Lebenswelt des Alltags von Erwachsenen bestimmt.

Versetzen wir uns beispielsweise in den Berufsalltag der Hochschuldozentin Meier, die zum Frühstück das Radio anstellt und den Tag musikalisch mit Pink Floyd „We don't need no education" beginnt. Es folgen die Nachrichten: Die Bundesanstalt für Arbeit gibt die monatliche Arbeitslosenzahl bekannt und weist zugleich auf Haushaltsdefizite hin, die die Programme zur *beruflichen Wiedereingliederung durch Fortbildung/Umschulung* beeinträchtigen. An die allgemeinen Nachrichten schließen sich die Lokalnachrichten an: Die Volkshochschule teilt mit, dass sie weitere *Kurse zur Ausländerintegration* anbiete. In

---

11 Zur Dialektik der Aufklärung die „Kampfschrift" von Horkheimer/Adorno 1947. Vgl. Dubiel 1988.

der Morgenzeitung finden sich Kommentare des Herausgebers und Stellung-
nahmen von Politikern anlässlich eines Festaktes zugunsten von *Behinderten*
und damit zusammenhängend Erklärungen über Möglichkeiten und Schwierigkeiten der *Gleichstellung* durch *soziale, psychische, berufliche Maßnahmen.*
Auf der Rückseite wirbt ein *kommerzielles Weiterbildungsinstitut* mit Kursen
zum Erwerb der *mittleren Reife, der Fachhochschulreife oder des Abiturs.* Auf
dem Weg zur Universität blättern Mitfahrer im Bus in einer bekannten Boule-
vard-Zeitung, deren Schlagzeile heute der *Urteilsverkündung* in einem spekta-
kulären Mordfall gilt: Strafmaß, Zurechnungsfähigkeit des Täters, Spekulation
über Qualität und Rolle der *psychiatrischen Gutachter sowie Sinn und Unsinn
resozialisierenden Strafvollzugs* erhitzen die Gemüter. Meier selbst blättert wäh-
renddessen in einem an der Bushaltestelle eingekauften Nachrichtenmagazin,
das den Kommentar eines Mediziners zur Überspezialisierung seines Berufs-
standes enthält mit der ironischem Anmerkung, er werde wohl bald noch einen
Spezialisten für Sterbeberatung hervorbringen.

   In der Universität hängen an den Wänden Einladungen von Frauengruppen,
die durch *Selbsterfahrung* eine *neue weibliche Identität* erhoffen. Das Thema
der eigenen Vorlesung erlaubt Meier einige geistvolle Anmerkungen zur Diskussion um das Familienrecht mit seinen mehr oder weniger subtilen *Eingriffs-
möglichkeiten in die Familie* durch verschiedene *Instanzen sozialer Kontrolle.*
In der Sprechstunde erscheint ein Student zur *Studienberatung,* dessen Lern-
probleme weniger mit fachlichen als mit *psychologischen* Schwierigkeiten zu
tun haben und dem deshalb empfohlen wird, die *psychotherapeutische Bera-
tungsstelle* aufzusuchen. Unter der Post auf dem Schreibtisch befindet sich auch
die Fachschaftszeitung. Dort wird in einer Artikelfolge zum Umdenken in Er-
nährungsfragen aufgefordert (*neues Ernährungsbewusstsein*), und zur Gründung einer *Männergruppe* aufgerufen, da die *Selbstfindung des Mannes* nicht
der Frauenbewegung überlassen werden dürfe.

   Am Mensaeingang die gewohnte Ansammlung von Büchertischen, auf de-
nen nicht mehr wie in vergangenen Jahrzehnten die bekannten sozialistischen
Arbeiter- und Arbeiterführerbiographien ausliegen, wohl aber *biographische
Literatur* aus dem bürgerlichen Leben und aus so unterschiedlichen sozialen
Bewegungen wie *Frauenbewegung, Homosexuellenszene* und *Attac.* Auf dem
Mensatisch unter den verschiedenen Flugblättern und Aufrufen Prospekte des
studentischen Reisebüros: Sie verheißen *multikulturelle Horizonterweiterung in
fernen Ländern.* Wenn erwünscht und benötigt, steht bei manchen Angeboten
ein *Freizeitberater* (*Animateur*) zur Verfügung.

   Der Nachmittag beginnt mit einer Sitzung des Ausschusses für Lehre, der
Schwierigkeiten hat, die Jahresplanung des *Lehrangebots* – wie in Studien- und

Prüfungsordnung vorgeschrieben – zu organisieren. Es fehlen noch Angebote für die *Studieneingangsphase* (*Kennen lernen, Ortsbegehung, Kommunikation und Problemaustausch*). Meier wird diese Aufgabe übernehmen, da das ältere Professorium dies erwartet.

Die Rückfahrt in die Wohnung führt am *Jugendzentrum* vorbei, dem eine Sozialpädagogenplanstelle gestrichen werden soll. In Plakaten weisen betroffene Jugendliche darauf hin, dass sie nicht auf die *professionelle Freizeitbetreuung* verzichten können. Zu Hause befindet sich unter der Privatpost ein Flugblatt, das zu einem *Straßenfest* einlädt und vom *Gemeinschaftsbewusstsein* der Bürger im Stadtteil spricht. Ein Rundschreiben aus der Schule des spätpubertären Sohnes lädt zum *Elternabend* ein: Drogenmissbrauch unter Schülern ist das Thema. Ein Fachmann ist eingeladen. Sein Thema: „*Generationenkonflikte*". Der Nachbar, der zu einem Glas Bier vorbeikommt, berichtet, dass das Haus gegenüber frei wird. Die *Ehescheidung* läuft bereits. Der Kampf geht im Wesentlichen um das *Sorgerecht- und Aufenthaltsbestimmungsrecht*. Das Urteil wird noch etwas auf sich warten lassen, da die psychologischen Gutachten noch nicht vorliegen.

Das Abendmagazin des Fernsehens befasst sich mit der Gesundheit der Bevölkerung, die Anlass zur Sorge gibt. Der eingeladene Experte empfiehlt den Ausbau von public health, die Einführung *obligatorischer Gesundheitserziehung* durch Schule und Massenmedien. Die Sendung schließt mit dem Problem: *Wer erzieht die Erzieher*. Als Bettlektüre nimmt Meier ein humoriges Büchlein für Menschen im mittleren Lebensalter zur Hand mit dem vielversprechenden Titel: „Was machen wir jetzt?" (Dörrie 1998). Es geht neben Ehekrisen und Eltern-Kinder-Konflikten um die heilsame Rolle *buddhistischer Lebensphilosophie* für den sinnsuchenden europäischen Mittelschichtler. Lange kann sie aber nicht lesen, denn am nächsten Morgen wird sie auf einem *Bildungsurlaubsseminar* über Zweck und Notwendigkeit *lebenslangen Lernens und beruflicher Flexibilität* sprechen.

Bis dahin bleiben ihr noch ein paar verträumte Stunden, deren Träume sie aber nicht mehr unbefangen genießen kann, seitdem sie – Folge eigener *Fortbildung* – ein Buch über Traumarbeit auf die psychoanalytisch relevanten Hintergründe des Geträumten aufmerksam gemacht hat (Freud 1991). Einzelne Albträume bedürfen keiner besonderen Deutung. Sie erklären sich dadurch, dass Meier auf einer *zeitlich befristeten Stelle* beschäftigt ist und ihre beruflichen Zukunftsaussichten unklar sind. Da sie schon lange in Y lebt und hier Familie und Freunde hat, weiß sie nicht, ob sie einen möglichen *beruflichen Aufstieg*, der zwangsläufig mit einem *Ortswechsel* verbunden sein wird, mehr fürchten oder herbeihoffen soll. Es wird – in jedem Fall – in absehbarer Zeit ein *einschneidender Abschnitt berufliche Sozialisation* zu bewältigen sein.

Der erfundene Tag brachte die Hochschuldozentin Meier mit folgenden Institutionen und Prozessen der Erwachsenensozialisation in Berührung – als unhinterfragte und wiederholbare Lebenswelt des Alltags:

- Massenmedien
- Arbeitsförderungsgesetz
- Migrations- und Integrationsprobleme
- Rehabilitation von Behinderten
- Weiterbildung und Erwachsenenbildung
- Psychiatrie und Psychotherapie
- Strafvollzug und Resozialisation
- Sozial-medizinische Betreuung
- Sozialisation durch soziale Bewegungen
- Familien- und Scheidungsrecht
- Hochschulsozialisation: Lehre, Studienberatung, Berufsberatung, psychotherapeutische Beratung
- Gesundheitsaufklärung und public health
- Biographien
- Sozialisationseffekte von Reisen und Animateuren
- Gemeindearbeit
- Jugendarbeit
- Freizeitbetreuung
- Rückwirkungen der Schule auf Eltern
- Sozialisationswirkungen von Nachbarschaft und Ortsgemeinde
- Generationskonflikte
- Drogenmissbrauch und Kontrollmaßnahmen
- Familienzyklen und Lebenszyklen
- Aussteigerkultur und alternatives Leben
- Bildungsurlaub
- Berufliche Sozialisation durch Arbeit und Arbeitsbedingungen
- Sozialisationsfolgen von Ortswechseln.

Als Hochschuldozentin ist Meier selbst ein Sozialisationsagent in einer Sozialisationsinstitution und insofern mit Erwachsenensozialisation öfter konfrontiert als andere Bürger. Doch auch in anderen Berufssparten und im privaten Alltag sind viele dieser Sozialisationsereignisse des fiktiven Tagesablaufs allgegenwärtig.

2.3 Intervention bei sozialen Problemen

Am augenfälligsten sind jene Sozialisationsprozesse, denen Gruppen von Erwachsenen in *systematischer und organisierter* Form als *Klientel professioneller Agenten in speziellen Sozialisationsinstitutionen* unterworfen werden. Die sozialisierende Intervention in den Lebenslauf des Erwachsenen hinein erfolgt in der Regel aufgrund gesetzlicher Bestimmungen, die die Kontrolle und Kompensation eines *sozialen Problems* regeln. Die Sozialisation ist dabei oft nur eines von verschiedenen Instrumenten zur Bewältigung des sozialen Problems, das in Kombination mit rechtlichen Maßnahmen oder materiellen Hilfestellungen gelöst werden soll. In diesen Beispielen von Erwachsenensozialisation haben Klientel, Agenten, Institutionen, Ziele, Inhalte und Formen relativ feste und allgemein bekannte Konturen. Dazu einige Beispiele:

Arbeitslosigkeit: Interventionen, die aufgrund gesetzlicher Bestimmungen durchgeführt werden, sind beispielsweise Umschulung, Fortbildung, sozialpädagogische Motivationskurse, Berufsgrundbildungsjahr, nachträglicher Erwerb von Schulabschlüssen, JUMP etc. Arbeitslosigkeit wird einschließlich ihrer Folgeerscheinungen als soziales Problem begriffen. Als Ursache wird ein Qualifikationsdefizit und nicht selten auch ein Sozialisationsdefizit unterstellt. Als Ziel wird die Wiedereingliederung in das Erwerbsleben angestrebt. Je größer der Anteil persönlichkeitsformender, insbesondere sozialpädagogischer, pädagogischer, psychologischer und beratender Zielsetzungen und Maßnahmen in diesen Kursen, desto offenkundiger wird, dass hier in einem sehr umfassenden Sinne nicht nur qualifiziert, sondern sozialisiert wird.

Kriminalität: Schon der Fachterminus Resozialisierung für den Erziehungsstrafvollzug, besonders für den Jugendstrafvollzug, macht auf den Vorrang von Erwachsenensozialisation aufmerksam, der hier planvoll unternommen wird. Im Einzelnen gehören dazu psychologische Begutachtung und Beratung, sozialpädagogische und seelsorgerische Betreuung, soziales Lernen, aber auch berufliche Qualifizierung und Allgemeinbildung.

Krankheit und Behinderung: Auch hier macht der Begriff Rehabilitation auf die Wiedereingliederungsabsicht aufmerksam, die von einer vollzogenen, zumindest teilweisen oder zeitlich begrenzten Ausgliederung aus der Gesellschaft als gegebenem Sachverhalt ausgeht. Erwachsenensozialisation findet in Form medizinischer Behandlung und Information, beruflicher Umschulung, psychologischer und sozialpädagogischer Beratung und Betreuung statt.

Psychische Erkrankungen: Psychiatrische und psychotherapeutische Maßnahmen haben zum Teil betont sozialisierenden bzw. die Sozialisation korrigierenden Charakter, zum Teil allerdings auch (insbesondere bei Zwangsmaßnahmen) verwahrende und entsozialisierende Funktionen.

Migration: Aufgrund sozialer Probleme und des öffentlichen Drucks, diesen Problemen zu begegnen, entstehen Maßnahmen zur kulturellen, sozialen und beruflichen Integration wie Sprachkurse, Stadtteilarbeit, Ausländerbetreuung, Berufsbildung. Erwachsenensozialisation ist hier im unmittelbarsten Sinne das Hineinsozialisieren in eine andere Kultur und Gesellschaft.

Jugendprobleme: Alkoholismus, Randaliererei, Vandalismus, Kriminalität gelten als Auffälligkeiten nicht ausreichend sozialisierter Jugendlicher, deren Sozialisationsdefizit nicht nur mit gerichtlichen und polizeilichen Auflagen, sondern auch mit umfangreichen Formen von Jugend- und Sozialarbeit begegnet werden soll. Der jugendliche Problemfall erscheint als der noch nicht ausreichend sozialisierte Erwachsene, dessen Sozialisationsdefizit lebensgeschichtlich letztmalig ausgeglichen werden kann.

Verkehrsdelinquenz: Die gesetzlichen Bestimmungen der Straßenverkehrsordnung haben bei einer derart hohen Zahl von Bürgern zu so umfangreichen Punkteeintragungen in der Flensburger Zentralkartei geführt, dass hier regelmäßig politischer Revisionsdruck entsteht. Das Problem wird nicht primär in der eigentlichen Schadensbilanz gesehen mit hohen Sachschäden und vielen Toten und Verletzten als Folge der Verkehrsdelinquenz. Das Problem ist vielmehr der politische Druck, den Millionen Täter als Wähler und über diverse Lobbys von Verkehrsclubs bis Anwaltsvereinigungen ausüben. Als Ursache der Verkehrsdelinquenz scheint mangelhafte Verkehrserziehung ausgemacht worden zu sein, denn eine (freiwillige) Teilnahme an zusätzlicher Verkehrserziehung macht es möglich, zur Abwendung des Führerscheinentzuges Punkte in der Zentralkartei abzulernen und abzusozialisieren.

Gesundheit: Gesundheit ist nicht nur ein medizinisches, hygienisches, naturwissenschaftliches Problem, sondern auch ein soziales Problem und ein Objekt gezielter Erwachsenensozialisation. Sie gehört zu den säkularen Religionen der Gegenwartsgesellschaft. Der aus dem Angelsächsischen kommende Begriff „Public Health", also die öffentliche Gesundheit, ist dafür ein gutes Beispiel. Beratungs-, Vorsorge-, Aufklärungskampagnen zu Diabetes, Krebs, AIDS, Grippe usw. entstehen. Sie treten als direkte Sozialisationsleistung neben bereits bestehende, unter denen die Entmündigung durch Hospitalisierung die dramatischste ist.

Diese Beispiele machen Erwachsenensozialisation jeweils an einem sozialen Problem fest. Über die Betroffenheit durch ein soziales Problem lässt sich die Gruppe der Sozialisanden und Sozialisierer relativ klar abgrenzen. Oft ist die Definition des Problems eine Angelegenheit staatlicher oder staatlich anerkannter Institutionen, und die Intervention durch Sozialisation ist rechtlich, organisatorisch und professionell geregelt.

Die Zahl sozialer Probleme und die Zahl jener Bundesbürger, die als problembehaftet definiert werden, ist groß und wächst. Eine natürliche Obergrenze gibt es nicht. Mit dem Wachstum korrespondiert die Neigung, Erwachsenensozialisation durch gesetzlich legitimierte Institutionen gezielt als Problemlösungsmittel einzusetzen. Die Zahl der Beispiele erwachsenensozialisatorisch definierter sozialer Probleme lässt sich deshalb fast beliebig weiter erhöhen. Jedoch kommt es an dieser Stelle nicht darauf an, Prozesse der Sozialisation von Erwachsenen vollständig zu sammeln und zu beschreiben wie ein Botaniker im Reich des Sozialen, sondern einige der wichtigsten zu benennen und den Typus der Erwachsenensozialisation zu kennzeichnen als selbstverständliche Wirklichkeit des Alltags und lebensweltlicher, sinnhafter Erfahrungshorizont.

2.4 Soziale Bewegungen

Oft in gezielter Absetzung von rechtlich fixierten Problemdefinitionen und staatlichen Interventionsstrategien sind Erwachsenensozialisationsprozesse in sozialen Bewegungen zu begreifen. Soziale Bewegungen haben oft keine scharf umrissenen Zugehörigkeitskriterien; sie definieren selbst, was sie für das Problem halten; sie legen auch ihre Zuständigkeit selbst fest; sie wollen nicht Objekt, sondern Subjekt der Problemlösung sein. Erwachsenensozialisation ist selten das eigentliche Ziel der Bewegung, immer aber eine *Begleiterscheinung der Gruppenbildung, Gruppenaktivitäten und Bewusstseinsbildung*.

Das Leben spielt sich in zahllosen Gruppen ab, formellen und informellen. Der Erwerb der Mitgliedschaft, das Einnehmen spezifischer Positionen in der Organisation, das angemessene Rollenspiel, die Verinnerlichung der Gruppennormen und -werte sind überall ablaufende Sozialisationsereignisse im Leben von Erwachsenen. Die Wirkungen dieser Vergesellschaftungen im Kleinen schlagen auf die Persönlichkeitsentwicklung wie auf die Gesellschaft insgesamt durch, wobei im Einzelnen große Unterschiede in Inhalt, Ziel und Form bestehen. Mitgliedschaft und Karriere in einer Sekte, in einer Umweltschutz- oder Anti-AKW-Bewegung, bei Attac oder bei den zahlreichen Gleichstellungsbewegungen haben neben allen Unterschieden ein wesentliches Charakteristikum gemeinsam, nämlich intensive Erwachsenensozialisation zu sein.

Arbeiterbewegung/Gewerkschaftsbewegung: Neben die Erfahrung gleicher existenzieller Lebenslagen und die Erfahrung von Problemlösungsmöglichkeiten bei solidarischem Verhalten traten mit zunehmender Institutionalisierung auch gezielte Schulungen und Agitationen in sozialisierender Form insbesondere für Mitglieder und Funktionäre. Die lange Geschichte der Arbeiterbewegung und Gewerkschaftsbewegung hat überdies zu vielfältigen Traditionsbildungen geführt, die zahlreiche, sozialisationsrelevante Werte und Normen transportieren, denen sich Mitglieder nicht entziehen können und wollen.

Frauenbewegung: Auch hier treten neben die alltägliche, ähnliche Erfahrung der Lebenslage zahlreiche Formen von Selbstorganisation und Selbsthilfe, Institutionalisierungen also, die außer rechtlichen und politischen Aktionen auch Bildungsmaßnahmen, Beratung und Betreuung einschließen, wobei die autonome Beherrschung dieser Entwicklung stets gefährdet ist durch Übergang in staatliche Instanzen als Folge des Strebens nach Verrechtlichung der Ansprüche, Professionalisierung, Arbeitsplatzbeschaffung durch staatliche Unterstützung.

Grüne und Alternative: Erwachsenensozialisation findet zunächst durch die Arbeit in der Gruppe und in der Öffentlichkeit statt, jedoch nimmt sie auch hier durch die Kooperation mit wissenschaftlichen Einrichtungen, durch das Eintreten in politische Institutionen bis hin zur Abgeordneten- und Regierungstätigkeit, durch die Ausschöpfung von Rechtsmitteln und wirtschaftlicher Instrumente wie Subventionen und Sozialpolitik eine andere Form an, die in politische Professionalisierung und berufliche Sozialisation übergeht. Ihren finalen Zustand findet die Bewegung als Verein, Verband, Partei, Staatsapparat.

In den hier angesprochenen Feldern ist es Sache der sich als betroffen Definierenden, ihr Problem als allgemein anerkanntes Problem in die Öffentlichkeit zu bringen. Hier gibt es zumindest zu Beginn keine oder nur geringfügige staatliche Interventionen. Der Sozialisationsprozess ist ein Erlebnis- und Erfahrungsprozess, weit weniger ein gezielter Schulungs-, Betreuungs- oder Beratungsvorgang; ja er ist oft Resultat einer Gegenstrategie der Akteure gegen staatliche Interventionsmaßnahmen. Am Ende aber stehen häufig Bürokratisierung und Verstaatlichung.

Soziale Bewegungen sind ein Musterfall der Sichtbarkeit gesellschaftlicher Bedingtheit des subjektiven Wissensvorrats, seiner Entstehung und seiner Weitergabe durch Sozialisation und Erwachsenensozialisation. Es zeigen sich die Grenzen der Verständigung in der Lebenswelt im Streit um konkurrierende Sinnhorizonte der richtigen Auslegung der Welt.[12]

---

12 Zu konkurrierenden Sinnstrukturen im Wandel der Geschichte Dux 1982. Zur Wirklichkeitskonstruktion sozialer Bewegungen Paris 1998 über den „Kurzen Atem der Provokation".

2.5 Lebenslauf und Statuspassagen

Hier stehen nicht Kollektivaspekte sozialer Probleme oder sozialer Bewegungen im Mittelpunkt, sondern gesellschaftlich geordnete Passagen, längere Sequenzen und langfristige Trajekte im individuellen Lebenslauf. Zu denken ist beispielsweise an Geburt, Ehe, Elternschaft, Scheidung, Tod; an Passagen im Bildungssystem wie Einschulung, Schulwechsel, Schulabgang, Immatrikulation, Graduierung; an den Berufslebenslauf mit den Passagen Berufsausbildung, Berufsbeginn, Berufswechsel, Arbeitsplatzwechsel, Arbeitslosigkeit, Rente. Solche für jeden Menschen gewöhnliche Passagen, Sequenzen und Trajekte des Lebenslaufs wirken in verschiedener Weise einschneidend sozialisierend: durch das Eingehen bzw. Abbrechen von Sozialbeziehungen – oft in Verbindung mit Riten und Feierlichkeiten, durch Änderung der Rechtsverhältnisse und der wirtschaftlichen Verhältnisse, durch Normen und Wertewandel, die wiederum eingebettet sind in ein dichtes Netz von Erziehung, Bildung, Beratung, Betreuung und sozialer Kontrolle. Sequenzen und Trajekte des Lebenslaufs werden durch Passagen eingeleitet bzw. beendet, in denen gesellschaftliche Positionen eingenommen oder verlassen werden, in denen Vergesellschaftung und Individuierung von Erwachsenen zu einem neuen Status vorangetrieben werden. Typischerweise nimmt auch in diesen sozusagen naturwüchsigen Sozialisationsvorgängen des individuellen Lebenslaufs der Anteil systematisch organisierter Erwachsenensozialisation zu. Einige Beispiele mögen das verdeutlichen.

Geburt: Neben die unmittelbaren persönlichen Erfahrungen treten familiäre und rechtliche Einwirkungen auf die Eltern; es werden medizinische und psychologische Beratungen angeboten; Kurse zur Vorbereitung auf Geburt, Kinderpflege und Elternschaft haben fast schon obligatorischen Charakter; der Freundes- und Bekanntenkreis ändert sich; eine Fülle von wissenschaftlicher, populärwissenschaftlicher, sensationsjournalistischer und romanhafter Literatur transportiert Deutungsmuster, denen sich die Eltern direkt oder über Verwandte, Freunde und Nachbarn vermittelt konfrontiert sehen. Es findet ein Zusammenwirken privater und öffentlicher, informeller und rechtlich formeller, selbstbestimmter und fremdbestimmter Sozialisationseinflüsse statt. Der Anteil der förmlich sozialisierenden Einflussnahmen durch Beratung, Betreuung, Weiterbildung, Vorbereitung, Recht, aber auch der Einfluss von wissenschaftlichen Deutungsmustern und Weltanschauungen, die die Massenmedien transportieren, ist groß.

Ehe und Familie: Es bedarf keiner Begründung, dass die Ehe und auch (gesetzlich anerkannte) Lebenspartnerschaften die sozialen Beziehungen der Partner und ihre Identität verändern, dass sie lebensgeschichtlich fundamental „vergesellschaftend" wirken. Auch in dieses Sozialisationsgeschehen greifen formale und gezielte Interventionen durch Ehevorbereitungskurse, Eheberatungsstellen, Familienberatungsstellen und ein immer differenzierteres Geflecht rechtlicher Bestimmungen ein. Besonders dramatische Formen nimmt dieser Zugriff im Scheidungsfall an und bei Problemfamilien, in denen Eltern und/oder Kinder einer Vielfalt sozialisierender Kontrollen unterzogen werden.

Studium: Im Vergleich zur Ehe und Familie ist das Studium ein kurzer und nur einen Teil der Erwachsenen betreffender Sozialisationsprozess. Das Studium auf eigenes Risiko – Einsamkeit und Freiheit, in Humboldts Worten – ist Vergangenheit. Obgleich auch diese traditionelle Form der deutschen Universität auf ihre Mitglieder ohne Zweifel sozialisierend gewirkt hat und eine ganz bestimmte Vergesellschaftung einleitete, war der persönliche Spielraum an Gestaltungsfreiheit groß. Heute hingegen wird das Studium durch eine immer weiter anschwellende Flut von Gesetzen und Verordnungen in feinsten Details reglementiert, in denen die Sozialisationsziele und Inhalte immer genauer definiert sind. Zur Absicherung sind Studienberatung und Berufsberatung auf verschiedenen Ebenen angesiedelt, werden Prüfungen und Tests gemacht, psychologische Beratungsstellen eingerichtet und Zentren für Hochschuldidaktik geschaffen. Der Student wird in das Studium hinein, durch es hindurch und aus ihm heraus betreut und geleitet, wobei die Sozialisierung auch als latente Funktion[13] des eigentlichen wissenschaftlichen Lern- und Arbeitsprozesses auftreten kann.

Beruf: Das Berufsleben ist ein Lebensabschnitt von langer Dauer und großer Wirkungsintensität auf die Erwachsenensozialisation, die hier eine Einfügung in den Wirtschaftsprozess, seine Organisationen und Strukturen bedeutet. Elementare Erfahrungen von Sicherheit und Unsicherheit, Konflikt und Solidarität, Entfaltung und Fremdbestimmung, Selbständigkeit und Abhängigkeit werden gemacht. Sozialisierend wirken Tag für Tag Kollegen, Vorgesetzte, Untergebene, die Arbeitsbedingungen, die rechtlichen Bestimmungen, die Entlohnungsweise und die Herrschaftsverhältnisse, Erfolge und Misserfolge, Lob und Tadel. Alles prägt die Persönlichkeit und ihr Verhalten. Die Unentrinnbarkeit der mit dem Berufsleben verbundenen Sozialisationseffekte hält dem Vergleich zu Ehe und Familie stand – wobei auch hier eine Aussteigerkultur und Aussteigerökonomie existiert. Die Verrechtlichung des Arbeitslebens und der Berufssphäre ist weit fortgeschritten, organisiert sozialisierende Interventionen sind überall vorzufinden: In Kursen zur Berufsvorbereitung, in der Berufsausbildung, in Umschulung, Fortbildung und Weiterbildung, im Bildungsurlaub, in

---

13 Zu manifesten und latenten Funktionen Smelser 1957, S. 19-84.

gewerkschaftlicher oder in der Führungskräfteschulung. Für die Eingangsphase und die Ausgangsphase stehen psychologische und sozialpädagogische Beratungen, Diagnosen, Betreuungen, Vorbereitungen, assessment center, Volontariate, Praktika usw. bereit.

Freizeit/Urlaub: Freizeit und Urlaub werden in der Fachliteratur gelegentlich auch mit dem Terminus Reproduktionssphäre bezeichnet. Dieses (oft marxistische) Kunstwort weist auf die Komplementarität von Freizeiträumen mit Arbeit und Beruf (der Produktion) hin. Nun sind Freizeit und Urlaub nicht schlicht auf Zulieferung für die Arbeit reduzierbar. Aber es gibt Verflechtungen, die sich unter anderem am Bildungsurlaub zeigen, in dem auf der Grundlage eines tariflichen Anspruchs Urlaub und Bildung im Zusammenhang mit Arbeit und Beruf gewährt wird. Sozialisationsleistungen im Freizeitbereich – ob Gesundheit oder Sport oder Amüsement oder Erlebnis oder Kultur – werden durch eine expandierende Sparte professionalisierter Freizeitberufe dokumentiert, die von sozialpädagogischer Jugendfreizeitbetreuung über den Freizeitpädagogen im Dienst einer Kommune oder eines Betriebs bis zum Animateur und Bildungsreiseleiter am Urlaubsort reichen. Nicht nur die oft beschworene Kommerzialisierung bestimmt die Freizeit in erheblichem Umfang mit, sondern auch ihre sozialisierende Pädagogisierung.

Diese Beispiele umfassen Erwachsenensozialisation, die jedes Leben in seinem Verlauf berührt. Es geht um Passagen von Status zu Status bei Positionswechseln, die in der Regel von Passageriten begleitet sind. Es kommt zu einem Abschluss oder zu einer Verlängerung, zu Vertiefung oder Korrektur lebensgeschichtlich bereits laufender Sozialisation, zu einem Vorantreiben der Vergesellschaftung des Erwachsenen und zu einer Weiterentwicklung seiner personalen und sozialen Identität durch Individuation im lebensgeschichtlichen Zeithorizont.

Phänomenologisch interessant ist hier der Aspekt des Scheiterns eines Sinnhorizontes der Auslegung der Alltagswelt. So lange das Neue sich in die alte Erfahrungsauslegung einfügen lässt, wird die Lebenswelt bestätigt. Ist das Neue im Alltag hartnäckig inkongruent mit der bisherigen Auslegung, wird die lebensweltliche Auslegung problematisch. Der Sinnhorizont wird dann breiter und tiefer neu ausgelegt. Das wiederum kann zur Aktualisierung bislang ungenutzten Wissens führen und damit zu einer neuen Fraglosigkeit oder aber auch zu weiterer Problematisierung des bis dahin für fraglos gültig gehaltenen lebensweltlichen Sinnhorizonts.

2.6 Presse und Fernsehen

Massenmedien informieren, unterhalten, lenken die Aufmerksamkeit, oder lenken ab, vermitteln Werte, Normen und Meinungen, beeinflussen die Wahrnehmung und die Selbstwahrnehmung. Sie decken ein sehr breites Spektrum von Themen ab. Der Lebenslauf des Lesers wird begleitet, kommentiert, befördert, behindert. Man konsumiert freiwillig, aber die Wahl eines Stoffes und Mediums ist selbst das Ergebnis einer bestimmten Sozialisierung, und die Konsumierung wirkt wiederum stabilisierend oder destabilisierend auf die bereits erfolgte Sozialisation zurück. Die Massenmedien verdeutlichen, dass Erwachsenensozialisation nicht nur ein alltägliches, sondern auch ein öffentliches Thema ist.[14]

Jeder Blick auf einen beliebigen Zeitungskiosk lehrt, wie viele auf Probleme der Erwachsenensozialisation geradezu spezialisierte Druckerzeugnisse es gibt. Besonders auffallend ist die große Zahl von Frauenzeitschriften, die für verschiedene Altersgruppen und Einkommensschichten den Lebenslauf begleiten, Ratschläge geben, Rollenerwartungen formulieren, Rollen kritisieren, Rollenkonflikte thematisieren, kurz die Lebensauffassung, das Selbst- und Weltbild der Leserin beeinflussen: Wie bleibe oder werde ich eine gute Geliebte, Ehefrau, Hausfrau, Mutter, wie wohnen und kleiden, wohin reisen, was essen und was glauben? Für den Kreis männlicher Kunden stehen die direkten Sozialisationsthemen im Hintergrund, jedoch ist stattdessen eine breite Palette an Themen vorhanden, die in gleicher Weise mit dazu beitragen, die kulturell normierten Rollen in unserer Gesellschaft auf allen Positionen einzuhalten und sich ihrem Wandel lebenslang anzupassen: Zu nennen sind hier Zeitschriften für Beruf, Wirtschaft, Finanzen, Politik, aber auch für Auto, Technik, Hobby, Populärwissenschaft, Sport usw.

Die Tatsache, dass viele Druckerzeugnisse gezielt einen weiblichen oder männlichen Kundenkreis ansprechen, ist selbst bereits Ergebnis einer geschlechtsspezifischen Sozialisation, die das Verhalten der Erwachsenen ebenso bestimmt wie dasjenige des Kindes. Die angesprochenen Journale tragen zur Fortsetzung der geschlechtsspezifischen Erwachsenensozialisation nachhaltig bei. Im Übrigen spiegeln die thematischen Schwerpunkte solcher Publikationen vieles von dem wider, was in unserer Kultur einen hohen Rang hat und gesellschaftlich normiert ist: Arbeit, Beruf, Einkommen, Vermögen, Bauen, Wohnen, Partnerschaft, Kleidung, Essen, Urlaub, Gesundheit, Jugend und Alter, Autos, Hobbys, Freizeit, Liebe, Sexualität – und nicht zuletzt korrekte politische Ge-

---

14 Zur Sozialisation und Erwachsenensozialisation durch Massenkommunikation Ronneberger 1971.

sinnung und sozial adäquate Weltanschauung. Über vieles, was man jeweils zu bestimmter Zeit an bestimmtem Ort in seinem jeweiligen sozialen Milieu für wesentlich hält zu besitzen, zu tun, zu erreichen, zu wissen, zu glauben und zu meinen geben diese Journale aktuelle Auskunft. Zugleich machen sie sich anheischig, durch Beratung und Information sowie Meinungsbildung das Erstrebte erreichen zu helfen.[15]

Nicht nur die verschiedenen illustrierten Journale und die vielfältigen wahren Lebensgeschichten im handlichen Heftformat befassen sich mit Themen der Erwachsenensozialisation und wirken zugleich an ihr mit, auch die seriöse politische Presse ist daran nicht unbeteiligt. *ZEIT*, *Spiegel* und *Focus* beispielsweise enthalten eine außerordentliche Fülle an kommentierenden Artikeln (monatlich etwa 30-50), in denen erwachsenensozialisatorische Themen ausführlich oder zumindest u.a. der Gegenstand sind. Aber nicht allein die Wochenzeitungen mit ihren – neben dem Nachrichtenanteil – vor allem milieubezogen kommentierenden und räsonierenden Artikeln behandeln das Thema, sondern auch überregionale Tageszeitungen wie *FAZ*, *Süddeutsche*, *Frankfurter Rundschau* oder Lokalzeitungen. Auch hier findet man in jeder Woche mühelos jeweils über ein Dutzend einschlägige Berichte, wenngleich die Tageszeitungen weit weniger Beiträge zum Thema Erwachsenensozialisation enthalten als die Wochenpresse, da in ihnen der Kommentar im Vergleich zur Nachricht einen geringeren Stellenwert hat.

Für die privatwirtschaftlich arbeitende Presse ist Erwachsenensozialisation schon deshalb ein lohnendes Thema, weil es hierfür einen breiten Absatzmarkt gibt. In vielen Ereignissen aus dem alltäglichen Leben findet sich der Leser selbst wieder; in anderen Themen sieht er ein Negativbild zur eigenen Rolle und zum eigenen Lebenslauf, von dem er sich wohltuend abheben kann: seien es nun Schicksalsschläge, erschreckende Krankheiten oder (drastisches) kriminelles Verhalten. Andere Ereignisse von Erwachsenensozialisation gehören in die Wunschsphäre des Lesers, die gleichwohl als Lesestoff attraktiv sind: ausgefallene Hobbys, teurer Lebensstil, exotische Reisen, Traumwelten von Liebe und Sexualität.

Soweit in der Presse Erwachsenensozialisation zum Thema gemacht wird, entspricht dieses Vermutungen, Erfahrungen oder professionellen Erhebungen über die Marktlage: Es besteht eine Nachfrage, deren Akzente sich regelmäßig

---

15 Aufschlüsse über die große Bedeutung des guten Geschmacks, des angemessenen Lebensstils und des Habitus in unterschiedlichen Sozialräumen, Klassen und Milieus bietet die Studie von Pierre Bourdieu über die feinen Unterschiede (Bourdieu 1982). Gerhard Schulze hat die Gesellschaft der saturierten Bundesrepublik vor der Wiedervereinigung als Erlebnisgesellschaft bezeichnet (Schulze 1992). In beiden Studien bestimmen Sozialisation und Erwachsenensozialisation den Ort im jeweiligen Milieu.

etwas verlagern. Die Medien sind einerseits Ausdruck der jeweiligen Moden, andererseits arbeiten sie an deren Durchsetzung und Erhalt mit. Seien es nun gestern Ruhm und Rang der eigenen Nation, heute technologische Neuerungen oder Freuden des Konsums, und morgen Erziehungsfragen, Gesundheit, Psychologie, Natur- und Umweltschutz. Die Erwartungen an den Erwachsenen, in diesen Dingen so an seiner Sozialisation zu arbeiten, dass er seine Rolle als informierter, natürlich kritischer, in jedem Falle aber mit den in seinen Kreisen erwartbaren einschlägigen Verhaltensweisen und Meinungen versehener Zeitgenosse wahrnimmt, sind immer die gleichen.

Das öffentlich-rechtliche Fernsehen steht offiziell unter einem gesetzlich geregelten Bildungs- und Informationsauftrag, der neben dem Unterhaltungsauftrag eine starke Stellung hat. Erwachsenensozialisation ist daher ein absichtsvolles Unternehmen der Programmproduzenten, die nicht nur auf die Nachfrage ausgerichtet sind. Wie weitgehend das Fernsehprogramm direkt und ganz unverhüllt erzieherisch auf Erwachsene einwirken soll, veranschaulicht ein Blick in das Programm. Allein die Sichtung eines einzigen Tagesprogramms zeigt die Rolle von Erziehung, Beratung, Bildung, die dem Fernsehen zur Sozialisation des erwachsenen Publikums zugewiesen ist bzw. von ihm wahrgenommen wird. Neben dieser direkt erwachsenenbildnerischen Seite des Programms sind zahlreiche Spielfilme zu finden, die Themen der Erwachsenensozialisation bearbeiten. Hier steht zwar nicht der Erziehungsauftrag im Vordergrund, sondern die Nachfrage des Publikums und das zugängliche Angebot an Spielfilmen. Gleichwohl ist der Anteil von sozialisationsbezogenen Filmthematiken hoch und das thematische Spektrum ebenso breit gestreut wie dasjenige der Presse. Die Programme zeigen exemplarisch, wie alltäglich und allgegenwärtig das Thema Erwachsenensozialisation und Biographie in den Fernsehmedien ist. Man kann sagen, dass Fernsehspiele lebensgeschichtlichen Thematiken kultureller, sozialer und politischer Korrektheit besondere Aufmerksamkeit widmen. Sie sind damit ein Spiegelbild der Gesellschaft, ihrer Normen, Werte, Phantasien und Albträume.[16]

2.7 Gegenwartsliteratur

Die Literatur der Gegenwart (aber auch der Vergangenheit) ist reich an Themen aus der Erwachsenensozialisation: Biographien, Autobiographien, Familienge-

---

16 Massenmedien sind ein exemplarischer Fall der professionellen „gesellschaftlichen Konstruktion der Wirklichkeit" (Berger/Luckmann 1969). Zur Kritik der ideologischen und politischen Übernutzung des Begriffs sozialer Konstruktion vgl. Hacking 1999.

schichten, eine Flut von Erscheinungen zur Midlife-Crisis, die Mutter-Tochter-
oder die Vater-Sohn-Beziehung, gehören ebenso dazu wie zahllose Romane aus
der Frauenbewegung, Schilderungen psychotherapeutischer Behandlungen, Do-
kumentationen über die Folgen der Haft, Biographien aus dem Dritten Reich,
der DDR, dem GULAG der UdSSR, aus fundamentalistischen islamischen Staaten, Schilderungen aus dem Alltagsleben in den unterschiedlichsten Randgruppen sowie Erweckungserlebnisse in Sekten oder esoterischen Gruppen.
Und nicht zu vergessen, eine Überfülle an (selbstverliebten) Biographien von
Prominenten aus allen Lebensbereichen, die in der Regel hohe Absatzzahlen erzielen.[17] Die Beschäftigung mit dem Leben, den alltäglichen und den besonderen Ereignissen, Einflüssen und Veränderungen, machen einen erheblichen Teil
der Bestsellerlisten auf dem gegenwärtigen Buchmarkt aus – wobei die Behandlung des Themas dokumentarisch, populärwissenschaftlich oder belletris-
tisch sein kann.

Wir werden mit dem Thema Erwachsenensozialisation in der Literatur den
Versuch beschließen, einen Eindruck von der Alltäglichkeit und der inhaltlichen
Breite des Erwachsenensozialisationsthemas zu gewinnen. Unter den zahlreichen Stoffen, die in der Literatur in den letzten Jahren im Mittelpunkt gestanden
haben oder noch stehen, seien – willkürlich – vier herausgegriffen: die berufliche Sozialisation aus der Sicht eines Mannes in der Midlife-Crisis, Erwachsenensozialisation bei Nichtsesshaften/Landstreichern aus der Feder eines Klassi-
kers, Erwachsenensozialisation durch Psychoanalyse autobiographisch aus fe-
ministischer Sicht sowie eine Vater-Tochter- und Gattenbeziehung unter dem
Einfluss buddhistischer Lebenswelt.

In Joseph Hellers Buch: „Was geschah mit Slocum?" (Heller 1975) schildert
der in der Midlife-Crisis steckende, erfundene Held das Leben als Angestellter
und Mittelschichtangehöriger in seiner Firma. Konkurrenzdruck, Aufstiegs-
zwang, Angst vor dem beruflichen Scheitern prägen die Charaktere der dort Berufstätigen. Der Beruf sozialisiert sie lebenslang, und sie können sich nicht der
Deformation ihrer Persönlichkeit widersetzen, ohne völlig aus der von ihnen
erwarteten privaten und beruflichen Rolle auszubrechen:

„Mir ist nicht geheuer, wenn ich geschlossene Türen sehe. Selbst in der Firma, wo ich mich derzeit so glänzend bewähre, läßt mich der Anblick ge-
schlossener Türen manchmal fürchten, daß dahinter Gräßliches geschieht,
was für mich üble Folgen zeitigt; wenn Lügen, Liebe, Alkohol oder auch nur
Schlaflosigkeit und Nervosität mich nachts zuvor wach gehalten haben, wit-
tere ich förmlich die Katastrophe, die unsichtbar hinter den Riffelglas-

---

17   Ein Musterfall dafür ist Joschka Fischers „Mein langer Lauf zu mir selbst" (Fischer 1999).

scheiben Gestalt annimmt. Meine Hände sind dann naß vor Schweiß, und meine Stimme klingt mir fremd. Warum wohl?" (S. 5)

„In meinem Büro gibt es fünf Personen, vor denen ich mich fürchte. Von diesen fünfen fürchtet jeder vier andere Personen ..., was zusammen zwanzig macht; jeder von diesen zwanzig wiederum fürchtet sechs weitere Personen, das macht insgesamt einhundertzwanzig Personen, die von mindestens je einer Person gefürchtet werden. Jeder von diesen einhundertzwanzig fürchtet sich vor den restlichen einhundertneunzehn Personen, und alle diese einhundertfünfundvierzig Personen[18] fürchten sich vor den zwölf Männern an der Spitze, den Gründern und derzeitigen Eigentümern des Unternehmens. Diese zwölf Männer sind nun allesamt ältlich; die Jahre und der Erfolg haben ihre Energien und ihren Ehrgeiz aufgezehrt. Manche haben ihr ganzes Leben in der Firma verbracht. Wenn ich ihnen auf dem Korridor begegne, wirken sie freundlich, gesetzt und zufrieden (sie wirken tot) ..." (S. 11)

In George Orwells Roman: „Erledigt in Paris und London" (Orwell 1978) geht es ebenfalls um die Prägung der Identität durch gesellschaftliche Verhältnisse und Institutionen, unter denen Erwachsene sozialisiert werden. Nur handelt es sich hier nicht um die Sozialisation der gehobenen Mittelschicht in einem Büro, sondern um Rollen- und Identitätszuweisung auf dem Boden der gesellschaftlichen Hierarchie: Wie sozialisiert das Nichtsesshaften-Asyl seine Bewohner? Orwell berichtet darüber autobiographisch:

„In meinem Aufzug war ich besorgt, daß die Polizei mich als Landstreicher festnehmen könnte, ... Meine neue Garderobe hatte mich von einer Minute auf die andere in eine neue Welt transportiert. Jeder um mich herum schien sich jetzt plötzlich völlig anders zu benehmen. Ich half einem Lumpensammler, seinen umgekippten Karren aufzurichten. ‚Dank Dir, Kumpel' sagte er und grinste. In meinem ganzen Leben hatte mich zuvor noch niemand ‚Kumpel' genannt – mein Aufzug hatte das bewirkt. Ich bemerkte auch zum ersten Male, wie sich das Verhalten von Frauen zu der Kleidung der Männer verhielt. Wenn ein schlecht gekleideter Mann an ihnen vorbeigeht, schaudern sie mit einer ganz offenen Bewegung des Widerwillens vor ihm zurück, als wäre er eine tote Katze." (S. 174f.)

„Das Edbury-Heim war nicht viel anders als das in Romton. Das Schlimmste hier war, daß aller Tabak gleich am Tor konfisziert wurde, und man hatte uns gewarnt, daß jeder, der beim Rauchen erwischt würde, sofort das Haus zu verlassen hätte. Nach dem Landstreichergesetz kann ein Tramp strafrechtlich verfolgt werden, wenn er im Asyl raucht – Tatsache ist: im Grunde können sie wegen allem und jedem verfolgt werden ..." (S. 207)

---

18 Die Zahl „145" ist im Originaltext enthalten, scheint jedoch ein (Druck)Fehler zu sein.

„Um zehn Uhr marschierte einer der Heilsarmisten durch den Großraum und ließ eine Pfeife schrillen. Sofort stand alles auf. ‚Was soll das bedeuten?‘ fragte ich Paddy erstaunt. ‚Dis heißt‘, du sollß jetzt‘ ins Bett gehen. Un‘ müde mussde auch aussehn.‘ Gehorsam wie Schafe trotteten alle zweihundert Mann ab Richtung Bett, befehligt von den Heilsarmee-Offizieren. ... Zwei Offiziere schliefen mit im Raum, um sicherzustellen, daß nach dem Ausschalten der Lichter weder geraucht noch gesprochen wurde.“ (S. 211)

„Das Asyl macht um sechs auf. Es war Samstag, und über das Wochenende würden wir dort eingesperrt werden, was der normalen Praxis entspricht.“ (S. 260)

„Am Morgen dann, nach dem Frühstück und der obligatorischen ärztlichen Untersuchung, trieb uns der Tramp-Major alle im Essraum zusammen und schloß uns ein. Es war ein kalkgetünchter Raum mit Steinfußboden, unbeschreiblich öde mit seinen Bohlen und Bänken und dem Gefängnisgeruch. Die vergitterten Fenster waren zu hoch, als daß man hätte hinaussehen können, und außer der Uhr und einer Abschrift der Hausregel gab es nichts an Verzierungen.“ (S. 262)

„Dann erzählte ich ihm (Paddy, A.W.) von der Verschwendung mit dem Essen in der Arbeitshausküche und was ich davon hielt. Und hier änderte er seinen Ton von einer Sekunde zur anderen. ... Obwohl er zusammen mit den anderen ausgehungert war, sah er sofort die Gründe dafür, daß das Essen weggeworfen werden mußte statt den Tramps gegeben zu werden. Recht heftig half er mir auf die Sprünge. ‚Sie müssen das machen‘, sagte er. ‚Wenn sie das hier zu bequem machen, haben sie bald den ganzen Abschaum vom Land auf dem Hals. Es ist nur das schlechte Essen, das den Abschaum fernhält. Die Tramps hier, die sind bloß zu faul zu arbeiten, das ist alles, was an denen nicht hinhaut‘.“ (S. 265)

Paddy zeigt sich in diesem Zitat bereits erfolgreich sozialisiert. Er hat über Tramps, obwohl er selbst einer ist, präzise die Ansicht übernommen, die bei den Asylleitungen und in der Öffentlichkeit vorherrscht. Eine Position in der Gesellschaft wurde zugewiesen, eine Rolle übernommen und eine Identität geformt, an deren Gestaltung der Betroffene selbst fast nur passiv beteiligt war.

Der Zweck von Wirtschaftsbetrieben ist nicht die Sozialisation der dort Arbeitenden, aber die berufliche Sozialisation ist ein notwendiger, wenn auch nicht notwendigerweise systematisch organisierter Nebeneffekt der Berufstätigkeit. Im Falle der Asyle für Nichtsesshafte kann man schon daran zweifeln, ob ihr erstes Ziel wirklich Unterbringung und Verpflegung ist, oder nicht bereits die kontinuierliche „Erwachsenensozialisation“ zum Zweck der sozialen Kontrolle. Im letzten Beispiel, der autobiographischen Erzählung einer Selbstfindung in der Psychoanalyse, ist der Schritt zur Erwachsenensozialisation keine Begleiterscheinung und nicht aufgezwungen, sondern gewollt. Außerdem wird

hier auf eine Institution zurückgegriffen, deren primärer Zweck die Erwachsenensozialisation oder besser Resozialisation ist. Marie Cardinal schreibt in ihrer
autobiographischen Erzählung "Schattenmund" (Cardinal 1979) u.a.:

> „Vater ist für mich ein abstrakter Begriff, der überhaupt keinen realen Sinn
> ergibt; denn ‚Vater' gehört zu ‚Mutter', und in meinem Leben sind diese
> beiden Personen voneinander getrennt, die eine ist weit von der anderen ent
> fernt. Wie zwei Planeten, die beharrlich auf der jeweils eigenen, unverän
> derlichen Bahn ihrer Existenz kreisen. Ich war auf dem Planet Mutter, und
> in regelmäßigen, wenn auch sehr ausgedehnten Abständen kreuzten wir den
> Planet Vater, der mit einem Nimbus, einem ungesund schillernden Lichthof
> umgeben war. ... Als ich selbst ein einsamer Planet wurde und folgsam, wie
> alle Planeten, meine eigene Bahn in den großen blauschwarzen Weiten mei
> ner Existenz beschrieb, versuchte ich lange Zeit, mich dem Vater zu nähern.
> Weil ich aber nichts über ihn wusste, mußte ich meine Suche aufgeben, er
> mattet, aber nicht traurig. ... Dort, am Ende der Sackgasse auf der Couch,
> das Gesicht zur Decke, die Augen geschlossen, um leichter die Verständi
> gung mit dem Vergessenen wiederherzustellen, mit dem Verschlossenen,
> dem Unbekannten, dem Undenkbaren, wollte ich meinen Vater wieder auf
> erstehen lassen. Endlich wollte ich ihn finden, weil seine Abwesenheit, bes
> ser seine Nichtexistenz, mich tief verwundet hatte." (S. 51)

> „In dem Maße, in dem sich mein Leben, mein Gleichgewicht in der Sack
> gasse aufbaute, gewann es auch draußen an Form und Sinn. Ich konnte mehr
> und mehr mit anderen Menschen reden, auf Versammlungen gehen, mich
> frei bewegen. Da meine Kinder nicht mehr die einzigen Bezugspunkte zur
> Realität waren, fiel ich ihnen auch weniger zur Last. ... Wir bauten uns Brü
> cken, die von ihnen zu mir und von mir zu ihnen führten. ... Je mehr Fort
> schritt ich machte, umso suspekter wurde mir die traditionelle Mutterrolle. ...
> Ich fühle mich heute noch dafür verantwortlich, sie in die Welt gesetzt zu
> haben, aber ich lernte allmählich, mich nicht für sie als eigenständige Perso
> nen verantwortlich zu fühlen. Sie waren nicht ich, und ich war nicht sie, sie
> mussten mich erst genauso kennen lernen wie ich sie. Ich war damit völlig
> in Anspruch genommen, denn auf diesem Gebiet hatte ich den Eindruck,
> Zeit vergeudet zu haben. Der Älteste war mittlerweile fast zehn Jahre alt."
> (S. 162f.)

Der Roman von Doris Dörrie beschreibt einige Tage aus dem Leben eines Mannes von Mitte Vierzig, der seine idealistischen beruflichen Ziele als kritischer
Filmemacher mangels Talent nicht verwirklichen konnte, stattdessen aber erfolgreich als Geschäftsführer einer modischen Restaurantkette ist. Entfremdung
von sich, seiner Frau und seiner Tochter bringt ihn auf den Spuren seiner in einen buddhistischen Lama verliebten Tochter in ein buddhistisches Klostercamp
in Südfrankreich (Dörrie 2000), bevölkert von sinnsuchenden mittel alten Europäern aus bürgerlichen Verhältnissen.

„Ich bin im Begriff, meine Familie zu verlieren. Meine Ehe ist auf dem Hund, und meine Tochter Franka hat sich in einen Kerl verknallt, der sie nach Indien entführen will." (S. 7)

„Franka will fliehen, und ich soll es verhindern. Aber ich bin ebenfalls auf der Flucht, auf der Flucht vor meiner beginnenden Glatze, dem unvermeidlichen Niedergang meines Körpers, auf der Flucht vor dem Ende der Liebe zu meiner Frau, dem Ende meiner Ehe." (S. 47)

„Noch vier Kilometer. Noch drei. Eine menschenleere Gegend breitet sich vor uns aus. ... Ich habe das Gefühl, (im buddhistischen Klostercamp) etwas leisten zu müssen, wofür ich nicht trainiert habe. ... Meditieren. In aller Herrgottsfrühe aufstehen. Nix Anständiges zu fressen. Die ganze Zeit schweigen. ... Noch einmal links abbiegen, noch einmal rechts, und dann weiß ich, dass wir hier richtig sind, denn sie kommen uns bereits entgegen. Schlimmer als in meinen kühnsten Träumen. Männer mit schütteren langen Haaren in hellgrünen Jogginghosen, Frauen mit ausladenden Hintern in lila Pumphosen ... ohne BH unter verfärbten rosa T-Shirts, Kinder mit Vokuhila Frisur: vorne kurz, hinten lang. Das sind sie also, die Erleuchteten. Oder die zu Erleuchtenden. Sie winken uns freudig zu und begleiten uns zum Parkplatz. Deutsche Kennzeichen aus Bergisch Gladbach, Neuß, Peine, Füssen, wenig Großstädte. Ansonsten französische, englische, holländische Kennzeichen." (S. 114f.)

„Ich zünde mir im Auto eine letzte Zigarette an. Norbert deutet strahlend auf ein Schild, auf dem in mehrerer Sprachen steht: *Du bist angekommen. Freu Dich an Deinem Atem. Schweige.*" (S. 115)

3. Strukturmerkmale und Institutionen

Im vorangegangenen Kapitel waren Ereignisse und Erfahrungen aus der Erwachsenensozialisation zusammengetragen worden, von denen man sagen kann, sie seien Lebenswelt des Alltags in einem doppelten Sinne: als sich wiederholende und wiederholbare alltägliche Ereignisse und als bewährte, unhinterfragte Lebenswelt. Dieses Kapitel gibt einen Überblick über zentrale Strukturmerkmale und Institutionen.

3.1 Strukturmerkmale

Das Lexikon zur Soziologie und die Handbücher zur Sozialpädagogik und Erwachsenenbildung hatten auf verschiedene Aspekte von Erwachsenensozialisation aufmerksam gemacht: auf fortgesetzte Zuweisung oder Übernahme neuer Positionen und Rollen, auf Statuspassagen und Passageriten im Lebenslauf, auf soziale Schichtung des Sozialisationsprozesses von Erwachsenen, auf den starken Einfluss von sozialem Wandel und Kohortenlagerung, sowie auf die innerpsychische Verarbeitung des objektiven Vorgangs durch Individuierung, biographische Deutung und Generationsbildung.

Alltägliche und organisierte Erwachsenensozialisation: Alltäglichkeit und Lebensphasenbezogenheit der Erwachsenensozialisation sind zwar die Regel, die verschiedenen Formen gezielter Eingriffe durch spezielle Instanzen nehmen jedoch zu. Die Unterscheidung zwischen alltäglich ablaufender Erwachsenensozialisation (z.B. in der Familie oder im Betrieb oder beim Zeitungslesen) einerseits und organisierter Erwachsenensozialisation andererseits (z.B. Umschulung, Psychotherapie, Resozialisation, Rehabilitation, sozialpädagogische Intervention) ist vielleicht die wichtigste, weil sie den Blick für gezielte Einsatzweisen von Erwachsenensozialisation öffnet. Damit kommen auch Zielgruppen (staatlicher) Politiken, die Träger und die Methoden der Erwachsenensozialisation und deren geschichtliche Veränderung ins Gesichtsfeld.

Normalität und Abweichung: Alltägliche Erwachsenensozialisation gilt im Regelfall als normal, d.h. den gesellschaftlichen Normen entsprechend. Erwünscht ist eine normale Standardbiographie. Die gesellschaftliche Norm für Normalität ist zwar oft mit dem statistischen Durchschnittsfall identisch, sie muss es aber nicht sein. Die Norm bezeichnet das Erwartete, als erwartbar Geltende, und oft darüber hinaus auch das gesetzlich Kodifizierte. Eine Abweichung von der Norm wird mit Bestrafungen verfolgt, nicht nur, soweit es sich um Gesetzesnormen handelt. Der Normalfall der Erwachsenensozialisation im Beruf ist z.b. das Erfüllen des Arbeitsvertrages, aber auch der zahllosen Erwartungen des Kollegiums, die die zu erfüllende Berufsrolle näher spezifizieren. Norm – und auch der Regelfall – ist, sowohl die schriftlich fixierten Vertragsbestimmungen einzuhalten wie auch die vielfältigen, oft vagen Erwartungen des beruflichen Umfeldes an die eigene Berufsrolle. Das Nichterfüllen der Rolle, also der Fehlschlag der Erwachsenensozialisation z.B. in der Probezeit nach einer Einstellung wird je nach Rang und Art des Problems unterschiedlich bestraft werden. Sanktionen reichen von der Abkühlung der Atmosphäre im persönlichen Umfang bis zur Kündigung zum Ablauf der Probezeit. Eine solche dysfunktionale Sozialisation tritt als Risikolage und Krise in Erscheinung und macht dem Betroffenen und seinem beruflichen Umfeld möglicherweise erst dann genauer bewusst, worin die erwartete Normalität besteht und wodurch sie verletzt wurde. Die Krise ist auf diese Weise das Auffälligste an Vorgängen der Erwachsenensozialisation. Durch das Auffälligwerden, durch Reaktionen im Umfeld und durch das Eingreifen spezieller Kontroll- und Bestrafungsinstanzen wird dazu beigetragen, dass das Normale bewusst gemacht, definiert und ggf. wiederhergestellt wird.

Öffentlichkeit und Privatheit: Erwachsenensozialisation kann in der privaten wie in der öffentlichen Sphäre stattfinden. Öffentlichkeit und Privatheit sind mit den schon genannten Kategorien kombinierbar: So kann die private Sozialisation in der Familie normal oder krisenhaft sein, sie kann alltäglich sein oder durch Hinzuziehung von Beratungsstellen einen höheren Grad zielgerichteter Organisiertheit erreichen. Vor allem in Krisenfällen wird die Form organisierter Erwachsenensozialisation der Familie zunehmen, so dass zwar alle Kombinationen von Kategorien denkbar sind, jedoch nicht alle in gleichem Maße wahrscheinlich. Das Zugeständnis eines privaten Raumes der Erwachsenensozialisation ist stets bedroht: Sobald die alltägliche, der Norm entsprechende Sozialisation beispielsweise in der Familie gefährdet ist durch Tod eines Elternteils, durch Scheidung, durch abweichendes Verhalten von Familienmitgliedern (Alkoholismus, Kriminalität), durch schwere und lange Krankheit oder andauernde Arbeitslosigkeit wird der private Raum aufgehoben und das Sozialisationsproblem zu einem öffentlichen Problem gemacht. Wie fließend die Grenzen sind, zeigt die Öffentlichkeit der Passageriten Geburt, Eheschließung, Tod usw., die als Riten auch dann öffentlichen Charakter haben, wenn die Privatheit nicht durch Problematisierung von Krisen durch öffentliche Instanzen in Frage gestellt wird. Von der Öffentlichkeit der Geburtsurkunde und des Heiratsaufgebots bis zur Öffentlichkeit des Totenscheins und der Todesanzeige ist die Privatheit auch im Normalfall stets begrenzt.

Intervention und Autonomie: Das Aufbrechen oder Eingrenzen der privaten Sphäre bzw. das freiwillige Heraustreten aus ihr in die Öffentlichkeit muss nicht mit staatlicher Intervention identisch sein. Die Sozialisationsbeiträge von Arbeitskollegen, Vereinsfreunden, Parteigenossen, Nachbarn oder Familienmitgliedern, die alle an der Definition, Zuweisung und Kontrolle der Rolle mitarbeiten, die auf die Entwürfe der eigenen Identität durch ihre Reaktionen selektiv reagieren und sie somit prägen, sie alle sind bereits ein Stück Öffentlichkeit von Erwachsenensozialisation, aber noch keine staatliche Intervention. Die Öffentlichkeit einer Bürgerinitiative oder einer gewerkschaftlichen Großveranstaltung ist eine Demonstration von Autonomie, die die Autonomie der eigenen Regelung der Erwachsenensozialisation nach innen einschließen kann durch Selbstbestimmung über Aufnahmeantrag, Karriereabsicht, Austritt. Das Kategorienpaar Autonomie und Intervention unterscheidet sich deshalb von den Kategorien privat und öffentlich. Von Interventionen soll an dieser Stelle nur gesprochen werden, wenn staatliche Instanzen oder subsidiär tätige Instanzen gezielt in den Sozialisationsprozess eingreifen. Dabei handelt es sich dann zumeist um Fälle, in denen die Erwachsenensozialisation in organisierter Form, also in Gestalt von Organisationen auftritt, und in denen die Normalität bereits in Frage gestellt ist, in denen das Krisenproblem zu einem öffentlichen Problem gemacht wurde. In diesen Fällen von Umschulung, Resozialisation, Rehabilitation, psychotherapeutischer Intervention, sozialpädagogischer Intervention ist Erwachsenensozialisation explizit vergesellschaftet, ja man muss oft sagen verstaatlicht. Die Zahl der zum Problem erklärten Sozialisationsleistungen und Sozialisandengruppen steigt unaufhörlich, eine Flut von Gesetzen und Verordnungen regelt die Interventionen, ein Heer von professionellen Erwachsenensozialisatoren entsteht und bringt egoistische Professionsinteressen ein, ein Experten- und Beratertum sowie eine alles verwaltende Bürokratie dehnen sich aus. Die Kosten wachsen entsprechend und die Selbstbestimmung der zu Sozialisierenden sowie ihre Fähigkeit zur Selbsthilfe sinken. Eine offenkundige Tatsache interventionistischer Erwachsenensozialisation ist, dass keineswegs immer das angestrebte Ziel erreicht wird; nicht selten wird sogar ein unerwünschter (Neben)Effekt erzielt: Der Erziehungsstrafvollzug mag die erwünschte Integration eher behindern als fördern, Rehabilitationsmaßnahmen können ein bislang nicht existentes Gefühl von persönlicher Ohnmacht allererst wecken, sozialpädagogische Jugendarbeit mag statt Emanzipation auch Gewohnheit und Abhängigkeit erzeugen, Umschulung kann dequalifizieren statt qualifizieren. In der soziologischen Theorie ist diese Unterscheidung als latente und manifeste Funktion auf den (strukturfunktionalistischen) Begriff gebracht worden.[19] Dasselbe Problem ist auch unter dem Schlagwort von den nichtintendierten Folgen sozialen Handelns bekannt. Neuere Auseinandersetzungen richten sich auf das Problem der Erzeugung und des Gebrauchs sowie Missbrauchs öffentlicher Güter unter ökonomischen, sozialpolitischen und politischen Fragestellungen, die zu einem wichtigen Forschungsgegenstand geworden sind. Die allsorgende Obhut des Staates ist nicht immer die beste aller Möglichkeiten, da sie die Klientel in die Abhängigkeit von machtvollen Sonderinteressengruppen gibt.[20]

Kontinuität und Umbruch: Alle bislang genannten Fälle von Erwachsenensozialisation können kontinuierlich oder transitorisch in Erscheinung treten. In mancher Hinsicht kann die Kontinuität von Erwachsenensozialisation auffällig sein, z.B. häufiger im Familienleben oder im Berufsleben. In anderer Hinsicht ist der Umbruch durch die Einmaligkeit der Passage hervorgehoben, die am Anfang oder Ende einer Lebensphase steht und durch einen Ritus zelebriert wird (Gennep 1960). Hierzu gehören exemplarisch Geburt und Tod. Es ist nicht in jedem Fall klar definiert, was Kontinuität oder Umbruch ausmacht. Dieses ist eine Aufgabe von Kultur und Gesellschaft, markiert durch die Existenz einer bestimmten Institution. Je individualisierter eine Gesellschaft ist, desto mehr verschwimmen die kulturellen Markierungen durch öffentliche Passageriten. Es wird eine Frage der individuellen Festlegung, was als Statuspassage anzusehen ist, beispielsweise in der Eheschließung oder gesetzlich anerkannter Partnerschaft. Damit nähert sich das Problem des Ereignisses der Passage der Definition von Gegenwart in der Zeit an: Die Kontinuität des Lebenslaufs wird durch Statuspassagen ebenso willkürlich unterbrochen wie die Bestimmung der Gegenwart einen bestimmten Punkt im Kontinuum der Zeit herausgreift.

Lebensläufe und Generationen im sozialen Wandel: Die individuelle Sozialisationsgeschichte ist mit der Geschichte der Institutionen und der Gesellschaft auf das engste verwoben. Jeder Blick auf die Geschichte der Institutionen und Ideologien des Bildungswesens und auf die Geschichte der Erziehungswissenschaft, auf Schule, Berufsbildung und Hochschule macht deutlich, wie elementar die individuelle Erwachsenensozialisation von jeweils historisch geprägten Sozialisationsinstanzen und Ideologien normiert wird. Schul- und Hochschulreformen sind ebenso wie Reformen der Arbeitsmarktpolitik, Beschäftigungs- und Sozialpolitik Begleiter des individuellen Lebens. Die Veränderungen der Organisationsstruktur, des Personals, der Zugangsregeln und Anspruchsberechtigun-

---

19 Die Unterscheidung geht auf Merton 1957 zurück.
20 Hierzu A. de Swaan 1993 über den sorgenden Staat, über Wohlfahrt, Gesundheit und Bildung in Europa und den USA der Neuzeit, insbesondere Kapitel 6 über die „Kollektivierung und ihre Folgen". Zur mikroökonomischen Grundlage siehe Olson 1991 und 1992.

gen und die damit oft einhergehenden ideologischen Auseinandersetzungen und
Machtkämpfe haben kohortenweise sehr unterschiedliche Sozialisationsprozesse im Lebensverlauf gebracht. Sie sorgen für generationsspezifische Chancen in Bildung, Beruf, Krankheitsversorgung und dem Niveau der Alterssicherung. Die individuelle Sozialisation ist nicht nur, aber doch weithin Teil des ge-
nerationstypischen Verlaufs von Kohorten durch Institutionen und die historischen Muster der Sozialstruktur. Auch die Geschichte der Sozialisationsinstitutionen kennt Passageriten und Initiationen. Sie hinterlassen im Leben der Erwachsenen Spuren, die den individuellen Sozialisationsvarianzen jeweils einen
jahrgangsspezifischen Stempel aufdrücken. Die Verknüpfung individueller, institutioneller und gesellschaftlich-sozialstruktureller Sozialisationsmuster ist also stets zu beachten.[21]
Um es zusammenzufassen: wichtige Strukturmerkmale der Erwachsenensozialisation sind:
- alltagsweltliche versus organisierte Erwachsenensozialisation
- Normalität versus Abweichung
- Öffentlichkeit versus Privatheit
- Intervention versus Autonomie
- Kontinuität versus Umbruch
- Lebensläufe versus Generationen im sozialen Wandel.

3.2 Institutionen

Schon wiederholt ist von Institutionen der Erwachsenensozialisation die Rede
gewesen. Das *Handbuch der Sozialisationsforschung* (1995) behandelt als Sozialisationsinstanzen primär Familie, Kindergarten, Schule, Beruf, Hochschule,
sozialpädagogische Institutionen, psychosoziale Versorgung und Massenmedien.
Die Sozialisationsinstitutionen *Familie, Kindergarten, Schule* zeichnen sich
scheinbar dadurch aus, dass hier nur in einer Richtung Kinder und Jugendliche
durch Erwachsene sozialisiert werden. Es ist jedoch tatsächlich so, dass dieser
Sozialisationsprozess von der Sozialisation der erziehenden Erwachsenen nicht
zu trennen ist. Hier wie in jedem anderen Interaktionsprozess ist die Einwirkung
auf die Persönlichkeit der beteiligten Interaktionspartner wechselseitig. Über die
unmittelbar sozialisierende Leistung der tagtäglichen Interaktion hinaus werden

---

21 Einen Überblick zum Thema geben die Bände „Handlungsspielräume. Untersuchungen zur In-
    dividualisierung und Institutionalisierung von Lebensläufen in der Moderne" (Weymann 1989)
    sowie „Society and Biography" (Weymann/Heinz 1996).

die Erzieher aus vielfältigen Anlässen mit der eigenen Sozialisationsgeschichte konfrontiert und gezwungen, sich damit biographisch auseinander zu setzen. Schließlich handelt es sich bei allen Institutionen um ein professionell organisiertes Berufsfeld, das alle Faktoren beruflicher Sozialisation zum Tragen kommen lässt.

Geschieht schon in den spezialisierten Institutionen der Kinder- und Jugendlichensozialisation zugleich auch immer notwendigerweise Erwachsenensozialisation, so gilt dies in wesentlich höherem Maße für erwachsenenspezifische Sozialisationsinstanzen. An erster Stelle ist der Beruf zu nennen (Heinz 1995). Zu unterscheiden ist Sozialisation *für* den Beruf und Sozialisation *durch* den Beruf. Ersteres meint Vorleistungen und Vorbereitung, die Familie, Kindergarten, Schule, Hochschule, Berufsausbildung für die spätere Berufstätigkeit erbringen. Dies geschieht durch die Förderung spezifischer Kompetenzen, aber auch durch eine allgemeine Arbeitsmotivation und Leistungsorientierung. Letzteres meint die Wirkung der eigentlichen Berufstätigkeit auf die Persönlichkeitsentwicklung des Erwachsenen, also z.B. die Erfahrung von Abhängigkeit und Isolation oder auch von Selbständigkeit und Kollegialität. Berufliche Sozialisation ist Adaption und Selektion. Einerseits veranlasst die Berufstätigkeit fortlaufend zur *Adaption* durch Erlernen neuer Rollen, das Aneignen neuer Gruppenmitgliedschaften oder das Verlassen von Rollen und Gruppen sowie durch Verinnerlichen bislang fremder, angesonnener Werte und Normen. Sie ist andererseits – je nach Arbeitsplatz und Beruf sehr unterschiedlicher – Selektionsprozess gegenüber der arbeitenden Persönlichkeit durch das berufliche Umfeld. Unter dieser Perspektive ist nicht die Anpassung das eigentlich Interessante an der beruflichen Sozialisation, sondern es sind die Folgen der Auswahl und Reaktion des Umfeldes. Adaption und Selektion sind zwei zusammengehörige Seiten desselben Prozesses von Erwachsenensozialisation.

Institutionen sozialpädagogischer Intervention sind eine Mischform zwischen rechtlicher und bürokratischer Kontrolle sozialer Probleme einerseits und der Sozialisation durch Beratung und Therapie der Klienten andererseits. Historisch gesehen ist der Stellenwert der sozialisierenden Arbeit gegenüber den Formen direkter Kontrolle gewachsen. Da sich die Altersgrenze der Klientel über die Jugend hinaus weit in das Erwachsenenalter verschoben hat, kann hier weithin von einer Institution der Erwachsenensozialisation gesprochen werden. Die Interventionsstrategie besteht in der Bearbeitung von Problemfällen oder von einer Fallgruppe, wobei die Verrechtlichung des Leistungsanspruchs zugenommen hat (Böhnisch/Schefold 1980). Eine mögliche Folge von sozialpädagogischer Erwachsenensozialisation ist die Förderung von Versorgungsmentalität auf Seiten der Klientel und die Förderung der Sondergruppeninteressen auf Seiten der professionellen sozialpädagogischen Erwachsenensozialisatoren.

Ähnlich steht es um die Erwachsenensozialisation in den *Instanzen psychosozialer Versorgung*. Die Vielfalt der Institutionen ist auf diesem Gebiet der Erwachsenensozialisation schwer zu überschauen, ebenso unklar ist die Nachfrage bzw. der geschätzte Bedarf an psychosozialer Versorgung. Die Forschung hat sich im Wesentlichen für die subjektive Verarbeitung objektiver Sozialisationsprobleme und für Patientenkarrieren interessiert. Als Ziele einer modernen psychosozialen Versorgung gelten ambulante, gemeindenahe Einrichtungen anstelle der Landeskrankenhäuser, und es wird eine Psychotherapie der einseitigen pharmazeutischen und medizinisch-psychiatrischen Behandlung vorgezogen. Die Entwicklung lässt sich als Betonung personenbezogener Erwachsenensozialisation vor oder in Ergänzung zu medizinischer und bewahrender Intervention verstehen (Keupp 1980).

Selbstverständlich sind auch die *Massenmedien* Instanzen der Sozialisation von Erwachsenen, da sie in die Entwicklung der Persönlichkeit und in die Gestaltung des Verhältnisses von Persönlichkeit und Gesellschaft in erheblichem Umfang, in der Regel sogar bewusst eingreifen. Es waren unter diesem Gesichtspunkt bereits Zeitungen, Zeitschriften und die Programmangebote des Fernsehens beispielhaft herangezogen worden. Neben einer Untersuchung der Botschaft dieser Sozialisationsinstitutionen tritt in der Forschung in der Regel eine Untersuchung der Wege, auf denen die Botschaft die Empfänger erreicht, eine Untersuchung der Verarbeitung der Botschaft bei den Empfängern und eine Untersuchung der rechtlichen, organisatorischen und materiellen Arbeitsbedingungen der Sozialisationsinstanzen Massenmedien selbst. Am sichtbarsten ist das Bewusstsein um die Sozialisationswirkung von Massenmedien in der Werbung einerseits und in der politischen Beeinflussung andererseits. Dennoch werden Massenmedien in der Forschung nur selten als Sozialisationsinstanzen wahrgenommen (Schorb/Mohn/Theunert 1980).

II. Theoretische Grundlagen

„Life can only be understood backwards, but it must be lived forwards."
(Søren Kierkegaard 1996, S. 38)

Die Geschichte der modernen Gesellschaften beginnt mit dem Umbruch vom Mittelalter zur Neuzeit. Mit Humanismus, Renaissance, Aufklärung und Industrialisierung ändern sich die Wirtschaftsformen, die Verfassungen und Rechtsverhältnisse, die politischen Herrschaftsformen, die Hochkultur und Alltagskultur. Industrie, Technik und Wissenschaft, wachsende politische Partizipation, später auch Massenkonsum und Sozialstaat verwandeln zunächst das Gesicht Westeuropas und dann schrittweise bis heute auch die von Europa (und seinen ehemaligen Kolonien in Nordamerika) beeinflusste oder abhängige Welt. Die feudalen und religiös-klerikalen Standesverhältnisse der mittelalterlichen europäischen Gesellschaft verfallen, neue Ordnungen und Mächte entstehen, eine unaufhörliche Evolution als Fortschritt setzt ein, in der die Veränderung des Bestehenden zur Regel wird und zum weithin positiv anerkannten Prinzip. Die heute so gern beschworenen gesellschaftlichen Krisen und das allgemeine Krisenbewusstsein sind deshalb keineswegs ein neuartiges Phänomen, vielmehr haben Krisen und alarmiertes Krisenbewusstsein die Gesellschaft der Neuzeit von Anbeginn begleitet. Dies ist ein Teil ihres Selbstverständnisses, das die Zustände der Gesellschaft und den Gang der Geschichte für Menschenwerk und nicht mehr für Gotteswerk ansieht.

Diese im Wesentlichen bürgerliche Gesellschaft hat sich infolge ihres ständigen, Hoffnungen und Ängste erzeugenden Veränderungsprozesses seit dem 16. Jahrhundert intensiv mit ihrer historischen Herkunft, mit den Bedingungen ihrer Stabilität und mit der Zukunft ihrer neuen Ordnung befasst. Fortschrittsgewissheit und Utopien wechselten mit Krisenstimmung und apokalyptischem Untergangsglauben. Ein Instrument der wissenschaftlichen Analyse und Reflexion des rasanten und oft dramatischen sozialen Wandels waren und sind die modernen Sozialwissenschaften. Die Befassung mit Krisen, analytische und prognostische Erkenntnisinteressen, legitimatorische und Legitimität zerstörende Leistungen sind für sie konstitutiv. Als eine der Kernfragen der Sozialwissenschaft kann man formulieren: „Wie ist gesellschaftliche Ordnung möglich?"[22]

Die Antworten auf die Frage nach der Möglichkeit gesellschaftlicher Ordnung sind zahlreich. Sie betreffen Strukturen von Wirtschaft, Verfassung und Recht, die politischen Herrschaftsformen und den Wohlfahrtsstaat, Kultur und Religion, Wissenschaft und Technik, Erziehung und Bildung, und immer wieder auch Sozialisation und *Erwachsenensozialisation*. Sozialisation ist als Untersuchungsgegenstand und als analytisches Konzept der Sozialwissenschaften bis in das 17./18. Jahrhundert zurückzuverfolgen. Untersucht wurden schon sehr früh beispielsweise die sozialisierenden Auswirkungen bestimmter Herrschaftsformen, Folgen der betrieblichen und gesellschaftlichen Arbeitsteilung, Familienverhältnisse, Schulen, Weiterbildung und kulturelle Differenzierung.

Die heutige Institutionalisierung von Erwachsenensozialisation mit ihren Akteuren und Organisationen ist das Ergebnis der sich historisch langsam und schrittweise herausbildenden gesellschaftlichen Idee von Erwachsenensozialisation in der modernen Gesellschaft. Zwar spielte Erwachsenensozialisation immer schon eine Rolle in der menschlichen Gesellschaft, beispielsweise durch Traditionsweitergabe, Ritus, Mythos, Religion, in Kirchen und Ständen, jedoch institutionell weit weniger differenziert als heute, rechtlich wenig kodifiziert, und wissenschaftlich nicht rationalisiert. Der Zuwachs an gezielter Organisation und Steuerung der Erwachsenensozialisation hängt mit der Sicht auf spezifische Probleme der modernen Gesellschaft und mit deren Verwissenschaftlichung zusammen.

Teil II behandelt vier grundlagentheoretische Herangehensweisen an Erwachsenensozialisation: Erwachsenensozialisation als Vergesellschaftung des Individuums (4. Kapitel); Erwachsenensozialisation als soziale Konstruktion von Person und Institutionen (5. Kapitel); Erwachsenensozialisation als Begleiterscheinung des Handelns rationaler Akteure (6. Kapitel); Erwachsenensozialisation als Institutionalisierung (7. Kapitel).

In jedem Kapitel wird die heutige Grundlagentheorie von ihren historischen Quellen ausgehend bis in die Gegenwart dargestellt, weil auf diese Weise die Leistung der Institution Erwachsenensozialisation zur Lösung von Problemen moderner Gesellschaft besser sichtbar wird. Institutionen haben eine lange Geschichte als Idee und als Interessenrealisierung, die in historischer und geistesgeschichtlicher Perspektive zugänglich ist. Es ist aus diesem Grunde notwendig, einige der wichtigsten Theoretiker etwas gründlicher unter dem Aspekt der Sozialisationstheorie kennen zu lernen, obwohl es sich nicht um spezialisierte So-

---

22   Luhmann 1977, S. 19. Siehe auch Weymann 1998 und als Kurzfassung Weymann 1999b.

zialisationstheoretiker handelt, sondern um Sozialwissenschaftler, zu deren theoretischen und empirischen Arbeiten auch – und oft nicht zuletzt – Untersuchungen zu Sozialisations- und Erwachsenensozialisationsprozessen gehören. Bevor die vier Grundlagen der Erwachsenensozialisationstheorie genauer herausgearbeitet werden, seien sie in ihren Grundgedanken vorab kurz skizziert – auch auf die Gefahr hin, dass diese Typologie aus sich heraus noch nicht voll verständlich ist. [23]

Die Vergesellschaftung des Individuums

Sozialisation ist der Prozess der Zivilisation von Barbaren, nämlich der immer nachrückenden Millionenheere von Kindern und Jugendlichen. Die Institutionen der Gesellschaft können ihre Funktionen nur dann erfüllen, wenn die Persönlichkeiten der Individuen nach den Normen der herrschenden Kultur fortlaufend geprägt und nachgebessert werden. Diese lebenslange Sozialisation kann funktional oder dysfunktional verlaufen. Sie wird schwieriger, je differenzierter und mobiler eine Gesellschaft ist.

Konstruktion von Person, Institution, sozialer Wirklichkeit

Sozialisation ist der alltägliche symbolische Interaktionsprozess, in dem die einzelnen Mitglieder der Gesellschaft in unmittelbarer oder mittelbarer Interaktion und als wechselseitiges Publikum lernen, sich mit den Augen ihrer Interaktionspartner zu sehen. Persönlichkeit, soziale und personale Identität, entsteht als Verinnerlichungsvorgang von wechselseitigen Zuschreibungen und Rollenübernahme. Über die Zeit betrachtet ist Sozialisation ein biographischer Deutungsvorgang, abhängig von fortlaufenden Interaktionen im Kontext von Institutionen.

---

23 Eine alternative Theorietypologie ist von Geulen 1977 vorgelegt worden. Geulen geht es allerdings nicht um Erwachsenensozialisation, sondern um allgemeine Sozialisationstheorie, und seine Leitfrage ist nicht die nach der Möglichkeit gesellschaftlicher Ordnung, sondern sie gilt anthropologischen Menschenbildern. Dazu auch Geulen 1980 und Tillmann 1980. Einen aktuellen Überblick über Sozialisationstheorie – *ohne Erwachsenensozialisation* – geben Hurrelmann 2002 (auch 1976; vgl. Mühlbauer 1980) und Tillmann 2000. Weitere neuere Überblicke zur allgemeinen Theorie Baumgart 2000, Faulstich-Wieland 2000, Silbereisen/Zinnecker 1999 und Veith 1996. Speziell zum Konstruktivismus Grundmann 1999; zur Sozialökologie Grundmann/ Lüscher 2000; zur Genetik Rowe 1997; zur Autonomie Keupp/Höfer 1997 und Leu/Krappmann 1999. Zum Weltsystem Nestvogel 1999 (vgl. dazu den letzten Abschnitt dieses Bandes). Aktuelle Publikationen zur Erwachsenensozialisation selbst sind sehr selten (Wittpoth 1994) und auch in früheren Jahren rar gewesen: Nave-Herz 1981; Rosewitz 1986; Griese 1976, 1979a und b; Brim/Wheeler 1974.

Rationale Akteure, Humankapital, Markt und Staat

Gesellschaftliche Ordnung geht aus rationalen Entscheidungen verantwortlicher und selbständiger Individuen hervor, die – mit Ressourcen und Rechten ausgestattet – in der Lage sind, nach ihren Interessen Ziele und Mittel zu wählen, die sie im Tausch mit Anderen realisieren. Dabei entstehen soziale Strukturen wie Markt, Vertrag, Normen, Vertrauen. Sozialisation ist hier eine wichtige Kategorie der Erklärung gesellschaftlicher Ordnung über Kollektivgüter, humanes und soziales Kapital. Sozialisation bezieht sich primär auf die Kindererziehung zu rationalen Personen, sekundär auf subsidiäre Bereitstellung von Bildungsinstitutionen und Qualifizierungsmöglichkeiten zur Humankapitalakkumulation sowie auf die rationale Gestaltung der Opportunitätsstrukturen in Familie, Bildung, Generationsverhältnissen, Wirtschaft, Recht, Bürokratie, Wissenschaft.

Die neu-institutionalistische Perspektive

Der Neo-Institutionalismus greift auf institutionstheoretische Traditionen in Soziologie, Ökonomie und Politikwissenschaft zurück und verbindet diese. Institutionen werden durch Kultur und durch lebensweltliche Traditionen ebenso geprägt wie durch vereinbarte Handlungsbeschränkungen, also beispielsweise durch Gesetze und Regeln. Institutionen dienen dazu, rationalen Akteuren eine bessere Berechenbarkeit insbesondere von langfristigen Tauschvorgängen komplexer Art zu ermöglichen, indem sie die Transaktionskosten unterschiedlicher Arten von Tausch und Kooperation reduzieren.

4. Vergesellschaftung des Individuums

Diese Grundlagentheorie von Erwachsenensozialisation kann nicht nur auf eine lange Tradition zurückblicken, sie ist auch die dominierende. Ausgangspunkt der Überlegungen ist die Gesellschaft mit ihren fundamentalen Funktionen, die sichergestellt werden müssen, nicht das Individuum mit seiner Lebensgeschichte und Identität. Das Verhältnis zwischen Individuum und Gesellschaft wird als Reproduktion von Gesellschaft begriffen, nicht als Konstruktion sozialer Wirklichkeit oder als individuelle Bildungsgeschichte. Erwachsenensozialisation hat zu garantieren, dass adäquate Persönlichkeitseigenschaften entstehen, gefestigt oder wiederhergestellt werden, die die Gesellschaft benötigt, um ihre elementaren Aufgaben wahrnehmen zu können. Erwachsenensozialisation reproduziert also Gesellschaft. Sie konstituiert sie nicht, denn das würde bedeuten, dass aus der Interaktion und Kommunikation von Individuen Gesellschaft erzeugt, konstruiert wird, Gesellschaft also eine Schöpfung aus Interaktion und Kommunikation ist, eine symbolische Lebenswelt, oder dass sie primär eine rational gewollte Markt- und Rechtsbeziehung darstellt.

Im normativ-reproduktiven Ansatz lautet die Antwort auf die Frage nach der Möglichkeit gesellschaftlicher Ordnung unter anderem: Gesellschaftliche Ordnung ist durch lebenslange Vergesellschaftung (= Sozialisation und Erwachsenensozialisation) des Individuums in die Existenzbedürfnisse des Sozialsystems nach den Regeln und Normen seiner Kultur möglich. Einige der großen Theoretiker, die in diese Tradition von Erwachsenensozialisation gehören, sind Hobbes, Freud, Durkheim, Parsons, Eisenstadt.

Eine der ersten und wichtigsten Theorien der modernen Gesellschaft wurde im Jahre 1651 von Th. Hobbes (1588 – 1679) unter dem Titel „Leviathan oder Wesen, Form und Gewalt des kirchlichen und bürgerlichen Staates" veröffentlicht (Hobbes 1965). Dieser Band enthält wesentliche Aussagen über die Natur des Menschen und über die Verfassung der gesellschaftlichen Ordnung, Argumente, die auch heute noch in Theorien über das Verhältnis von Gesellschaft und Individuum, nicht zuletzt im Kontext von Sozialisationstheorien, auftauchen. Da die Sozialisationstheorie es mit eben diesem Verhältnis zu tun hat, mit der Sozialisierung oder Vergesellschaftung des Individuums, sind die Gedanken von Hobbes nach wie vor interessant.

Hobbes' Theorie geht von einem Menschenbild aus, in dem das Individuum als von Natur egoistisch, ja unsozial begriffen wird. Der Mensch im Naturzustand drängt unbegrenzt nach Macht und Reichtum, die er im Kampf aller gegen alle zu gewinnen sucht. Da alle das gleiche Ziel der Maximierung von knappen

und begehrten Gütern haben, und da die Bürger sich in der modernen Gesellschaft, die zu Hobbes' Zeiten Gestalt annimmt, immer mehr als frei, gleichbe-
rechtigt und gleichartig begreifen, entsteht aus diesem Wettkampf nicht Brüder-
lichkeit, wie die bekannte Parole der französischen Revolution glauben machen
will, sondern der Krieg aller gegen alle. Hobbes praktischer Erfahrungshintergrund ist der englische Bürgerkrieg (Cromwell), der in einer an Bür-
gerkriegen in Europa reichen Periode (16. und 17. Jahrhundert) stattfindet, bevor sich die neue Gesellschaftsordnung festigt vom absolutistischen Zentralstaat
bis zum modernen bürgerlichen Nationalstaat.[24]

Die Menschen, die dem ewigen Kampf aller gegen alle ein Ende setzen wollen, weil sie den Tod fürchten, oder weil sie sich des Lebens erfreuen und in
Muße Gewerbe und Kunst zu mehren trachten, brauchen also eine Lösung zur
Zwangsbefriedung der menschlichen Natur, eine transzendentallogisch begründete Vernunftlösung unkündbarer Art. Diese Lösung ist der konstitutionelle,
vertraglich vereinbarte, absolute Staat, dessen Gewaltmonopol sich alle zu kol-
lektivem Nutzen unterwerfen, eben der moderne Leviathan.

„Die letzte Ursache und der Hauptzweck des Zusammenlebens der Menschen in einem Staat und somit auch der damit verbundenen Selbstver-
pflichtung (die in offenem Gegensatz zu seiner natürlichen Freiheitsliebe
und seinem Machttrieb steht), ist sein Selbsterhaltungstrieb und sein
Wunsch nach einem gesicherten Leben. Damit ist gemeint: Der Wunsch, je-
nem elenden Zustand des Krieges aller gegen alle zu entrinnen, der, wie ich
oben schon gezeigt habe, unweigerlich eintritt, wenn der Mensch allein seinen Trieben folgt, d.h. wenn keine sichtbare Gewalt da ist, die ihn in Zucht
hält, die ihn durch die Furcht vor Strafen bindet ..." (Hobbes 1965, S. 133)

Wichtig an der Theorie des Th. Hobbes sind für die Theorie der Erwachsenensozialisation einmal das Menschenbild und zum anderen die Rolle des Staates,
der hier als Leviathan bezeichnet wird. Da der Mensch von Natur unsozial, ja
asozial ist, bedarf er der gewaltsamen Zähmung zur Zivilisation durch den
Staat. Allein Vernunft und Gesellschaftsvertrag konnten, nachdem die mittelal-
terliche, religiös geprägte Ordnung zerfallen war, diesen Schritt im wohlverstandenen Interesse aller begründen und durchsetzen mit dem Mittel der Etablierung des Leviathan, des ‚sterblichen Gottes':

„Wenn sich Menschen so zu einer Person vereinigen, bilden sie einen *Staat*,
der Lateiner sagt *Civitas*. Dies ist die Geburt des Großen *Leviathan*, oder
vielmehr (um ehrerbietiger zu sprechen) des *sterblichen Gottes*, dem allein
wir unter dem *ewigen Gott* Schutz und Frieden verdanken. Durch die (ihm
von jedem Einzelnen im Staat zuerkannte) Autorität und die ihm übertra-

---

24   Zur Nationbildung Green 2001; Hechter 2000; Kocka o.J.; Mann 1998 und 2001; Smith 1998.

gene Macht ist er nämlich in der Lage, alle Bürger zum Frieden und zu ge-
genseitiger Hilfe gegen auswärtige Feinde zu zwingen." (Hobbes 1965, S.
137)

Der Zwang, den soziale Tatbestände auf Individuen ausüben, ist auch für Durkheim (1858 – 1917) eine der Schlüsselkategorien. In den „Regeln der soziologischen Methode" (Durkheim 1965) weist er die Reduzierung sozialer Tatbestände auf Individuen bzw. die Reduzierung soziologischer Analyse auf indivi-
dualpsychologische zurück. Den sozialen Tatbestand kennzeichnet vielmehr die
Unabhängigkeit vom Individuum und der Zwang, den er auf das Individuum
objektiv ausübt. Das Psychische ist nicht Ursache, sondern Ergebnis sozialer
Tatbestände infolge der von diesen auf das Individuum ausgeübten Kontroll-
und Sozialisationszwänge.

„Wenn ich meine Pflichten als Bruder, Gatte oder Bürger erfülle, oder wenn
ich übernommene Verbindlichkeiten einlöse, so gehorche ich damit Pflichten, die außerhalb meiner Person und der Sphäre meines Willens im Recht
und in der Sitte begründet sind. Selbst wenn sie mit meinen persönlichen
Gefühlen im Einklange stehen und ich ihre Wirklichkeit im innersten emp-
finde, so ist diese doch etwas Objektives. Denn nicht ich habe diese Pflichten geschaffen, ich habe sie vielmehr im Wege der Erziehung übernommen." (Durkheim 1965, S. 105)

„Um diese Definition der ‚soziologischen Tatbestände' durch eine bezeich-
nende Erfahrung zu erhärten, genügt es übrigens, die Art zu beobachten, wie
Kinder erzogen werden. Betrachtet man die Tatsachen, wie sie sind und wie
sie immer waren, so liegt es auf der Hand, daß die ganze Erziehung in einer
ununterbrochenen Bemühung besteht, dem Kinde eine gewisse Art zu sehen,
zu fühlen und zu handeln aufzuerlegen, zu der es spontan nicht gekommen
wäre." (Durkheim 1965, S. 108)

In dem beschriebenen Prozess der Einübung der Regeln der gesellschaftlichen Ordnung mit Hilfe von Sozialisation und Erwachsenensozialisation ist
auch die Wissenschaft hilfreich. Da die Kraft der Tradition und der Religion
auch bei Durkheim als gebrochen angesehen wird, sorgt die Wissenschaft für
eine analytisch-rationale Begründung der gesellschaftlichen Regeln und Verhältnisse sowie für die bereitwillige lebenslange Anpassung der Individuen aus
Einsicht in die Notwendigkeiten.

„Damit die Gesellschaften unter den Existenzbedingungen leben können, die
ihnen jetzt bereitet werden, muß sich das individuelle wie das soziale Be-
wußtseinsfeld erweitern und erhellen. Da die Umwelten, in denen sie leben,
immer komplexer und, um zu dauern, folglich immer verwickelter werden,
müssen sie oft wechseln. Je unerhellter dagegen ein Bewußtsein ist, desto
mehr widersetzt es sich dem Wechsel, weil es nicht rasch genug sieht, dass
der Wechsel nötig ist, noch in welcher Richtung gewechselt werden muss.

Ein aufgeklärtes Bewußtsein dagegen kann im vorhinein die Art seiner Anpassung vorbereiten. Darum ist es nötig, daß die Intelligenz, von der Wissenschaft geleitet, einen immer größeren Anteil am Verlauf des Kollektivlebens nimmt." (Durkheim 1977, S. 92)

Die zentrale Frage Durkheims, wie gesellschaftliche Ordnung möglich sei, wird also u.a. durch ein Erwachsenensozialisationskonzept beantwortet. Schon der Aspekt des dauerhaften Lernens – und dauerhafter Kontrolle – deutet an, dass die Sozialisation sich nicht auf Kindheit und Jugend beschränkt. Sie währt vielmehr lebenslang.

Was aber ist die Ursache der hohen gesellschaftlichen Dynamik andauernden sozialen Wandels in der modernen Gesellschaft, die eine lebenslange Erwachsenensozialisation erzwingt? Es ist nach Durkheim (1977) die zunehmende Arbeitsteilung, die zur Ausdifferenzierung in immer kleinere Gruppen von Spezialisten geführt hat. Mit der wachsenden Arbeitsteilung wechselt die Form der gesellschaftlichen Solidarität. Stammes- und Feudalgesellschaften waren homogene, sozial und kulturell einfach strukturierte, segmentierte bzw. hierarchische Einheiten, geprägt von „mechanischer Solidarität" der Gleichen. Die moderne arbeitsteilig organisierte und ausdifferenzierte Industriegesellschaft wird stattdessen bei großer individueller Unterschiedlichkeit der Personen durch weitgehende wechselseitige Abhängigkeit, durch „organische Solidarität", zusammengehalten. Ein guter Indikator für diesen tiefgreifenden sozialen Wandel ist die schrittweise Ergänzung und teilweise Ablösung des Strafrechts, das der Ahndung verletzter Kollektivität dient, durch ein restitutives Zivilrecht, das die Bindung von Sachen an Personen und die Kooperation von Personen untereinander regelt.

In der arbeitsteilig spezialisierten, differenziert organisierten Zivilgesellschaft verliert das kollektive Bewusstsein seine Bindung an Personen und Orte; die individuelle Persönlichkeit löst sich von der kollektiven. Gesellschaftliche Differenzierung, Individualisierung und Mobilität schwächen den Einfluss der Alten und damit der Tradition. Wandert die junge Generation vom Land in die Städte, so bricht der Einfluss der Alten auf Tradition und soziale Kontrolle zusammen. Neuerungen finden wenig Widerstand:

„... weil die Bevölkerung der großen Städte sich aus der Zuwanderung rekrutiert, besteht sie im Wesentlichen aus Leuten, die als Erwachsene die Heimat verlassen und sich damit der Wirkung der Alten entzogen haben." ... "Die Solidarität der Zeiten wird weniger gespürt, weil sie keinen materiellen Ausdruck im beständigen Kontakt der einander folgenden Generationen mehr hat." ... "Einmal geschlagen, entwickelt sich dieser Schwächekeim mit jeder Generation mehr." (Durkheim 1977, S. 336)

Alte und Junge stehen sich als Altersgruppen mit unterschiedlichen Lebensumständen, Erfahrungen, Regeln und Interessen gegenüber; die Entfremdung der Altersgruppen voneinander wächst. Generationen werden zum Symbol sozialen Wandels in modernen, städtischen Gesellschaften. Bei Durkheim ist im heute noch üblichen Sinne von Altersgruppen als der Gruppe der jeweils Gleichaltrigen die Rede. Die ehemals für alle Altersgruppen gleiche, sorgsam tradierte Ortskultur zerfällt in Milieus, von denen sich das städtisch-junge schnell ändert.

„In den großen Städten ist also der mäßigende Einfluss des Alters am geringsten. Zu gleicher Zeit kann man feststellen, daß hier die Überlieferungen die geringste Macht über die Geister haben." ... "Der Sinn ist hier von Natur aus auf die Zukunft gerichtet. Daher wandelt sich hier das Leben mit einer außerordentlichen Geschwindigkeit: Glaubensüberzeugungen, Geschmack, Leidenschaften sind in beständiger Gärung, und kein Boden für Evolutionen aller Art ist günstiger." (Durkheim 1977, S. 337)

Eine Folgeerscheinung der fortschreitenden Arbeitsteilung, Spezialisierung und Individualisierung ist die Auflösung des Schutzes durch die Gemeinschaft, insbesondere des Schutzes durch die Großfamilie, durch Religion und religiöse Gemeinschaft. Damit wächst das Risiko individueller Anomie, von Selbstmord, Alkoholismus, Kriminalität usw. Vor allem der Selbstmord ist ein guter Indikator für wachsende Anomie bei wachsendem Fortschritt durch Arbeitsteilung und Individualisierung. Je säkularisierter, reicher, gebildeter und individualisierter, desto selbstmordgefährdeter sind die Mitglieder einer Gesellschaftsgruppe oder einer Nationalgesellschaft. So unterscheiden sich die Nationalgesellschaften Europas nach ihrer Selbstmordquote dadurch, dass die Bürger moderner Gesellschaften gefährdeter sind als die Bürger traditionaler Gesellschaften: der wachsende Anteil religionsloser Personen, Wohlhabender, gut Gebildeter, Unverheirateter ist besonders gefährdet.

„Unsere so weitgehende Duldung des Selbstmords kommt daher, daß wir uns selbst auch verdammen müßten, wenn wir ihn verdammen, da der Geisteszustand, aus dem er entsteht, sich überall verbreitet hat; er hat sich unser zu sehr bemächtigt, als daß wir ihn nicht wenigstens zum Teil entschuldbar finden würden. Dann aber ist das einzigste Mittel, uns zu größerer Strenge zu bringen, eine direkte Einflußnahme auf die pessimistische Strömung, der Versuch, sie in ihr normales Bett zurückzuleiten und dort zu halten, ihren Einfluß auf das Bewußtsein der Allgemeinheit auszuschalten und dieser dadurch den Rücken zu stärken." (Durkheim 1973, S. 440)

Fortschreitende Religionslosigkeit, Arbeitsteilung und Individualisierung erzwingen folglich fortlaufende Erwachsenensozialisation. Durkheim setzt seine Hoffnung auf die Reintegration moderner Gesellschaften insbesondere durch Berufspolitik und berufsbezogene Erwachsenensozialisation:

„In einer Hinsicht nimmt der kategorische Imperativ des moralischen Bewusstseins allmählich folgende Form an: Bereite Dich vor, einen bestimmten Beruf nützlich auszufüllen." (Durkheim 1977, S. 83) ... „Wäre die Erziehung nicht das beste Mittel, zu diesem Ergebnis zu kommen?" (Durkheim 1973, S. 440)

Bei Freud (1856 – 1939) kehrt dieselbe anthropologische Grundannahme im Verhältnis zwischen Psychodynamik und Kultur wieder.[25] Es ist die ungezähmte innere Natur, die Triebstruktur des *ES*, die durch das dem Realitätsprinzip gehorchende *Über-Ich* kontrolliert wird. Auch hier findet sich eine unreligiöse Begründung des Verzichts auf individuelle (Trieb)Freiheit zugunsten der wohlverstandenen Entfaltung der inneren und äußeren Zivilisation. Garant der Zivilisation ist bei Freud zunächst die Sozialisation in der Familie, insbesondere das über die Identifikation mit dem Vater aufgebaute Über-Ich mit seiner Angst vor den verinnerlichten Strafbedürfnissen bei Normbrüchen (= Gewissen). Es ist aber auch im Hintergrund zugleich die Gesellschaft mit ihren strafenden Institutionen. Der kulturell begründete Zwang zum Triebverzicht vermindert oder kontrolliert zwar die äußere Entladung der Aggression, verlagert allerdings das Schlachtfeld zwischen Natur und Kultur nach innen. Sicherheit und Beherrschung der inneren (und äußeren) Natur werden mit Glücksverzicht erkauft. Es besteht die Gefahr einer Lösung des Konflikts durch die Neurose, wenn die Person die Fähigkeit einbüßt, ihre Libido unterzubringen.

„Es scheint, daß unsere gesamte Seelentätigkeit darauf gerichtet ist, Lust zu erwerben und Unlust zu vermeiden, daß sie automatisch durch das Lustprinzip reguliert wird." (Freud 1991, S. 340) ... „Ich habe Ihnen hierüber erst eine einzige Mitteilung gemacht, nämlich daß die Menschen neurotisch erkranken, wenn ihnen die Möglichkeit genommen ist, ihre Libido zu befriedigen, ..." (S. 329) ... „Eine Person erkrankt nur dann neurotisch, wenn ihr Ich die Fähigkeit eingebüßt hat, die Libido irgendwie unterzubringen." (S. 369) ... „Der Unterschied zwischen nervöser Gesundheit und Neurose schränkt sich ... aufs Praktische ein und bestimmt sich nach dem Erfolg, ob der Person ein genügendes Maß von Genuss- und Leistungsfähigkeit verblieben ist." (S. 436)

Unter dem Gesichtspunkt von Erwachsenensozialisation ist es wichtig hinzuzufügen, dass das Ich auch erfährt, dass es unvermeidlich ist, auf unmittelbare Befriedigung zu verzichten, dass es notwendig ist, den Lustgewinn aufzuschieben, ein Stück Unlust zu ertragen und bestimmte kindliche Lustquellen überhaupt aufzugeben, erwachsen zu werden.

---

25 Zur Einführung in Psychoanalyse und Psychologie des Erwachsenenalters König 1995 und 2002 sowie Skowronek 1995.

„Das so erzogene Ich ist ‚verständig' geworden, es läßt sich nicht mehr vom Lustprinzip beherrschen, sondern folgt dem Realitätsprinzip, das im Grunde auch Lust erzielen will, aber durch die Rücksicht auf die Realität gesicherte, wenn auch aufgeschobene und verringerte Lust." ... „Der Übergang vom Lust- zum Realitätsprinzip ist einer der wichtigsten Fortschritte in der Entwicklung des Ichs." (Freud 1991, S. 341)

Obwohl die Einwirkung des Realitätsprinzips in Freuds Werken gegenüber *Es*, *Über-Ich* und *Ich* in mehrfach veränderter Form analysiert wird (Rapaport 1973, S. 61-66), lässt sich als Grundaussage festhalten, dass bei Hobbes, Durkheim und Freud die Gesellschaft nicht der menschlichen Natur und der zivilisierte Mensch nicht der Gesellschaft ohne Zwang entsprechen. Zum gesellschaftlichen Wesen muss der Mensch – seinem Machtstreben, Maximierungsinteressen und Trieben entgegen – erst gemacht werden. Diese Vergesellschaftung seiner unzivilisierten Natur, die lebenslange Sozialisation, ist stets auch immer durch staatliche, institutionelle Zwänge mitgestaltet, wobei Freud dem Staat – im Unterschied zu Hobbes – nicht schlicht vertraut.

„Freud bemerkt, daß der Staat dem einzelnen den Gebrauch des Unrechts untersagt hat, nicht weil er es abschaffen, sondern weil er es monopolisieren will wie Salz und Tabak." (Waibl 1980, S. 61)

Nach Parsons' (1902 – 1979) Interpretation haben Freuds Über-Ich und Durkheims soziale Normen (Zwänge) die gleiche theoretische Funktion: Sie erklären die Repräsentanz gesellschaftlicher Verhältnisse in der individuellen Persönlichkeit.

„Dieser Begriff" (das Über-Ich, A.W.) „stellt in der Tat einen der wichtigsten Punkte dar, an denen es möglich ist, direkte Beziehungen zwischen Psychoanalyse und Soziologie herzustellen." (Parsons 1979, S. 25)

„Obwohl man in der Literatur ... mehrere andere, ziemlich ähnliche Formulierungen finden kann, war die am auffälligsten mit Freuds Theorie des Über-Ichs konvergierende Formulierung diejenige des französischen Soziologen Emile Durkheim von der sozialen Bedeutung der moralischen Normen – eine Theorie, die einen der Ecksteine der folgenden Entwicklung der soziologischen Theorie gebildet hat." (Parsons 1979, S. 26)

Durkheim wie Freud erklären das Verhältnis von Individuum und Gesellschaft und damit die Möglichkeit sozialer Ordnung nicht zuletzt durch gesellschaftliche Zwänge und lebenslange Sozialisation. Parsons kritisiert bei Durkheim das Fehlen der Persönlichkeitstheorie, bei Freud die geringe Beachtung der Systemstruktur der Gesellschaft und des Systemcharakters der Interaktionsstruktur zwischen Gesellschaft und Individuum. Parsons Sozialisationstheorie betont deshalb einerseits den Systemcharakter der Person, also die Einheit von *Es*, *Ich* und

Über-Ich, andererseits den Systemcharakter der kulturellen und sozialen Umwelt, und drittens unterstreicht er die Notwendigkeit, das Interaktionsgefüge zwischen Individuum und Umwelt ebenfalls als System zu begreifen und genauer zu untersuchen.

Der Zustand eines Systems ist dann stabil, wenn die Reaktion von B auf die Handlung von A den Erwartungen von A an B entspricht, d.h. die Bedürfnisse von A erfüllt. Dies ist die Lösung des Problems der „doppelten Kontingenz". Aber es gibt zwei kritische Punkte: Der erste betrifft den Umstand, dass Menschen nicht bereits mit den erforderlichen Orientierungen und Motiven geboren werden, um in einer sozialen Rolle in einer bestimmten Gesellschaft zufriedenstellend zu funktionieren. Gesellschaften müssen deshalb über (lebenslange) Sozialisation dafür sorgen, dass die erforderlichen Orientierungen und Motive von neuen und alten Mitgliedern (immer wieder) gelernt werden.

"What has sometimes been called the ,barbarian invasion' of the stream of new-born infants is, of course, a critical feature of the situation in any society." ... „... the conspicuous fact about the child is that he has yet to learn the patterns of behavior expected of persons in his statuses in his society." (Parsons 1964, S. 208)

Der zweite kritische Punkt betrifft abweichendes Verhalten. Abweichendem Verhalten muss gegebenenfalls mit Mechanismen sozialer Kontrolle begegnet werden, um die Konformität wieder herzustellen. Insgesamt besteht das Stabilitätsproblem also in der optimalen Allokation der richtigen Personen am richtigen Platz trotz des steten Zustroms unsozialisierter Barbaren und der Möglichkeit abweichenden Verhaltens.

Wie also ist die Ordnung des sozialen Systems möglich? Sie ist es nicht zuletzt durch Erwachsenensozialisation. Sozialisation ist der Vorgang lebenslangen Lernens, ist Entwicklung und Erhalt adäquater Motivationen zu sozial angepasstem Verhalten, ist die Belohnung von Konformität, ist Leistungsabforderung. Kurz zusammengefasst: Sozialisation ist die durch die Gesellschaft gestaltete Organisation der adäquaten Persönlichkeit durch lebenslanges Lernen.

„Das wichtigste funktionale Problem hinsichtlich des Verhältnisses des sozialen Systems zum Persönlichkeitssystem involviert lebenslanges Lernen, Entwickeln und Aufrechterhalten einer adäquaten Motivation zur Partizipation an sozial bewerteten und kontrollierten Formen des Handelns. Umgekehrt muß eine Gesellschaft auch ihre Mitglieder durch solche Formen des Handelns adäquat befriedigen oder belohnen, wenn sie langfristig auf deren Leistungen angewiesen ist, um als System zu funktionieren. Diese Beziehung konstituiert ,Sozialisation' – den gesamten Komplex von Prozessen, durch welche Personen zu Mitgliedern der gesellschaftlichen Gemeinschaft werden und diesen Status beibehalten. Da Persönlichkeit die *erlernte Orga-*

nisation des sich verhaltenden Individuums ist, ist der Sozialisationsprozeß immer wesentlich für deren Entstehen und Funktionieren." (Parsons 1975, S. 24)

Das Persönlichkeitssystem ist also mit dem Gesellschaftssystem durch lebenslange Sozialisation, diese wiederum als Interaktionssystem gedacht, verknüpft, so dass sich beide adäquat aufeinander beziehen. Zugleich ist das Persönlichkeitssystem mit dem Organismussystem in einer Weise verbunden, die die biologischen und psychodynamischen Antriebe des Organismus nicht zerstört, sondern in die kulturell gewünschten Bahnen lenkt. Parsons hat Grundgedanken von Durkheim und Freud aufgenommen und in einen übergreifenden Kontext gebracht.

„Wie bereits erwähnt, erfordert die Aufrechterhaltung einer normativen Ordnung, daß sie in vielfältiger Hinsicht durchgesetzt wird; es muß eine ganz beträchtliche – wenn auch häufig recht unvollkommene – Übereinstimmung mit den durch Werte und Normen etablierten Verhaltenserwartungen bestehen. Die wichtigste Bedingung einer solchen Übereinstimmung ist die Internalisierung der Werte und Normen einer Gesellschaft durch ihre Mitglieder, denn diese Sozialisation unterliegt dem Konsensus einer gesellschaftlichen Gemeinschaft."... „Neben dem Konsensus und dem Ineinandergreifen der Interessen ist auch noch ein *Durchsetzungsapparat* erforderlich. Dessen Notwendigkeit hängt wiederum mit der Notwendigkeit einer autoritativen Interpretation der institutionalisierten normativen Verpflichtungen zusammen." (Parsons 1975, S. 27)

Die starke Betonung des Kontrollcharakters der Sozialisation beruht auf der Grundannahme, dass die Stabilität des sozialen Systems als Dauerproblem begriffen wird. Der Sozialisierende ist damit Agent des sozialen Systems gegenüber den einzelnen Mitgliedern, er formt aus dem Zustrom „neugeborener Barbaren" die kulturell geforderten Persönlichkeiten. Aufbauend auf der zuerst erfolgenden Formung einer „basic-personality-structure" ist die Sozialisation ein lebenslanger Vorgang. Der Sozialisationsagent sorgt dafür, dass sich die plastischen, libidinösen Antriebe auf kulturell zugelassene Objekte richten. „In this sense, socialisation, like learning, goes on throughout life." (Parsons 1964, S. 208)

Gut zusammengefasst wird dieser Begriff von Erwachsenensozialisation durch Geißler: „Sozialisation stellt sich für Parsons dar als eine krisenhaft verlaufende fortschreitende Differenzierung der Persönlichkeit im kognitiven und motivationalen (Bedürfnisdisposition) Bereich bei der Auseinandersetzung mit den unterschiedlichen Rollenstrukturen, denen das handelnde Individuum im Laufe seiner Lebensgeschichte ausgesetzt ist. Durch Interaktion in verschiedenen Bezugsgruppen kommt der Einzelne mit allgemeinen Wertorientierungen des kulturellen Systems und seiner Subsysteme (primäre Sozialisation) sowie mit funktional spezifischen situationsbezogenen Normen des sozialen Systems (sekundäre Sozialisation) in Berührung, die ihm Interpretationsleistungen sowie wegen des Rollenpluralismus Auswahl- und Integrationsleistungen abverlangen." (Geißler 1981, S. 20)

Eisenstadt ergänzt den Aspekt funktionaler und dysfunktionaler Lösung der Sozialisationsprobleme, indem er den Blick auf die Rolle von Altersgruppen in unterschiedlichen Gesellschaften lenkt. Alle Gesellschaften sind nach Altersgruppen geschichtet. Jede Person durchläuft diese nacheinander im Laufe des Lebens. Altersgruppen bieten in der Regel eine funktionale Lösung für das Sozialisationsproblem. Sie können unter bestimmten Bedingungen, vor allem in modernen Gesellschaften, aber auch dysfunktional sein und damit zu einer Gefahr werden. Mit Hilfe des Parsonsschen Strukturfunktionalismus hat Eisenstadt eine empirische Untersuchung zur Funktion und Dysfunktion von Altersgruppen im interkulturellen Vergleich und in Gegenwart und Vergangenheit durchgeführt (Eisenstadt 1966; vgl. Eisenstadt 1979).

„Die Absicht dieses Buches ist es, die verschiedenen sozialen Phänomene zu analysieren, die als Altersgruppen, Jugendbewegungen usw. bekannt sind, und zu versuchen, die sozialen Bedingungen zu spezifizieren, unter denen sie entstehen, bzw. die Typen von Gesellschaften, in denen sie auftreten. Die Hauptthese dieses Buches ist, dass die Existenz dieser Gruppen nicht zufällig ist, sondern daß sie nur unter ganz spezifischen sozialen Bedingungen entstehen und bestehen." (Eisenstadt 1966, S. 7)

Um welche Bedingungen handelt es sich? Die Familie vermittelt Kindern als den neu eintretenden Gesellschaftsmitgliedern Identifikation mit Eltern, Geschwistern, Primärgruppen und auch darüber hinausgehende soziale Bindungen an die Gesellschaft. Es gibt jedoch für Erwachsene kulturell in einer Gesellschaft festgelegte Orientierungen und Rollen, die man in der Familie nicht lernen kann, und es gibt in der Familie erworbenes kulturelles Erbe, das man als Erwachsener ablegen muss. In diesem Übergangsprozess zwischen Familie und Gesellschaft hilft die Gruppe der Gleichaltrigen, indem sie ein Gleichgewicht zwischen dem expressiven Status eines Menschen in der Familie und seinem instrumentellen Status in der Gesellschaft ermöglicht. In Jugend- und Adoleszentengruppen werden die für den jeweiligen neuen Lebensabschnitt notwendigen Rollen gelernt, wird soziale und personale Identität gefestigt, werden altersangemessene Kooperation, Autorität und soziale Verantwortung geübt. Über den immer weiter voranschreitenden Wechsel von jüngeren zu älteren Altersgruppen wird schrittweise die sexuelle und soziale Vollmitgliedschaft in einer Gesellschaft erworben. Damit aber ist der Prozess nicht zu Ende. Er setzt sich lebenslang fort.

Weil Altersgruppen für das Gelingen des Übergangs von einer Altersschicht zur nächsten, insbesondere für den Übergang in den Erwachsenenstatus, eine zentrale Rolle spielen, sind sie fundamentale und verbreitete Gesellungsformen. Altersgruppen sind für die Sicherung der Stabilität einer Gesellschaft in der Regel funktional, denn sie tragen zur Kontinuität bei. Dies gelingt um so leichter, je größer die Wertharmonie zwischen Familie und Gesellschaft, je ähnlicher beider Autoritätsstruktur, je wichtiger die gesellschaftliche Rolle von Familien und je besser die "gatekeeping Chancen" der Familien für ihre Kinder sind. Sind diese Voraussetzungen nicht oder unzureichend gegeben, so wächst zwar einerseits die Bedeutung von Jugendaltersgruppen, andererseits nimmt auch das Risiko dysfunktionaler Entwicklungen kriminell abweichender und politisch radikalisierter Jugendaltersgruppen zu. Dies ist in nichtfamilialistischen und universalistischen, modernen Gesellschaften nicht selten der Fall, in denen dauerhaft große Unterschiede zwischen familialer Rollenstruktur (partikular, zugeschrieben, diffus) und gesellschaftlicher Rollenstruktur (universal, erworben, spezialisiert) bestehen, wenn langfristig gesellschaftliche Chancen für die nachfolgende Generation blockiert sind.

Eisenstadt überprüft die strukturfunktionalistische Theorie der Altersgruppen an familialistischen und nicht familialistischen Gesellschaften in Gegenwart und Vergangenheit: an segmentären Stämmen ohne Führer, an Dörfern mit (führerloser) Ratsversammlung, an zentralisierten Häuptlingstümern, an bäuerlichen Dörfern und schließlich an modernen Gesellschaften mit kollektiver und mit individueller Orientierung. Je weniger die gatekeeping Funktion durch die Familie in kulturell hochdifferenzierten, arbeitsteiligen und individualisierten universalistischen Gesellschaften erfüllt werden kann, desto eher bilden sich dysfunktionale Formen von Altersgruppen, z.B. unorganisierte und organisierte kriminelle Gruppen oder revolutionäre Jugendgruppen. Letztere gedeihen oft in Abhängigkeit und als Speer von ideologisch-theoretischen Großorganisationen in Zeiten schnellen sozialen Wandels. Es gibt auch besondere nationale Traditionen in der Herausbildung von Altersgruppen wie z.B. die deutsche Jugendbewegung. Eisenstadt beschreibt sie als einen sektiererischen, auf radikale Ablehnung und Erneuerung ausgerichteten, naturromantischen Jugend- und Gemeinschaftskult mit einer Vorliebe für Primärgruppen und charismatische Führer und mit politischen Auswirkungen auf Bildungswesen und Parteien. Die Geschichte der Jugendbewegung zeigt ihr Scheitern an diesen Eigenarten und am Altersprozess der eigenen Mitglieder. Sie hinterlässt eine ungelöste politische Spannung.

Die skizzierte Studie sieht Altersgruppen als Element der Altersschichtung von Gesellschaften an. Gesellschaften sind demzufolge nach Alter in einer Weise hierarchisch geschichtet, wie dies auch für Einkommen, Vermögen, Bildung, Status, Stand und Klasse gilt. Individuen durchlaufen die Altersschichten in einem Prozess lebenslanger Sozialisation von Altersgruppe zu Altersgruppe.

Eine Veröffentlichung von Brim (1974) gilt bis heute als Musterfall der Anwendung strukturfunktionalistischer Grundlagentheorie auf Erwachsenensozialisation. Brim versteht *Erwachsenensozialisation als fortgesetzte Anpassung des Menschen an sich wandelnde gesellschaftliche Erfordernisse*, die ökonomischer, technologischer, sozialstruktureller oder kultureller Art sein können. Er untersucht die Art und die Ursache dieser gesellschaftlichen Entwicklungen nicht weiter und begreift den Erwachsenen ausschließlich als das passive Sozialisationsobjekt unter gesellschaftlichen Zwängen (Brim 1974).

„Es ist nicht unsere Aufgabe, zu verstehen, wie die Gesellschaft verändert wird, um sich der menschlichen Natur anzupassen und seine persönliche Zufriedenheit zu erhöhen, sondern zu verstehen, wie der Mensch lernt, die gesellschaftlichen Aufgaben zu erledigen." ... „*Aufgabe von Sozialisation ist die Umwandlung des ‚menschlichen Rohmaterials' einer Gesellschaft in fähige Mitglieder* dieser Gesellschaft." (S. 3)

„Die Sozialisation, die ein Individuum in seiner Kindheit erfährt, kann keine angemessene Vorbereitung auf die Aufgaben in späteren Jahren sein. Mit dem Älterwerden nimmt der Mensch eine Abfolge von Positionen ein, die den verschiedenen Lebensabschnitten entsprechen. Einige Erwartungen der Gesellschaft bleiben zwar während des ganzen Lebens relativ stabil, andere aber verändern sich mit dem Lebensalter. Wir wissen, daß die Gesellschaft vom Individuum verlangt, daß es sich in seiner Persönlichkeit ändert, um in seinem Leben Platz zu schaffen für neue signifikante Personen, wie Familienmitglieder, Lehrer, Arbeitgeber und Arbeitskollegen." (S. 18)

„Dies ist erstrebenswert, aber nicht genug; moderne Gesellschaften müssen auch für Resozialisierung in solchen Rollen sorgen, auf die eine Person in ihrer Entwicklung nicht vorbereitet worden ist. Es entstehen gesellschaftliche Institutionen, deren spezifische Aufgabe die Resozialisation von Kindern oder Erwachsenen ist, fast so wie es Schule und Familie für den primären Sozialisationsprozeß sind." (S. 20)

Die Definition von Brim steht stellvertretend für eine theoretische Position, in der es um die Einfügung von Menschen in gesellschaftliche und kulturelle Verhältnisse geht und um die Korrektur dieser Einfügung, sofern sie sich als unzureichend herausstellt. Das unter den jeweils gegebenen gesellschaftlichen Verhältnissen erforderliche oder gewünschte Rollenverhalten wird durch Sozialisation erzeugt, durch Erwachsenensozialisation gefestigt oder nachgebessert. *Erwachsenensozialisation ist Vergesellschaftung.*

Das theoretische Bild der Erwachsenensozialisation ist im Strukturfunktionalismus im Wesentlichen statisch. Es ist ‚zeitlos'. Faktisch handelt es sich aber um dynamische Prozesse in der Lebenszeit der Individuen und in der geschichtlichen Zeit der Institutionen der Erwachsenensozialisation. Außerdem sind Individuen nicht nur Träger gesellschaftlicher Funktionen und Sozialisationsobjekte, sie sind selbst biographisch-individuelle bzw. kollektiv-historische Akteure. Auch Institutionen sind nicht nur Funktionsträger, sondern konstruierte Problemlöser mit einer eigenen Geschichte als korporativer Akteur. Die Theorie hat also als Schwachpunkte das fehlende dynamische Moment der Zeit in Lebensverlauf und Institutionsgeschichte sowie das fehlende Moment des individuellen und korporativen Akteurs.[26]

Dies sind alte Einwände gegen das normative Konzept von Erwachsenensozialisation als Reproduktion von Gesellschaft durch Vergesellschaftung der Individuen. Alfred Schütz formulierte sie in einem Briefwechsel mit T. Parsons (Schütz/Parsons 1977). Er argumentiert mit der anthropologischen Notwendigkeit der Erzeugung symbolischer Sinnwelten und geteilter Lebenswelten des Alltags. W.M. Sprondel resümiert Schütz Einwände in folgender Weise:

„Insbesondere die Frühfassung der ‚Pattern Variables' läßt erkennen, wie unterschiedlich Schütz und Parsons die Frage der Motivation des Handelns auffassen. Während Schütz sie als biographisch aufgebaute, subjektive Sinnsysteme analysiert, fragt Parsons danach, welche Motive durch gesellschaftliche Institutionen jeweils als zuverlässig festgelegt werden. Während der eine der Konstitution von Motiven nachgeht, steht für den anderen deren soziale Kontrolle im Mittelpunkt." (Sprondel 1977, S. 18)

Zusammenfassung

Aus Geschichte und Gegenwart sozialwissenschaftlicher Theorien wurde ein Begriff von Erwachsenensozialisation gewonnen, der das Verhältnis zwischen Individuum und Gesellschaft wie folgt begreift: das Individuum ist von Natur aus egoistisch, unsozial, ja asozial. Im Kampf gegen die äußere und innere Natur bedarf es der Zivilisierung durch die Institutionen der Gesellschaft nach den Normen der herrschenden Kultur. Die Gesellschaft erzieht sich Persönlichkeiten nach ihrem Muster und Bedarf. Man kann diesen Vorgang als normativ regulierte Reproduktion von sozialen Systemen bezeichnen, weil soziale Systeme ih-

---

26 Hierzu die Kritik von Norbert Elias an Parsons in Elias 1980, bes. die Einleitung.

ren Fortbestand (Reproduktion) unter anderem durch Erwachsenensozialisation zu sichern versuchen, wobei es Normen über den adäquaten Persönlichkeitstypus und Regeln zur Form der Prägung gibt, die in Religion, Kultur und gesetzlichen Bestimmungen enthalten sind.

Erwachsenensozialisation ist in dieser Theorietradition eine Fortsetzung, Vertiefung oder auch Korrektur der vorhergegangenen kindlichen Sozialisation in Familie, Schule und Gleichaltrigen-Gruppe. Die Sozialisation des Kindes hat dessen Persönlichkeit bereits substantiell geprägt, die Erwachsenensozialisation muss sich daher in ihren Bedingungen und Möglichkeiten auf die gegebenen Voraussetzungen beziehen. Der Prozess von Sozialisation und Erwachsenensozialisation ist im Prinzip der gleiche, da beide nur als Phasen in zeitlicher Abfolge gedacht werden. Erwachsenensozialisation bezieht aber andere Institutionen ein, fußt auf anderen rechtlichen Bestimmungen und normativen Erwartungen und setzt ggf. eine stärkere Selbstbeteiligung des zu sozialisierenden Erwachsenen voraus.

Das Verhältnis von Individuum, Institutionen und Gesellschaft wird in erwachsenensozialisatorischer Perspektive üblicherweise von zwei Seiten aus untersucht. Einmal als makrosoziologisches Problem der Gesellschaftstheorie unter der Fragestellung, was Erwachsenensozialisation zur Erklärung von Gesellschaft beiträgt – zum anderen als mikrosoziologisches Problem des individuellen Lebenslaufs und seines Beitrags zur Konstruktion von Biographie. Während der strukturfunktionalistische Theoretiker sich vor allem der Frage zuwendet, wie das Persönlichkeitssystem so mit dem sozialen und kulturellen System in Übereinstimmung gebracht werden kann, dass die Grundfunktionen der Systemerhaltung und -anpassung gewährleistet sind, interessiert sich die biographische Methode vor allem für die individuelle wie für sozial typisierte Formung von Biographien einschließlich der reflexiven Bearbeitung der Biographie durch die Individuen. Im Vordergrund stehen also nicht Funktionsanalysen von Systemen, sondern die Identitätsbildung von Individuen.

5. Die soziale Konstruktion von Person und Institution

Ein anderes Konzept von Erwachsenensozialisation verbindet sich mit den Namen Mead und Goffman. Es ist theoriegeschichtlich wesentlich jüngeren Datums und es geht von anderen anthropologischen Grundannahmen aus.

Die Theorie der Vergesellschaftung durch Sozialisation befasste sich vor allem mit der Frage, wie die Gesellschaft Persönlichkeiten formt, damit sie sich in Übereinstimmung mit deren sozialstrukturellen und kulturellen Gegebenheiten befinden. Einer natürlichen Harmonie von Person und Gesellschaft stand die anthropologische Annahme entgegen, dass die Natur des Menschen unsozial und befriedigungsbedürftig sei. Von Natur aus führt der Mensch Krieg gegen andere Menschen (und auch gegen die Natur) und er liegt mit sich selbst im Konflikt. Sozialisation zielt auf und erzwingt gegebenenfalls die äußere und innere Zivilisierung.

In der jetzt zu behandelnden zweiten wichtigen Tradition des Sozialisationskonzepts ändern sich die zentralen Annahmen. Sie unterscheidet nicht grundsätzlich zwischen Konstitution von Person und Institution, sondern begreift beides als einheitlichen Vorgang symbolischer Interaktion. Und sie benutzt als wesentliches analytisches Bezugskonzept nicht die Gesellschaftsstruktur, sondern Sprache und Kommunikation. Erwachsenensozialisation steht hier im Kontext der Analyse sinnhaften Handelns.

In „Geist, Identität und Gesellschaft" (Mead 1968) schreibt Mead (1863 – 1931), dass die Gesellschaft sich durch einen besonderen Charakter menschlicher Aktivität auszeichne, nämlich durch Sprache und Kommunikation. Ausgangspunkt seiner Überlegungen ist eine reflexive Triade, die aus der symbolischen Äußerung von Ego, der darauf beruhenden Reaktion von Alter, und wiederum der Reinterpretation der Reaktion von Alter durch Ego besteht. Dieses wechselseitige Senden, Empfangen, Interpretieren, Reagieren und Reinterpretieren von Symbolen ist der Kern des Prozesses symbolischer Interaktion. Die symbolische Interaktion ist gleichzeitig Konstitution von Gesellschaft und Konstitution persönlicher und sozialer Identität. Denn unterstellt wird, dass die Interaktion zwischen Ego und Alter in beiden Beteiligten die gleichen Reaktionen auf die benutzten Symbole auslöst, also eine gemeinsame Symbolwelt (Sprach- und Kulturwelt) schafft. Da andererseits Ego und Alter jeweils wiederum auf die externalisierten eigenen Signale wie auf die damit ausgelösten Reaktionen mit Rückinterpretation reagieren, passt sich ihre Identität durch Verinnerlichung der von ihnen gemeinsam geschaffenen Symbolwelten an. Dieser Vorgang wird besonders dann sichtbar, wenn die Konstruktion von Gesellschaft bereits früher erfolgte, z.B. durch die Eltern oder durch eine andere Kultur. Kinder reagieren auf die vorgefundene Gesellschaftskonstruktion der Eltern – Einwanderer auf die vorgefundene Konstruktion der fremden Gesellschaft. Beide nehmen die Konstruktion wahr, übernehmen, ignorieren oder ändern sie.

Wichtig festzuhalten ist: Konstruktion von Gesellschaft und Konstitution von Identität geschehen in dem gleichen rekursiven und reflexiven, symbolischen Interaktionsprozess. Der Mensch tritt sich in seinem Handlungsprodukt selbst entgegen, er gestaltet die Umwelt und damit zugleich sich selbst rekursiv in Reaktion auf die von ihm gestaltete Umwelt.[27]

„Eine Umwelt entsteht also für einen Organismus durch die Selektionsleistung einer Aufmerksamkeitszuwendung, die durch die Triebimpulse des Organismus bestimmt ist."... „Es ist damit ... gesagt, daß die fortlaufende Tätigkeit des individuellen Lebewesens die Welt für dieses Lebewesen markiert und definiert, welche damit für dieses Lebewesen so existiert wie für kein anderes sonst." (Mead 1969, S. 76)

„Wenn also (der Begriff) Bewußtsein für die Evolutionsgeschichte überhaupt eine klare Bedeutung hat, so bezieht er sich auf diejenige Phase der Lebensentwicklung, in der das Verhalten des Individuums das zukünftige Feld und die Objekte definiert, welche seine Umwelt ausmachen, und in welcher Eigenschaften in den Objekten und Sensitivitäten in den Individuen entstehen, die einander entsprechen. Zwischen dem lebenden Individuum und seiner Umwelt besteht ein Verhältnis der Relativität, sowohl der Form als auch dem Inhalt nach." (Mead 1969, S. 82)

Auch Mead unterstellt ein anthropologisches Axiom, wenn er den Menschen als ein aktiv fortwährend handelndes, seine Umwelt gestaltendes, auf gemeinsame Symbolwelten und geteiltes Verstehen angewiesenes Wesen definiert. Hervorzuheben ist, dass das Medium dieser Aktivität die Symbolwelt, insbesondere die Sprache ist, nicht aber sind es beispielsweise Arbeit, Recht, Macht- oder Herrschaftsverhältnisse.

Die reflexive, symbolische Interaktion zwischen Ego und Alter erklärt zwar die Konstitution einer gemeinsamen Symbolwelt zwischen Interaktionspartnern, sie bedarf jedoch einer Erweiterung zur Analyse des Verhältnisses von Individuum und Gesellschaft. Diese Erweiterung nimmt Mead durch die Einführung

---

27 Dies ist ein zentrales Argument des Pragmatismus, der wiederum die Grundlage des symbolischen Interaktionismus bildet. Zu Mead vgl. Joas 1980, S. 7-18; 1985; 1992a, S. 281-308; 1992b, S. 187-212. Das gleiche Theorem ist übrigens auch – in bezug auf Arbeit als Stoffwechsel mit der Natur und als historisch konkrete Produktionsform sowie Überbau – bei Karl Marx zu finden. Hier tritt dem Menschen seine selbst geschaffene Umwelt entgegen, als deren Schöpfer er sich jedoch nicht mehr begreift. Die historischen Verhältnisse erscheinen ihm, entfremdet und verdinglicht, als Naturnotwendigkeiten.

des Begriffs des verallgemeinerten Anderen vor. Denn auch dann, wenn der Interaktionspartner von Ego nicht ein konkretes Individuum ist, sondern eine Gruppe bzw. die Gesellschaft insgesamt, interagiert Ego doch mit dem kollektiven Alter nach den bereits beschriebenen Regeln in identischer Weise. Dies beginnt bereits im Gruppenspiel oder im Wettkampf von Kindern, die dort lernen, die Reaktionen aller anderen Teilnehmer als kollektives Alter auf ihr eigenes symbolisches Verhalten wahrzunehmen, zu interpretieren und zu verinnerlichen. Sie kennen die Rollen aller anderen Mitspieler, deren Verhältnis untereinander und die besonderen Spielregeln der eigenen Rolle innerhalb des Ganzen. Die Verinnerlichung der kulturellen Regeln und strukturellen Beziehungen des verallgemeinerten Anderen setzt Ego instand, adäquat zu handeln. Mehr noch, Ego gewinnt durch diesen Verinnerlichungsvorgang im Zuge der symbolischen Interaktion zwischen Ego und dem verallgemeinerten Anderen eine eigene soziale Identität. Ego übernimmt in der symbolischen Interaktion die ihm zugewiesene soziale Rolle.

„Dieses Hereinholen der weitgespannten Tätigkeit des jeweiligen gesellschaftlichen Ganzen oder der organisierten Gesellschaft in den Erfahrungsbereich eines jeden in dieses Ganze eingeschalteten oder eingeschlossenen Individuums ist die entscheidende Basis oder Voraussetzung für die volle Entwicklung der Identität des Einzelnen: nur insoweit er die Haltungen der organisierten gesellschaftlichen Gruppe, zu der er gehört, gegenüber den organisierten, auf Zusammenarbeit beruhenden gesellschaftlichen Tätigkeiten, mit denen sich die Gruppe befasst, annimmt, kann er eine vollständige Identität entwickeln und die, die er entwickelt hat, besitzen." (Mead 1968, S. 197)

Rekursivität und Reflexivität des sozialen Handelns sind zentrale Annahmen bei Mead, wobei die Argumente anhand der Sprache und anderer Symbolwelten, aber fast ohne Berücksichtigung von Wirtschafts-, Herrschafts- und Machtverhältnissen entwickelt werden. Wichtig ist an diesem Grundgedanken, dass er die Fragen nach der Konstitution und nach der Reproduktion von Gesellschaft und Individuum in einem einheitlichen Kontext beantwortet.

Phänomenologisch lässt sich nicht nur der Phasencharakter eines rekursiven Interaktionsprozesses beschreiben, sondern auch eine bestimmte Erscheinungsform der Identität selbst, die ihm auf der Seite des Individuums entspricht. Mead unterscheidet als Erscheinungsformen der Identität zwischen Me und I. Mit Me bezeichnet Mead jene Erscheinungsform der Persönlichkeit, die das Ergebnis der Verinnerlichung gesellschaftlicher Zwänge ist. Me ist der Repräsentant des verinnerlichten verallgemeinerten Anderen, Me ist der angepasste Rollenspieler, der sich an die vorgegebenen Konventionen hält. Man könnte auch formulieren: Me bezeichnet die *soziale* Identität der Person.

Davon zu unterscheiden ist die *personale* Identität, von Mead als I bezeichnet. Phänomenologisch beschrieben tritt das I als Unberechenbarkeit oder Spontaneität des Verhaltens auf, als Freiheitsdrang oder als nur historisch zu fassendes Selbstbewusstsein gegenüber dem eigenen Rollenspielerdasein nach den Regeln des Me. Während das Me das eigentliche Sozialisationsergebnis ist, darin dem Freudschen Über-Ich verwandt, ist das I ein flüchtiges Konstrukt, lediglich phänomenologisch aufgewiesen.

Das Me und das I machen zusammen die Persönlichkeit aus. Ihre höchste Entwicklungsstufe findet die Persönlichkeit, wenn sie sowohl den Zustand des perfekt angepassten Rollenspielers als auch die Unberechenbarkeit überwunden hat, und, Me und I überschreitend, zu einer identitätsbewussten Identität wird.

Erziehung und Bildung sind im Kontext dieser Theorie organisierte Teilprozesse von Erwachsenensozialisation. Sie sind nachhelfende Maßnahmen einer urwüchsig schon immer ablaufenden Sozialisation durch symbolische Interaktion zwischen Ego und Alter.

„Diese Hereinnahme der gesellschaftlichen Reaktion in den Einzelnen macht jenen Erziehungsprozeß aus, der die kulturellen Einrichtungen der Gemeinschaft mehr oder weniger abstrakt übernimmt. Bildung ist ganz eindeutig jener Prozeß, durch den bestimmte organisierte Reaktionen zum Reiz für den eigenen Organismus gemacht werden. Solange man nicht auf sich selbst so wie die Gemeinschaft reagieren kann, gehört man der Gemeinschaft nicht wirklich an." (Mead 1968, S. 312)

In Goffmans (1922 – 1982) Theorie bekommt der Interaktionsprozess einen dramatischen und dramaturgischen Charakter mit weitgehender Analogie zum Theater. Als empirische Studien zur Erwachsenensozialisation spielen insbesondere die beiden Untersuchungen „Asyle" und „Stigma" eine Rolle.[28]

Ego und Alter inszenieren wechselseitig eine Selbstdarstellung, die sich routiniert vor festem Publikum abspielt. Die Darstellung bedarf dramaturgischer Gestaltung. Ziel der Darstellung ist die Idealisierung der Rollen der Darsteller im Szenario von Ego, Alter, Publikum. Der einzelne Darsteller ist ohne das Ensemble seiner Mitspieler nicht denkbar, eines Ensembles, das sich nach innen offen, nach außen geschlossen hält. Die Darstellung des „Selbst" findet innerhalb wie außerhalb des Ensembles statt, es wechseln allerdings die Strategien:

---

28 Hughes 1971 gibt einen Überblick zu Erwachsenensozialisationsprozessen in Hochschule, Berufsausbildung, Berufseintritt und Professionen sowie in multiethnischer Stadtgesellschaft und Einwanderung auf pragmatischer und interaktionistischer Theoriegrundlage. Eine Einführung findet sich bei Weymann 2000. Lesenswerte neue symbolisch-interaktionistische Studien zur Erwachsenensozialisation sind die Untersuchungen von Jean-Claude Kaufmann zu Liebe, Partnerschaft und Ehe 1994 sowie über die Einsamkeit moderner Frauen 2002. Ebenfalls lesenswert Paris' Studien über Machtkämpfe, soziale Bewegungen und Beutezüge (1998).

„Aber als Darsteller sind die Einzelnen nicht mit der moralischen Aufgabe der Erfüllung dieser Maßstäbe beschäftigt, sondern mit der amoralischen Aufgabe, einen überzeugenden Eindruck zu vermitteln, daß die Maßstäbe erfüllt werden. Unsere Handlungen haben es also weitgehend mit moralischen Fragen zu tun, aber als Darsteller sind wir nicht moralisch an ihnen interessiert. Als Darsteller verkaufen wir nur die Moral." (Goffman 1976, S. 229f.)

Die Goffmansche Sichtweise der Konstitution von Selbst und Gesellschaft könnte aphoristisch mit „Im Anfang war die Interaktion" überschrieben werden. Ein sozusagen wahres, eigentliches Ich hinter dem inszenierten Selbst gibt es nicht. Der Darsteller interpretiert nicht seine Rolle, er ist seine Rolle. Auch das einzigartige jeder Person kommt erst als Rolle in dramatischer Inszenierung zur Existenz. Die Selbstinszenierung ist die Inszenierung des Selbst: „Eine richtig inszenierte und gespielte Szene veranlaßt das Publikum, der dargestellten Rolle ein Selbst zuzuschreiben, aber dieses zugeschriebene Selbst ist ein Produkt einer erfolgreichen Szene, und nicht ihre Ursache." (Goffman 1976, S. 231)

Der Mensch als Produkt situationsspezifischer Interaktionskontexte, als „Imagepfleger" und „Fassadenkonstrukteur", das ist Goffmans Anthropologie. Unermüdliche Teilnehmer am Welttheater, die wir sind, kennen wir eine Fülle von Techniken des überzeugenden Spiels, eine Fülle von Täuschungsstrategien, Selbstschutzmaßnahmen und Kontrollmöglichkeiten. Ein Arbeitskonsensus ist dabei allerdings kardinale Norm: weitgehende Vermeidung wechselseitiger Störung und Bloßstellung der Inszenierungen: „Die doppelte Wirkung der Regeln von Selbstachtung und Rücksichtnahme besteht darin, daß jemand sich bei einer Begegnung tendenziell so verhält, daß er beides wahrt: sein eigenes Image und das der anderen Interaktionspartner." (Goffman 1971, S. 16)

Durch das Einbeziehen der sozialen Zeitstruktur werden aus Rollen, von denen es viele in der Selbstinszenierung gibt, Biographien, von denen jedermann nur eine einzige, unverwechselbare hat. Jede Biographie hat bekannte und weniger bekannte Abschnitte, öffentliche und private Bereiche, es gibt in ihrem Umfeld Wissende und Unwissende, es gibt wahrhaftige und auf Schonung oder Täuschung unsicher gründende Abschnitte. Goffman beschreibt in „Stigma" die wesentlichen Strategien und die hohen psychischen Kosten der Herstellung von Normalbiographien, denen sich körperlich und geistig Behinderte unterwerfen müssen. Von Gruppen Behinderter ausgehend wird die Dauerarbeit an der Normalbiographie, die jedermann zu leisten hat, sichtbar, da – wenn auch unter Abstufungen – jeder in je spezifischer Hinsicht zu den nicht voll Normgerechten zählt, also zu den bereits Diskreditierten oder doch Diskreditierbaren. Diese Ambivalenz zwischen den verinnerlichten normativen Standards einer fleckenlosen Normalbiographie einerseits und der begrenzten Realisierbarkeit von Normalbiographie andererseits ist das Kennzeichen von Biographie überhaupt, abweichender wie normaler. Im Vergleich zur dramatischen Selbstdarstellung in Rollen ist die Selbstinszenierung in einer Biographie mühsamer, folgenschwerer und irreversibler.

Wie gefährdet die Normalbiographie ist, veranschaulicht Goffman an der moralischen Karriere des Geisteskranken in „Asyle" (Goffman 1981).[29] In dieser Karriere geschieht im Kern die Enteignung einer Person von ihrer Normalbiographie und die Zuschreibung und Verinnerlichung einer institutionalisierten, öffentlichen Krankenbiographie. Grundlage des schrittweisen Verlustes und Entzugs von Freiheiten, Rechten und sozialen Beziehungen ist das Herauslösen des Gesunden aus seinem bisherigen Ensemble und sein Einfügen als Patient in ein neues Ensemble. Da jedes Selbst das Ergebnis der Interaktion im Ensemble ist, wandelt sich das Selbst mit dem Auswechseln des Ensembles. Die Überleitung des Normalen in den Patientenzustand bedarf professioneller und laienhafter Helfer, Agenten, Vermittler: Familienmitglieder, Nachbarn, Kollegen, Ärzte, Psychotherapeuten, Polizisten, Richter. Ihr gemeinsames Interesse ist der geräuschlose Übergang von einem Status in den anderen. Nachdem der Überführungsprozess (durch wen auch immer) erst einmal eingeleitet und insbesondere, nachdem er durch die Klinikeinweisung abgeschlossen ist, muss die Biographie offiziell rekonstruiert werden: Sie wird zur Fallgeschichte eines Kranken. Diese formt das bisherige Leben zu einer Krankengeschichte um, in dem die innere Logik eines notwendigen Endes als Patient in der Psychiatrie von Anfang an angelegt war. Alle Beteiligten haben die Transformation vom Normalen zum Kranken nicht willkürlich betrieben, sie haben lediglich das Notwendige vollzogen.

„Die Angehörigen des ärztlichen Personals werden immer noch einen Beweis für die fachliche Begründung ihres Tuns benötigen. Diese Probleme werden erleichtert – zweifellos unbeabsichtigt – durch die konstruierte Fallgeschichte, die für die Vergangenheit des Patienten zurechtgeschneidert wird, was den Effekt hat, zu demonstrieren, daß er die ganze Zeit schon krank war, und daß er schließlich ernstlich erkrankte und daß, wäre er nicht hospitalisiert worden, noch viel schlimmere Dinge auf ihn zugekommen wären – was alles natürlich zutreffen mag –." (Goffman 1981, S. 144)

Der Klinikaufenthalt selbst befördert sodann die Verinnerlichung der neu zugewiesenen Biographie durch den Kranken. Daran sind neben den professionellen

---

29 Diese Studie ist fast ein halbes Jahrhundert alt. Ihr empirisches Material trifft deshalb nicht mehr genau die Verhältnisse in der heutigen deutschen Psychiatrie. Als Muster der Beschreibung von Erwachsenensozialisation in einer „totalen Institution" ist sie jedoch nach wie vor faszinierend.

Helfern und Therapeuten auch die anderen Patienten der Klinik beteiligt, sowie im Hintergrund die normalen Familienmitglieder, Freunde und Kollegen aus der vorklinischen Phase des Patienten:

„In der Heilanstalt wird dem Patienten unsanft klargemacht, daß er immerhin ein psychiatrischer Fall ist, der in der Außenwelt eine Art sozialen Kollaps erlitten hat und irgendwie total gescheitert ist, und daß er wenig soziales Ansehen genießt, da er kaum in der Lage ist, überhaupt wie ein vollzunehmender Mensch zu handeln." (Goffman 1981, S. 150)

Das Selbst, Ergebnis des Lebens im neuen Ensemble der Klinik, wandelt sich mit der Zeit. Die Umformung ist Teil des Weges vom Gesunden zum Kranken und wieder zurück zum Gesunden, der klinikintern vielfältig differenziert ist durch das Durchlaufen von unterschiedlichen Hospitalstationen mit immer neuen Ensembles und Identitätszuschreibungen. Das Selbst wird in endloser Folge zerstört, korrigiert und wieder aufgebaut.

„Sobald der Patient lernt, unter Bedingungen zu leben, unter denen ihm dauernd die Bloßstellung droht und ihm weitgehend Achtung erwiesen oder vorenthalten werden kann – wobei er Gewährung oder Vorenthaltung nicht selbst beeinflussen kann –, hat er einen wichtigen Schritt zu seiner Sozialisierung getan. Und dies sagt einiges darüber aus, was es bedeutet, Insasse einer Heilanstalt zu sein." (Goffman 1981, S. 162)

Goffmans symbolisch-interaktionistischer Ansatz einer Theorie der Erwachsenensozialisation als reales Welttheater ist ganz überwiegend mikrosoziologisch ausgerichtet, untersucht also vor allem unmittelbare Interaktionsbeziehungen und kleine Gruppen. Im Kontext der dem Interaktionismus über das Interesse an Symbolwelten und sozialem Wissen verwandten Phänomenologie der Lebenswelt des Alltags ist es auch möglich, gesellschaftliche Makroprozesse zu studieren, in denen Erwachsenensozialisation eine zentrale Rolle spielt. Ein Musterfall dafür ist die Einwanderung in eine fremde Kultur. Sie macht es notwendig, den ganzen Prozeß der Sozialisation, Enkulturation und Personalisation noch einmal zu wiederholen, den man als Kind bereits in der Herkunftskultur abgeschlossen hatte.[30]

In einem Aufsatz über den Fremden aus dem Jahre 1944 verdeutlicht Schütz (1899 – 1959), selbst Emigrant, die Möglichkeiten der Phänomenologie der Lebenswelt des Alltags in ihrer Anwendung auf die Situation des Einwanderers, „der versucht, sein Verhältnis zur Zivilisation und Kultur einer sozialen Gruppe zu bestimmen und sich neu zurechtzufinden" (Schütz 1972, S. 53). Jeder Mensch organisiert seine Kenntnisse der sozialen Welt so, dass er den für ihn

---

30 Zur Kulturgebundenheit von Sozialisation Trommsdorff 1989.

wichtigen Ausschnitt des alltäglichen – tatsächlichen oder möglichen – Handelns beherrscht. Das gibt jedermann eine vernünftige Chance, die Welt und andere zu verstehen und selbst verstanden zu werden. Gleichwohl ist dieses Alltagswissen weder kohärent, noch klar und konsistent. Es ist lediglich ein Wissen um vertraute Rezepte, das es ermöglicht, mit einem Minimum an Anstrengung und unter Vermeidung unerwünschter Konsequenzen das gewünschte Ziel zu erreichen. Erworben wurde das notwendige Alltagswissen in der gewohnten Lebenswelt der Eltern, Lehrer, Nachbarschaft, über kulturelle und nationale Traditionen etc. Erst dann, wenn diese lebensweltlichen Annahmen sich nicht mehr bewähren, tritt eine Krise der üblichen Gewissheit ein. Sie unterbricht den Fluss des Gewohnten und der Gewohnheiten und führt zu einer Veränderung des Bewusstseins.

Dies nun ist die typische Situation des Fremden, der sich an die ihm noch unbekannte Zivilisation und Kultur seines Einwanderungslandes annähert. Er legt die neue Umwelt zunächst noch mit den Mitteln des lebensweltlich gewohnten Alltagswissens aus und scheitert damit. Das mitgebrachte, frühere Bild der fremden Gesellschaft erweist sich als ungeeignet. Das Vertrauen in das eigene „Denken-wie-üblich" wird dadurch erschüttert. Jetzt ist im direkten und im übertragenen Sinne eine neue Sprache zu lernen. Der Weg führt vom passiven Sprachverstehen zur neuen Sprache als eines aktiven Ausdrucksschemas in der neuen Lebenswelt. Die aktive Nutzung der neuen Kultur- und Zivilisationsmuster bleibt für längere Zeit jedoch noch ein Feld des Abenteuers.

Erst langsam wieder werden diese neuen „Muster und Elemente für den Neuankömmling eine Selbstverständlichkeit, ein unbefragbarer Lebensstil, Obdach und Schutz. Aber dann ist der Fremde kein Fremder mehr, und seine besonderen Probleme wurden gelöst." (Schütz 1972, S. 69) „Der frühere Zuschauer springt sozusagen vom Parkett auf die Bühne ..." (Schütz 1972, S. 60)

Wirklichkeit ist „sozial konstruiert". Aus diesem Grunde unterscheidet sich das Wirklichkeitswissen zwischen den „konstruierenden" sozialen Gruppen erheblich, seien diese nun soziale Klassen und Milieus, Berufsgruppen oder Religionen, Nationen und ethnische Gruppen, Geschlechter oder Generationen. Das jeweilige gruppenspezifische Wissen wird an die jeweils nachfolgende Generation über Sozialisation und Erwachsenensozialisation weitergegeben – als in der jeweiligen sozialen Gruppe unhinterfragte und unproblematische, bewährte Lebenswelt des Alltags. Mit diesem Schritt wird das tradierte soziale Wissen der Elterngeneration durch praktisches soziales Handeln in Realität der Kindergeneration umgesetzt und damit erneut bestätigt. Die durch Sozialisation erlernten Rollen sind Teil der als legitim angesehenen Institutionen.

Berger und Luckmann (1969)[31] unterscheiden (mit Bezugnahme auf Hegel) drei Phasen dieses Prozesses: Entäußerung, Objektivation und Entfremdung. Der Mensch schafft sich selbst, produziert seine eigene innere und äußere Natur. Die Institutionen, die er in der äußeren Natur schafft, strukturieren die soziale Realität, geben Verhaltenssicherheit, machen planvolles Handeln möglich. Die Institutionen der Familie, der Schule, der Hochschule, des Krankenhauses, der Polizei, der Justiz, des Staates sind dafür Beispiele. Sie stehen für eine soziale Konstruktion von Wirklichkeit, in der interaktives, koordiniertes und planvoll erfolgreiches Handeln in einer gemeinsamen Symbolwelt möglich ist. Sie ersparen dem Handelnden Kraft durch Gewöhnung und Habitualisierung sowie durch erleichterte Abstimmung mit Interaktionspartnern.

Im Laufe der Alterung von Institutionen wird schließlich vergessen, dass sie soziale Konstruktionen sind, die einer bestimmten Idee und Zwecksetzung folgen. Nach der Objektivierung kommt der Schritt zur Entfremdung. Deshalb müssen Institutionen zum einen immer neu an nachwachsende Generationen durch Sozialisation und Erwachsenensozialisation vermittelt werden. Zum zweiten bedarf es einer fortlaufenden Bestätigung ihrer legitimen Existenz durch praktischen, reproduzierenden Vollzug ihrer Regeln. Es braucht drittens Sanktionen bei abweichendem Verhalten durch Individuen und Gruppen. Und schließlich sind Spezialisten für explizite Legitimation und Sinnvermittlung notwendig.

Die historische Pluralisierung der Lebenswelt des Alltags in der modernen städtischen Gesellschaft mit hoher Arbeitsteilung, kultureller Differenzierung und ökonomischem Überschuss stellt besondere Herausforderungen an tradierte Institutionen und deren Weitergabe in Sozialisation und Erwachsenensozialisation. Innovationen werden erleichtert, während alte Gewissheiten zerstört werden durch Vergessen, durch Ignorieren und Nichtvollzug, durch Ablehnung. Die Kontinuität der Übernahme der bestehenden Lebenswelt des Alltags ist dadurch gefährdet, die Einheitlichkeit der alltäglichen Lebenswelt zerfällt, der gemeinsame Sinnhorizont wird fraglich oder aufgegeben. Neben die Pluralisierung der Lebenswelt des Alltags tritt die intensive Verzeitlichung im Zuge raschen sozialen Wandels im historischen Prozess und im Zuge des individuellen Lebenslaufs als reflexive Distanzierung von der Kindheit. Je schneller der soziale Wandel vonstatten geht, desto wahrscheinlicher wird das Auseinanderfallen der Lebenswelten den Generationen und desto wahrscheinlicher wird die individuelle Distanzierung von der persönlichen Sozialisation durch spätere Erwachsenensozialisation. Moderne Gesellschaften haben daher eine Struktur der Lebenswelt des Alltags, in der mehrere Generationen zeitgleich als Zeitgenos-

---

31   Vgl. auch Luckmann 1992.

sen existieren, die in subjektiv unterschiedlichen Lebenswelten des Alltags leben. Mannheim (1978) nannte diese Pluralisierung der Lebenswelten die „Gleichzeitigkeit der Ungleichzeitigen".

Erwachsenensozialisation ist „die Internalisierung institutionaler oder in Institutionalisierung gründender ‚Subwelten'" (Berger/Luckmann 1969, S. 148). Berger und Luckmann unterscheiden zwei Formen der Erwachsenensozialisation: ‚sekundäre Sozialisation' und ‚Resozialisation'. Sekundäre Sozialisation wird notwendig als Folge von Arbeitsteilung und kultureller Differenzierung. Sie ist kontinuierlicher Erwerb neuer Rollenkenntnisse im Lebenslauf, insbesondere unter Bedingungen schnellen und tiefgehenden sozialen Wandels. Die so jeweils erworbene subjektive Wirklichkeit ist verwundbarer gegen Irritationen durch konkurrierende Wirklichkeitsdefinitionen als es die verinnerlichte Welt aus der primären Sozialisation ist. Nimmt die sekundäre Sozialisation des Erwachsenen ein ungewöhnlich großes Ausmaß und große Tiefe an, dann nennen Berger und Luckmann diesen Prozess der Erwachsenensozialisation „Resozialisation". In solchen schwerwiegenden Krisensituationen muss die Selbstverständlichkeit der Lebenswelt des Alltags, muss die fraglose Vertrautheit neu gesichert werden.

Krisen der Lebenswelt des Alltags von großem Ausmaß und Tiefe sind häufig nicht allein individuelle Krisen, sondern gesellschaftliche Krisen der Konstruktion der Wirklichkeit. Es handelt sich dann um Transformationen der Gesellschaft. Es gibt „Arten der Transformationen, die, verglichen mit geringeren Veränderungen, total erscheinen. Wir wollen solche Transformationen ‚Verwandlungen' nennen." (Berger/Luckmann 1969, S. 168) Solche Verwandlungen bedürfen einer gesellschaftlichen ‚Konversionsmaschine'. Ihr wichtigster Teil ist ein effektiver Legitimationsapparat für die ganze Abfolge der Transformation. Bei sekundärer Sozialisation wird dabei die Gegenwart so uminterpretiert, dass sie noch in Kontinuität mit der Vergangenheit steht, bei Resozialisation wird die Vergangenheit selbst uminterpretiert. „Die neue Plausibilitätsstruktur muss *die* Welt des Menschen werden, die alle anderen Welten und besonders die, welche er vor seiner Konversion ‚bewohnte', verdrängt." (Berger/Luckmann 1969, S. 169)

Berger und Luckmanns Unterscheidung lässt sich beispielsweise auf den „Zusammenbruch Deutschlands" beziehungsweise die „Befreiung vom Nationalsozialismus" beziehen. Diese beiden häufig alternativ benutzten Begriffe un-

terscheiden sich genuin in der Definition der Erwachsenensozialisation als sekundäre Erwachsenensozialisation bzw. als Erwachsenenresozialisation.[32]
Ein weiteres, auf der Hand liegendes Beispiel für den von Berger und Luckmann benutzten Begriff der Transformation, für den Konflikt um Geschichts- und Realitätsdefinition, und für die damit einhergehenden Beschreibungen von sekundärer Erwachsenensozialisation bzw. Erwachsenenresozialisation sind der Zusammenbruch der DDR, der Beitritt und die nachfolgende Transformation der neuen Bundesländer. Hier fand und findet noch immer Erwachsenensozialisation sowohl als sekundäre Sozialisation wie auch als verwandelnde Resozialisation statt: im privaten Bereich von Millionen Familien, in Institutionen wie Schulen, Hochschulen, Betrieben, öffentlicher Verwaltung und im öffentlichen Diskurs der Presse, des Fernsehen und der Kinofilme.

Unter den Begriffen der Konstruktion von Person, Institution und sozialer Wirklichkeit geht es nicht um Vergesellschaftung des Individuums, sondern um Identität, Biographie, Institution. Im Vordergrund steht nicht die gesellschaftliche, sondern die personale und sozial konstruktive Seite der Erwachsenensozialisation. *Wie erlebt, verarbeitet, gestaltet das Sozialisationsobjekt den Prozess, dem es unterworfen ist?* Welche Spielräume des Handelns und des Interpretierens hat es? Welche gesellschaftlichen Deutungsmuster transportiert und modifiziert es?

Martin Kohli (1987 und 1995) beschreibt das Erwachsenenalter als einen sozial in ganz bestimmter Weise verfassten Abschnitt des Lebens. Die soziale Verfassung dieses Lebensabschnitts verlangt vom Erwachsenen Stabilität in seiner Persönlichkeit und seinen sozialen Beziehungen. Dieses Verlangen hat eine normative Komponente in Form gesellschaftlicher Erwartungen und eine materielle Komponente in Form institutioneller Arrangements, wie beispielsweise Familie und Beruf. Zur sozialen Verfassung der Erwachsenenphase gehören deutlich hervortretende Abgrenzungen in Form von Statuspassagen, von Eingangsriten und Ausgangsriten, also klare Unterscheidungen gegenüber Kindheit, Jugend und Alter. Über diese zeitliche Abgrenzung zwischen einem Vorher und einem Nachher hinausgehend weist die Lebensphase des Erwachsenen auch eine innere Zeitstruktur auf. Die Institution Familie kennt beispielsweise die inneren zeitlichen Strukturierungen Eheschließung, Elternschaft, nachelterliche Phase, Verlust des Ehegatten durch Scheidung oder Tod. Interne Zeitstrukturen kennzeichnen auch die berufliche Sozialisation mit Vorbereitungszeit, Einstieg, Aufstieg, Höhepunkt und Abstieg. Auch die Krise der Le-

---

32 Transformation im Ausmaß einer Verwandlung ist keine Seltenheit in der Geschichte europäischer und außereuropäischer Völker, ebenso wenig wie der Konflikt um die geschichtsdeutende Oberherrschaft über öffentlichen Diskurs und Sozialisation.

bensmitte gehört zu dieser internen Zeitstruktur familiärer und beruflicher Erwachsenensozialisation.

Wichtig zu ergänzen ist, dass die aufeinander folgenden Generationen jeweils unter anderen, oft sehr unterschiedlichen historischen Bedingungen ihr Leben durchlaufen. Familie, Schule, Beruf, Arbeitsmarkt, Altersversorgung, Krieg und Frieden geben einen für jede Generation anderen, folgenreichen Rahmen ab, der den Möglichkeiten des individuellen Lebensverlaufs enge Grenzen setzt und der als Rahmen vom Individuum nicht korrigiert werden kann. Solche spezifischen historischen Bedingungen betten Sozialisation in den allgemeinen historischen Wandel von Kultur und Gesellschaft ein, geben dem Individuum einen ganz bestimmten Platz im Fluss der Geschichte.

Das nachfolgende Zitat unterscheidet noch einmal beide Aspekte von Erwachsenensozialisation: die *strukturfunktionalistische* Betonung der *Vergesellschaftung* des Individuums im Lebensverlauf und die interaktionische, *biographische* Betonung der *Selbstwerdung, Individuierung* im Lebenslauf:

> „Die Person hat also ... immer zwei Probleme zu meistern: sie muß den allgemeinen Erwartungen entsprechen, sie muß allgemein sein, gewissermaßen einen Typ präsentieren, eine soziale Rolle spielen ..." ... „Sie muß aber auch ihre Besonderheit und Einzigartigkeit belegen, sie muß anders als alle anderen sein ..." ... „Die Fähigkeit, diese beiden Aspekte zu vereinbaren und den Balancierungsprozeß zu vollziehen, nenne ich Ich-Identität." (Griese 1976, S. 187f.)

Griese stellt beide Seiten von Erwachsenensozialisation als zwei Aspekte desselben sozialen Prozesses vor: Vergesellschaftung zum guten Rollenspieler einerseits und Ausbildung einer unverwechselbaren Persönlichkeit, Individuierung andererseits. Die Kategorie, die beide Aspekte verbindet, nennt er Ich-Identität. Die Klammer ist hier also das Individuum, die Person. Man kann die Klammer auch auf Seiten der Gesellschaft setzen und würde dann beide Aspekte von Erwachsenensozialisation unter die Frage stellen: wie ist gesellschaftliche Ordnung möglich? Die Antwort lautet: unter anderem durch *Vergesellschaftung* und *Individuierung* auf der Basis von (Erwachsenen)Sozialisation.

Zusammenfassung

Die Theorie der Erwachsenensozialisation als Konstruktion von Person, Institution, sozialer Wirklichkeit analysiert den Vorgang symbolischer Interaktion zwischen Individuen, die als Handelnde einerseits die soziale Umwelt deuten und gestalten, andererseits durch die gestaltete Umwelt (Institutionen) selbst wiederum in ihrer Eigenwahrnehmung geprägt werden. Erwachsenensozialisation ist also kein einseitiger Vorgang der Zivilisierung des unsozialen Individuums durch die Gesellschaft, sie ist vielmehr ein wechselseitiger Prozess zwischen Individuen bzw. zwischen Individuum und Gesellschaft, der ohne aktive Beteiligung des handelnden Individuums nicht möglich ist. Die Rollen von Sozialisand und Sozialisator sind im Prinzip austauschbar, Vergesellschaftung und Individuierung sind zwei Seiten des gleichen Vorgangs von Erwachsenensozialisation, der aus der alltäglichen symbolischen Interaktion hervorgeht.

Es ist offensichtlich, dass es sich bei dieser zweiten theoretischen Position um eine originäre Theorie von Erwachsenensozialisation (und nicht von kindlicher Sozialisation) handelt, da die wesentlichen Begriffe der Analyse symbolischer Interaktion am Handeln voll kompetenter Erwachsener gewonnen worden sind. Erwachsenensozialisation ist ein alltäglicher Grundvorgang, in dem die Balance zwischen Identitätsbehauptung und sozialer Einfügung stets neu zu definieren ist. Sie ist ein Rollenspiel mit zeitlicher und sinnhafter Dimension, deshalb auch als Biographie und biographische Identität bezeichnet, denn der Sozialisand hat zu seiner eigenen Erwachsenensozialisation eine bewusste, sinnstrukturierte Beziehung.

Gerade umgekehrt wie in der vorher vorgestellten Theorie wird hier das Modell der Erwachsenensozialisation auf die Sozialisation des Kindes rückübertragen. Auch die kindliche Sozialisation geschieht nach den Regeln symbolischer Interaktion, jedoch mit der wesentlichen Einschränkung, dass die soziale Kompetenz, obwohl bei Kindern noch wenig oder beim Kleinkind kaum realisiert, von den erwachsenen Interaktionspartnern der Kinder gleichwohl immer kontrafaktisch als gegeben unterstellt wird.

6. Rationale Akteure, Humankapital, Markt und Staat

Während in den beiden vorhergehenden Grundlagentheorien die Erwachsenensozialisation einen zentralen Stellenwert für die Erklärung der Reproduktion bzw. Konstitution von Gesellschaft und Persönlichkeit hatte, gilt dies für den dritten Typus nicht in gleichem Maße. Gleichwohl ist der Rückgriff auf Prozesse von Erwachsenensozialisation auch hier unverzichtbar.

Ausgangspunkt der Theorie sind rationale Akteure, die als Eigentümer von Ressourcen und Rechten am Tausch mit Anderen interessiert sind, weil sie sich durch die Hergabe des Überschüssigen gegen das gewünschte Fehlende verbessern können. Tausch ist daher die erste soziale Beziehung. In der besonderen Form des Marktes ist Tausch bereits ein kompliziertes soziales System, das zu seinem Funktionieren unter anderem als legitim geltende rechtliche Regelungen, anerkannte einheitliche Messverfahren, des Geldes als Äquivalenzgröße des Tauschwertes, aber auch des Vertrauens und kultureller Elemente wie gemeinsame Sprache, Werte und Normen bedarf. Soziale Systeme unterliegen der Idee einer bestimmten Rationalität, die das Ergebnis eines komplizierten historischen Prozesses ist.

Sozialisation und Erwachsenensozialisation scheinen in diesem Theorietypus auf den ersten Blick keine notwendigen theoretischen Kategorien zu sein, denn die liberale und marktwirtschaftliche Gesellschaft ist das Verfassungskonstrukt freier, gleicher und vernünftiger Personen. Und dennoch spielt auch in diesem Ansatz Erwachsenensozialisation eine erhebliche Rolle. Genauer analysiert wird dies in den Arbeiten von Smith, Weber, Elias und Coleman.

In seiner „Untersuchung zur Natur und den Ursachen des Reichtums der Nationen" beschreibt Adam Smith (1723 – 1790) wie der Reichtum der Nationen auf Arbeitsproduktivität und Erwerbsquote beruht. „Die jährliche Arbeit eines Volkes ist die Quelle, aus der es ursprünglich mit allen notwendigen und angenehmen Dingen des Lebens versorgt wird ..." (Smith 1974, S. 3) Zwei Faktoren bestimmen die Pro-Kopf-Versorgung in jedem Land: einmal die Produktivität der Arbeit als Ergebnis von Geschicklichkeit, Sachkenntnis und Erfahrung (Humankapital) und zum zweiten das Verhältnis der produktiv Erwerbstätigen zur übrigen Bevölkerung (Erwerbsquote). Von diesen beiden Faktoren hängt der Wohlstand eines Landes ab, nicht von seiner Größe, seinem Boden oder seinem Klima. Arbeitsteilung und Berufsdifferenzierung, eingesetztes Humankapital, Technik und Wissenschaft ermöglichen eine Produktivität, die höher liegt als die notwendige Subsistenzsicherung. Die erzielten Überschüsse werden auf lokalen, nationalen und internationalen Märkten getauscht. Durch den freien Tausch überschüssiger Produkte nach individuellen Nutzenkalkülen wachsen individueller Gewinn und gesellschaftlicher Wohlstand gleichermaßen bis zu einem Optimum, an dem der fortgesetzte Tausch keine Verbesserung des durchschnittlichen individuellen Ertrages und des Gesamtertrages mehr ermöglicht. Der freie Tausch auf großen Märkten liefert auch den Anlass, sich dort zu spezialisieren, wo die eigenen Stärken liegen, wo man produktiv und wettbewerbsfähig ist. Ein großer und freier Markt ist folglich eine wichtige Voraussetzung für die Entwicklung der Arbeitsteilung und Produktivität. Eine andere Voraussetzung für eine hohe Zahl produktiver Arbeitskräfte ist die Ausstattung mit Kapital, die zu ihrer Beschäftigung eingesetzt wird, also die Art der Kapitalverwendung in der Volkswirtschaft.

Eine Politik, die die Qualität des einsetzbaren Humankapitals der Arbeit und die Freiheit von Handwerk, Gewerbe und Handel begünstigt, lässt die ärmsten englischen Arbeiter reicher sein als die Noblen primitiver Gesellschaften. Und sie ermöglicht es, obwohl der gesellschaftliche Reichtum ungleichmäßig verteilt ist, aus den hohen Überschüssen des Sozialprodukts jene zu versorgen, die sich nicht selbst durch Arbeit ernähren können. Das utilitaristische Verhalten der einzelnen Produzenten und Marktteilnehmer ist bei Smith also – im Kontrast zu Hobbes – nicht Ausdruck von Anomie und des Krieges aller gegen alle. Es wirkt auf die Gesellschaft nicht zerstörerisch, sondern ist vielmehr die empirische Voraussetzung der individuellen und nationalen Wohlfahrt.

Auch hier haben wir es mit anthropologischen Grundannahmen zu tun, die allerdings im Gegensatz zu den vorherigen Theorietraditionen die Bedeutung einer besonderen Sozialisationstheorie, insbesondere einer Theorie (staatlich organisierter) Erwachsenensozialisation, reduzieren. Und dennoch macht Smith einige interessante Ausführungen, die als Argumente für die Einführung staatlicher Erwachsenensozialisation bis heute Geltung haben. Im vierten Buch des schon zitierten Bandes zum „Wohlstand der Nationen" befasst sich Smith mit den „Finanzen des Landesherrn oder des Staates". Denn auch die von Smith beschriebene bzw. geforderte liberale und marktwirtschaftliche Ordnung, die auf Eigennutz und Rationalität des Individuums vertraut, bedarf ergänzender staatlicher Leistungen zur Bereitstellung öffentlicher Güter. Es sind dies die Landesverteidigung (äußere Sicherheit), die Justiz (innere Sicherheit), die Förderung des öffentlichen Verkehrswesens und die *Institutionen der Bildung und Erziehung. Die Überlegungen zur Rolle staatlicher Bildungseinrichtungen enthalten wesentliche Elemente eines Konzepts von Erwachsenensozialisation.*

„Mit fortschreitender Arbeitsteilung wird die Tätigkeit der überwiegenden Mehrheit derjenigen, die von ihrer Arbeit leben, also der Masse des Volkes,

nach und nach auf einige wenige Arbeitsgänge eingeengt, oftmals auf nur
einen oder zwei. Nun formt aber die Alltagsbeschäftigung ganz zwangsläufig das Verständnis der meisten Menschen. Jemand, der tagtäglich nur wenige einfache Handgriffe ausführt, die zudem immer das gleiche oder ein
ähnliches Ergebnis haben, hat keinerlei Gelegenheit, seinen Verstand zu ü-
ben. Denn da Hindernisse nicht auftreten, braucht er sich auch über deren
Beseitigung keine Gedanken zu machen. So ist es ganz natürlich, daß er ver-
lernt, seinen Verstand zu gebrauchen, und so stumpfsinnig und einfältig
wird, wie ein menschliches Wesen nur eben werden kann. Solch geistige
Trägheit beraubt ihn nicht nur der Fähigkeit, Gefallen an einer vernünftigen
Unterhaltung zu finden oder sich daran zu beteiligen, sie stumpft ihn auch
gegenüber differenzierten Empfindungen, wie Selbstlosigkeit, Großmut oder
Güte, ab, so daß er auch vielen Dingen gegenüber, selbst jenen des täglichen
Lebens, seine gesunde Urteilsfähigkeit verliert. Die wichtigen und weitrei-
chenden Interessen seines Landes kann er überhaupt nicht beurteilen, und
falls er nicht ausdrücklich darauf vorbereitet wird, ist er auch nicht in der
Lage, sein Land in Kriegszeiten zu verteidigen. Ein solch monotones Dasein
erstickt allen Unternehmungsgeist und verleitet ihn, das unstete, ungewisse
und abenteuerliche Leben eines Soldaten mit Widerwillen zu betrachten.
Selbst seine körperliche Tüchtigkeit wird beeinträchtigt und er verliert die
Fähigkeit, seine Kräfte mit Energie und Ausdauer für eine andere Tätigkeit
als die erlernte einzusetzen. Seine spezifisch berufliche Fertigkeit, so scheint
es, hat er sich auf Kosten seiner geistigen, sozialen und soldatischen Taug-
lichkeit erworben. Dies aber ist die Lage, in welche die Schicht der Arbeiter,
also die Masse des Volkes, in jeder entwickelten und zivilisierten Gesellschaft unweigerlich gerät, wenn der Staat nichts unternimmt, sie zu verhindern." (A. Smith 1978, S. 662f.)

Die fortschreitende Arbeitsteilung hat also Wirkungen auf Arbeitsplätze und
Berufe mit – wie man heute sagen würde – massiven erwachsenensozialisatorischen Folgen, die ihrerseits Lebensqualität und Gemeinwesen bedrohen.[33] Die
erwachsenensozialisatorischen Effekte der modernen Arbeitswelt zerstören unter anderem die Bereitschaft zu gesetzestreuem Verhalten, die Mindestqualifi-
kation für produktive Arbeit und die Verteidigungsbereitschaft.

Zwar ist der Mensch von Natur aus vernünftig, er ist ein rational handelndes
Wesen. Zwar ist die Gesellschaft mit einer freiheitlichen Wirtschaft und ohne
einen großen Staatsapparat am besten verfasst. Jedoch gibt es gewisse Minimal-
funktionen des Staates. Hierzu gehört die *Sozialisation des einfachen Volkes
durch ein staatliches Elementarschulwesen mit Schulzwang.* Diese Sozialisation
dehnt sich *über das ganze Leben* aus, da die Folgen der Arbeitsteilung auch den

---

33 Die von Smith in den Blick genommene repetitive Teilarbeit (später am Fließband) ist heute in
    hochentwickelten Staaten nicht mehr vorherrschend. Allerdings haben auch andere Arbeits-
    plätze vom Kraftfahrer über den Bildschirm der Schreibkraft bis zum Lehrerberuf erwachse-
    nensozialisatorische Effekte gravierender Art (Lenhardt 1980).

Erwachsenen immer und immer wieder formen und verformen. Smith denkt hier u.a. an *Erwachsenenbildung* durch die Kirchen, an die Einführung öffentlich finanzierter *kultureller Bildung*, insbesondere *Musik* und *Theater*. Nicht zuletzt ist ein *geregeltes Aufstiegswesen* wichtig, das Mitglieder aus den niederen Gesellschaftsschichten durch den Erwerb abgestufter Zeugnisse in die höheren Klassen eindringen lässt. Dies ist eine der Grundlagen für die heutige Bildungsmeritokratie (Collins 1979), also für die Chancenverteilung in Arbeitsmarkt und Beruf nach erworbenen und mit Zertifikat nachweisbaren Bildungsleistungen.

Max Webers (1864 – 1920) Soziologie geht – wie jene von Adam Smith – von rational handelnden Individuen aus. Der aufklärerische Grundton[34] der Weberschen Arbeiten widerspricht den Annahmen der Unmündigkeit des egoistischen, aggressiven, triebhaften Individuums, das wegen dieser anthropologischen Eigenschaften der gesellschaftlichen oder staatlichen Zwangszivilisierung durch unter anderem Sozialisation und Erwachsenensozialisation bedarf.

Folglich finden sich in dem zentralen Werk „Wirtschaft und Gesellschaft" (Weber 1964) unter § 9, „Vergemeinschaftung und Vergesellschaftung", auch keine Hinweise auf Erwachsenensozialisation (S. 29). Selbst Webers Untersuchung über Ehe und Familie enthält keine Sozialisationselemente, sondern sie befasst sich vor allem mit den ökonomischen und den darauf fußenden rechtlichen Formen von Ehe und Familie.

Und dennoch: es gibt auch bei Weber in dem genannten Band „Wirtschaft und Gesellschaft" einen Bezug auf Erwachsenensozialisation. Er knüpft an an Adam Smiths Forderung der Einführung eines geregelten Aufstiegswesens durch zertifizierte Bildung. Weber arbeitet hier die erwachsenensozialisatorische Wirkung der modernen Herrschaft durch Bürokratie heraus, zu deren Instrumenten unter anderem die allgemeine Umformung der Bildungseinrichtungen zu Anstalten der zertifizierten Fachschulung gehört. Die moderne Fachschulung erzeugt einen bestimmten Sozialcharakter, den Bürokratie und Wirtschaft benötigen.

„Ganz allgemein läßt sich nur sagen: daß die Entwicklung zur rationalen ‚Sachlichkeit', zum ‚Berufs-' und ‚Fachmenschentum' mit allen ihren weitverzweigten Wirkungen durch die Bürokratisierung aller Herrschaft sehr stark gefördert wird. Es kann nur ein wichtiger Bestandteil dieses Prozesses hier kurz angedeutet werden: die Wirkung auf die Art der Erziehung und Bildung. Unsere kontinentalen, okzidentalen Erziehungsanstalten, speziell die höheren: Universitäten, Technische Hochschulen, Handelshochschulen, Gymnasien und andere Mittelschulen, stehen unter dem beherrschenden

---

34 Vergleiche dazu Schluchter 1979 und Tenbruck 1975.

Einfluß des Bedürfnisses nach jener Art von ‚Bildung‘, welche das für den modernen Bürokratismus zunehmend unentbehrliche Fachprüfungswesen züchtet: der Fachschulung. Die ‚Fachprüfung‘ im heutigen Sinne fand und findet sich auch außerhalb eigentlich bürokratischer Gebilde, so heute für die ‚freien‘ Berufe des Arztes und Anwalts und in den zünftig organisierten Gewerben." (Weber 1964, S. 735)

Die von Adam Smith noch geforderte Abhängigkeit des sozialen Aufstiegs von höheren Bildungsformen und die Einführung eines abgestuften Prüfungswesens sind für Weber bereits Realität und eine Stütze der erwachsenensozialisatorischen Leistungen der bürokratischen Herrschaft. Weber hält neben den Einflüssen der Fachschulung auch die Einflüsse des Berufs und der Wirtschaftsform auf die Sozialisation im Leben eines jeden Erwachsenen für stark. Es sind Effekte, die ohne staatliche Intervention eintreten und einen bestimmten Sozialcharakter, einen bestimmten Typus abendländischer Rationalität hervorbringen.

Erwachsenensozialisation wird also in Webers Arbeit durchaus behandelt. Deutlicher noch als in „Wirtschaft und Gesellschaft" geschieht dies in den religionssoziologischen Untersuchungen, nicht zuletzt in der „Protestantischen Ethik" (Weber 1965). Auch hier ist die zentrale These: Grundsätzlich vergesellschaftet (sozialisiert) die kapitalistische Wirtschaftsordnung die Bürger nach ihrer eigenen ökonomischen Logik. Sie schafft sich den Menschentypus, dessen sie bedarf. Weber beschreibt diesen Vorgang lebenslanger beruflicher Sozialisation so:

„Die heutige kapitalistische Wirtschaftsordnung ist ein ungeheurer Kosmos, in den der Einzelne hineingeboren wird und der für ihn, wenigstens als Einzelnen, als faktisch unabänderliches Gehäuse gegeben ist, in dem er zu leben hat. Er zwingt dem Einzelnen, soweit er in den Zusammenhang des Marktes verflochten ist, die Normen seines wirtschaftlichen Handelns auf. Der Fabrikant, welcher diesen Normen dauernd entgegenhandelt, wird ökonomisch ebenso unfehlbar eliminiert, wie der Arbeiter, der sich ihnen nicht anpassen kann oder will, als Arbeitsloser auf die Straße gesetzt wird. Der heutige, zur Herrschaft im Wirtschaftsleben gelangte Kapitalismus also erzieht und schafft sich im Wege der ökonomischen Auslese die Wirtschaftssubjekte – Unternehmer und Arbeiter –, deren er bedarf." (Weber 1965, S. 45)

Der heutige Mensch muss Berufsmensch sein, ob er will oder nicht. Die rationale Wirtschaftsordnung bestimmt den Lebensstil aller Einzelnen, die in „dieses Triebwerk hineingeboren wurden ... mit überwältigendem Zwange, ... bis der letzte Zentner fossilen Brennstoffs verglüht ist." (Weber 1920, S. 203) Ein stahlhartes Gehäuse ist entstanden, bevölkert von Fachmenschen ohne Geist, Genussmenschen ohne Herz: „Dieses Nichts bildet sich ein, eine nie vorher erreichte Stufe des Menschentums erstiegen zu haben." (Weber 1920, S. 204)

Problematisch ist daher für Weber – im Unterschied zu Adam Smith oder gar Thomas Hobbes – nicht so sehr, ob und wie Staat und Wirtschaft die gewünschten Bürger „produzieren" können, sondern vielmehr, wie rationale Individuen ihre persönliche Bewegungsfreiheit gegenüber den modernen Herrschaftsformen bewahren, und ob sie diese Herrschaftsformen noch kontrollieren können (S. 1061).

Zwischen den *Institutionen* der Gesellschaft einerseits, Betrieben, Bürokratien, Fachschulen des Bildungswesens, den *Interessen* ihrer Betreiber, Beschäftigten und Klientel andererseits, und schließlich den diese Personen und Personengruppen leitenden *Ideen* gibt es eine Koinzidenz. Nur so können Institutionen dauerhaft funktionieren. Denn zwar motivieren Interessen das Handeln unmittelbar und Institutionen bieten das notwendige strukturelle Arrangement erfolgreichen interessegeleiteten Handelns, aber Ideen zuallererst bestimmen die Grundauswahl dessen, was Relevanz und Wert in einer Gesellschaft hat. Ideen sind kulturelle Weltbilder, die als historische Weichensteller fungieren: „Interessen ... nicht Ideen beherrschen unmittelbar das Handeln der Menschen. Aber: die ‚Weltbilder', welche durch ‚Ideen' geschaffen wurden, haben sehr oft als Weichensteller die Bahnen bestimmt, in denen die Dynamik der Interessen das Handeln fortbewegte." (Weber 1920, S. 252)

Bei Weber sind Kapitalismus und bürgerliche Gesellschaft das Objekt von Kultur- und Religionstheorie (Schluchter 1979). *Weltbilder prägende Ideen sind in der Geschichte stark durch Religion bestimmt worden.* Die Studie „Die protestantische Ethik und der Geist des Kapitalismus" (Weber 1920) ist ein Musterfall der Zurechnung von *Ideen, Interessen und Institutionen.*[35] Weber beginnt diese Untersuchung mit der Beobachtung, dass sich Bevölkerungsgruppen unterschiedlicher Konfession, hier Protestanten und Katholiken, gegenüber humanistischer und beruflicher Bildung sowie Wirtschaftstätigkeit anders verhalten. Weber findet den dafür entscheidenden Faktor in der Berufsauffassung des Luthertums und in der Prädestinationslehre des Calvinismus am reinsten vertreten. Beide begünstigen die Idee einer asketischen Lebensführung. Während der Katholizismus das traditionelle Berufsethos vertritt, dass der Mensch arbeite, um zu leben, und darüber hinausgehende Erwerbstätigkeit, insbesondere Gewinnstreben, nicht geachtet, geschweige denn belohnt werden solle, sieht der Protestantismus im Aufgehen im Beruf, in der Berufsleistung, in der asketischen Lebensführung und im daraus hervorgehenden Profit einen Wert an sich. Diese innerweltliche Askese, die asketisch-leistungsorientierte Berufslebensführung, ist eine moralisch hochstehende Haltung, und der wirtschaftliche Erfolg kann

---

35 Zur Zurechnung von Interessen und Ideen bei Weber siehe Lepsius 1990.

zugleich als Hinweis auf Gottes Gnade gedeutet werden. Der wirtschaftliche Erfolg dient also nicht primär einem erhöhten Konsum oder gar der Verschwendung. Er ist gottgefällig. „Der Boden für jene Auffassung der Arbeit als Selbst-
zweck, als ‚Beruf', wie sie der Kapitalismus fordert, ist hier (im Calvinismus,
A.W.) am günstigsten, die Chance, den traditionalistischen Schlendrian zu ü-
berwinden, infolge der religiösen Erziehung am größten." (Weber 1965, S. 53)

In Webers Analyse der okzidentalen Gesellschaft gehen sich adäquat ergän-
zende Erwachsenensozialisationseffekte von der religiösen Ethik Luthers und
des reformierten Protestantismus aus, von der Gestalt des (beruflichen) Erwerbslebens in der kapitalistische Wirtschaftsform, von der Rationalitätsform
legitimer moderner bürokratischer Herrschaft und von der Fachschulung in den
modernen Bildungseinrichtungen. Alle vier Faktoren zusammen erzeugen einen
bestimmten *Sozialcharakter*, dessen rationale Lebensführung komplementär zur
Rationalität der okzidentalen Gesellschaftsform ist. Dieser besondere Typus des
Erwachsenen ist das Ergebnis der Ideen und Institutionen der von okzidentaler
Rationalität geprägten europäischen Gesellschaft und ihrer nordamerikanischen
Nachfolger. Unter anderen Institutionen sind an diesem Typus von Erwachsenensozialisation die modernen Bildungsanstalten mit ihrer zertifizierten Fach-
schulung beteiligt.

In Max Webers historischer Soziologie spielt die Annahme eines Idealtypus
‚okzidentaler Rationalität' eine zentrale Rolle. Dieser Idealtypus soll die Besonderheit des historischen Entwicklungsschubs des westlichen Europa im Vergleich zu anderen Hochzivilisationen erklären, der mit dem Beginn der Moderne im 16. und 17. Jahrhundert einsetzte.[36] Ein ähnliches Ziel verfolgt Norbert
Elias (1897 – 1990) mit seiner Untersuchung „Über den Prozess der Zivilisation" (Elias 1980).[37]

Zivilisation ist der Schlüsselbegriff der Beobachtung, Beschreibung und verstehenden Analyse der modernen europäischen Gesellschaftsgeschichte. Er hat
einen doppelten Aspekt: als äußere Zivilisierung der großen Trägergruppen der
Gesellschaft und zugleich als innere Zivilisierung des Habitus der einzelnen
Personen. Der äußere Zivilisationsprozess geht mit dem Prozess der inneren Zivilisierung der Persönlichkeitsstruktur einher. Soziogenese und Phylogenese
sind zwei Seiten derselben Medaille. Diese Unterscheidung und enge Verknüpfung des Verhältnisses von Individuum und Gesellschaft entspricht dem Weberschen Konzept des Zusammenhangs zwischen rationaler Ordnung der Gesell-

---

36 Zum Einfluss von Ideen in der Geschichte der Zivilisationen vgl. auch Collins 1998 und 1999;
    Wuthnow 1989; Eisenstadt 1979 und 2000; Habermas 1981 und 1985; Huntington 1996.
37 Vgl. auch den Band „Studien über die Deutschen" Elias 1989, den Diskussions- und Material-
    band Gleichmann/Goudsblom/Korte 1984 sowie zur Psychodynamik Oesterdiekhoff 2000.

schaft in Wirtschaft, Wissenschaft, Bürokratie einerseits und rationaler, ‚asketischer' Lebensführung andererseits.

Die *zentrale These gilt dem Figurationsprozess*: Behauptet wird eine in Laufe der Jahrhunderte der europäischen Modernisierung wachsende wirtschaftliche und politische Verflechtung (Figuration) der Menschen in immer größeren Aktionsräumen und über immer längere Zeitabschnitte des Lebens. Motor der Differenzierung und Verflechtung ist die voranschreitende Arbeitsteilung, die Spezialisierung hervorbringt und die Spezialisten dann wiederum voneinander abhängig macht.[38] In der abendländischen Geschichte haben sich die gesellschaftlichen Funktionen unter Konkurrenzdruck immer weiter differenziert. Nicht nur ist die Zahl der Funktionen extrem gewachsen, auch hängen immer mehr Individuen bei ihren Verrichtungen selbst einfachster Art von den komplexen Zusammenhängen ab. In die Ausweitung der Interdependenzketten und in die Inklusion von immer mehr Betroffenen ist schließlich, mittelbar und unmittelbar, jede Regung des Einzelnen unausweichlich eingegliedert.

„Diese fundamentale Verflechtung der einzelnen, menschlichen Pläne und Handlungen kann Wandlungen und Gestaltungen herbeiführen, die kein einzelner Mensch geplant oder geschaffen hat. Aus ihr, aus der Interdependenz der Menschen, ergibt sich eine Ordnung von ganz spezifischer Art, eine Ordnung, die zwingender und stärker ist, als Wille und Vernunft der einzelnen Menschen, die sie bilden." (Elias 1980, S. 314)

Interdependenzen und Konkurrenzen erstreckten sich im modernen Europa über so weitgestreckte Räume und lange historische Zeiten, wie noch niemals zuvor in der Menschheitsgeschichte. Man gewöhnte sich an die Unterordnung des Augenblicks unter die Notwendigkeiten und an die Einteilung der Lebenszeit in Verpflichtungen von Aktionsketten. In einem weit ausgreifenden historischen Bogen beschreibt Elias die Zivilisierung von der multizentralen, pluralen und hierarchischen Gesellschaft des Feudalismus zum befriedeten, umfriedeten, gerüsteten königlichen Zentralstaat und späterer Nationalstaat mit Gewaltmonopol anhand der Transformation der Oberschichten: die Domestizierung der wilden, ungebundenen, barbarischen Krieger auf ihren Burgen und Gutshöfen zu Höflingen am zentralen Königshof, die sich unter zahlreichen, voneinander abhängigen Menschen große Zurückhaltung auferlegen müssen. Machtkämpfe finden hier nicht mehr mit der Waffe, sondern z.B. durch Intrige statt. Kennzeichen der Oberschicht wird die Pflege der Etikette, die hohe Bedeutung der guten Formen: Mäßigung der individuellen Affekte durch Vernunft, Angemessenheit der

---

38 Das ist ein klassisches soziologisches Argument: der Grundgedanke findet sich bereits bei Adam Smith, Emile Durkheim und Talcott Parsons.

Haltung und Sprache, Ausschaltung des plebeischen Ausdrucks und eine systematische Erziehung der Kinder.

Der Prozess der Zivilisation erfasst als nächste große Bevölkerungsgruppe die bürgerliche Oberschicht. Aus örtlichen Produzenten und Händlern werden Kaufleute und Fabrikanten mit räumlich und zeitlich weitreichenden Verflechtungen und Verpflichtungen. Die entstehende bürgerliche Handels- und Fabrikantenoberschicht tritt in Konkurrenz zum Adel, wird aber auch in die Kooperation mit dem Königshaus eingebunden. Je nach nationaler Konstellation kommt es zu unterschiedlich starker Integration der neuen in die alte Oberschicht.[39] Daneben wächst der Stand der bürgerlichen Bürokraten, Intellektuellen, Wissenschaftler stark an.

Mit den großen Gewaltmonopolen der zentralisierten Königreiche und später der Nationalstaaten entstehen befriedete Räume und damit andere Zwänge als zuvor. Der Einzelne ist zwar geschützt, muss sich aber dem Gewaltzwang fügen. Dadurch wird der „Kriegsschauplatz ... zugleich in gewissem Sinne nach innen verlegt. Ein Teil der Spannungen und Leidenschaften, die ehemals unmittelbar im Kampf zwischen Mensch und Mensch zum Austrag kamen, muss nun der Mensch in sich selbst bewältigen." (Elias 1980, S. 330) Elias sieht Unruhe und Unbefriedetheit des modernen, zivilisierten Menschen, Langeweile und Einsamkeitsempfindungen als Folgen an. Emotionale Energien können sich nur noch auf Seitenwegen äußern, oder in Zwangshandlungen als Störungen erscheinen, eine wichtige Quelle psychischer Abnormalitäten. „Sie aber, *diese Beziehungen im einzelnen Menschen selbst*, und damit sowohl die Gestalt seiner Triebsteuerung, wie die Gestalt seiner Ich- und Überichsteuerung, sie wandelt sich als Ganzes im Laufe des Zivilisationsprozesses entsprechend einer spezifischen Transformation *der Beziehungen zwischen den Menschen*, der gesellschaftlichen Beziehungen." (Elias 1980, S. 390)

Das zivilisierte, affektkontrollierte Individuum ist also ein Produkt historischen Wandels der Zivilisation in Europa. Für diesen Zivilisationsschub war ein Preis zu bezahlen. „Die festere, allseitigere und ebenmäßigere Zurückhaltung der Affekte, die für diesen Zivilisationsschub charakteristisch ist, die verstärkten Selbstzwänge ... sind das, was als Kapsel, als unsichtbare Mauer erlebt wird, die die ‚Innenwelt des Individuums von der ‚Außenwelt' ... das ‚Individuum' von der ‚Gesellschaft' trennt ..." (Elias 1980, LXIII)

In der zivilisierten Gesellschaft entsteht mit dem distanzierteren, beobachtenden, planvollen und berechnenden Umgang miteinander in komplexen Figurationen auch ein Bedarf an distanzierter Empirie und Analyse des Sozialen.

---

39 Unterschiedliche Musterfälle dieses Prozesses sind Frankreich und Deutschland (Elias 1989).

Hier liegt ein Ursprung der Nachfrage nach Psychologie und Sozialwissenschaften. Auf individueller Ebene entwickelt sich eine Fähigkeit und Neigung zu psychologischer Betrachtung der Menschen, anderer Personen wie der eigenen Person, das Interesse an der genauen Beobachtung der Motivationen und an ständiger wechselweiser Überwachung. Zentrale Merkmale der modernen Zivilisation wie Ratio, Verstand, Vernunft sind folglich ein Produkt der gesellschaftlichen Figurationen. Sie sind Ausdruck einer bestimmten Modellierung des Seelenhaushaltes durch die neuen gesellschaftlichen Verhältnisse. Adel und Bürgertum sind nicht die Erfinder der Rationalität, sondern sie sind selbst das Produkt der Rationalisierung der gesellschaftlichen Verhältnisse durch den Zivilisationsprozess.

Der Prozess der Zivilisation ist noch nicht beendet: Wie bereits gesagt, wurden in diesen Prozess der Zivilisation zuerst die Oberschichten Europas involviert, danach die bürgerlichen Mittelschichten. Erst später wurden auch die unteren Schichten einbezogen in Weitsicht und Langsicht. Damit hören die Unterschichten auf, im eigentlichen Sinne Unterschichten zu sein. Im Laufe der Geschichte sind schließlich Europa und Nordamerika mit allen ihren Klassen und Schichten zur Oberschicht der Weltgesellschaft geworden. In die Gesellschaften der Welt hinein breitete sich der europäische Zivilisationsprozess weiter aus. Als Folge davon verringern sich heute wiederum die Unterschiede zwischen dem Westen und anderen Völkern und Klassen der Welt, beginnend – wie zuvor in Europa – mit der Zivilisierung der jeweiligen nichteuropäischen Oberschichten.

Nach Smith, Weber und Elias ist das rationale Individuum als vorherrschender Realtypus ein Produkt der besonderen Geschichte Europas. *Die heutige idealtypische Annahme eines rationalen Akteurs in Entscheidungstheorien sozialen Handelns stützt sich auf den beschriebenen Transformationsprozess.*[40]

Die Theorie rationaler Individuen geht von der Freiheit handelnder Personen aus. Gesellschaftliche Ordnung wird aus freien Stücken hergestellt. Sie folgt aus dem individuellen Nutzenmaximierungsinteresse rationaler Akteure, das zu einer freiwilligen – und sei es antagonistischen – Kooperationsbereitschaft führt. „Alle Handlungsarten werden zu dem einzigen Zweck ausgeführt, die Interessen des Akteurs besser zu verwirklichen." (Coleman 1991, S. 39)

Das Minimalmodell dieser Gesellschaftstheorie ist der Austausch zwischen zwei Akteuren, die jeweils über Ressourcen verfügen, an denen sie wechselseitig interessiert sind. Durch das wechselseitige Interesse an Ressourcen sind die

---

40 So die These von Polanyi 1995. Fortschrittsoptimistischer dazu die Modernisierungstheorie (Zapf 1969 und 1996). Zum Verhältnis von rationaler Wahl und sozialen Normen Elster 1989 und 1987 sowie Hegselmann/Kliemt 1997.

Akteure miteinander verbunden. Die zu tauschenden Ressourcen können Güter sein, Dienstleistungen, sozialer Status und vieles andere. Der Tausch richtet sich nach subjektivem Nutzen. Das Optimum ist dann erreicht, wenn aus der Sicht der Akteure weitere Tauschhandlungen keinen zusätzlichen Nutzen mehr erbringen, der in einem sinnvollen Verhältnis zu den Kosten steht. Aus Tauschbeziehungen entsteht ein natürliches soziales Umfeld.[41]

Die Ressourcen der Akteure unterliegen zahlreichen und komplizierten Rechten, die sich ebenfalls tauschen lassen. Es gibt zwei Formen des Tausches von Rechten, die Herrschaftsbeziehungen unterschiedlicher Art herbeiführen. Im Falle der konjunkten Herrschaft werden wechselseitig Rechte übertragen, weil auf diese Weise die jeweils eigenen Interessen gemeinsam besser verfolgt werden können. Das ist z. B. der Fall bei der Gründung einer Familie, eines Vereins oder in Freundschaftsnetzwerken. Coleman nennt die so entstehenden konjunkten Herrschaftsbeziehungen *Institutionen*. Im Falle der disjunkten Herrschaft werden Rechte gegen andere Güter eingetauscht, z. B. das Recht auf Freizeit gegen Lohn für Arbeit. Coleman nennt diese Herrschaftsbeziehungen *Organisationen*.

Um wechselseitig zufriedenstellende Tauschvorgänge über einen längeren Zeitraum zu erhalten, bedarf es des Vertrauens. Vertrauen kann aus der persönlichen Abwägung von Risiken und Nutzen einer Handlung hervorgehen, wie es bei Freundschafts- und Liebesbeziehungen der Fall ist. Vertrauen kann auch auf der Einschaltung von Treuhändern beruhen, die ein Interesse daran haben, dauerhaft als ehrliche Makler zu gelten, so beispielsweise Notare oder Banken. Auch Normen sind das Ergebnis utilitaristischer Rationalität. Obwohl Normen immer eine Beschränkung der subjektiven Entscheidungsfreiheit der Akteure bedeuten, liegen sie in deren Interesse. Normen werden zweckvoll geschaffen und eingesetzt, wenn sie mehr Nutzen als Kosten verursachen. Dies ist dann der Fall, wenn verlässliche Kooperation langfristig sicheren Gewinn bringt, Normbruch jedoch nach kurzfristigem Vorteil langfristigen Schaden.[42]

Aus Tauschbeziehungen entstehen also im Eigeninteresse der beteiligten Akteure Institutionen und Organisationen, Vertrauen und verbindliche Normen. All dies zusammen bildet ein soziales Kapital von hohem Wert. Das Problem des sozialen Kapitals ist jedoch, dass es kein Privateigentum ist. Individuen, die in Herstellung und Erhalt von sozialem Kapital investieren, verschaffen auch denen einen Vorteil, die sich an seiner Herstellung nicht beteiligt haben. Je

41 Gesellschaft als Tauschbeziehung zu begreifen, ist ein alter Gedanke in der Soziologie, so z.B. in Simmels Philosophie des Geldes (Simmel 1987).

42 Die Evolution der Kooperation in fortgesetzt wiederholten Spielen ruht auf der uralten Norm der Vergeltung von Gleichem mit Gleichem – „tit-for-tat" Strategie (Axelrod 1988).

nachdem, ob Individuen, die in soziales Kapital investieren, ein ausreichender Gewinn geboten wird in Relation zum Gewinn all derer, die nicht investieren, wird in sozialen Gemeinschaften die Investitionsneigung in soziales Kapital unterschiedlich hoch sein oder auch ganz schwinden. In kleinen Gruppen ist es relativ problemlos, eigennütziges und solidarisches Verhalten zu erkennen und unterschiedlich zu behandeln. Schwieriger wird das in großen Gruppen und ganzen Gesellschaften. Sie müssen sich gegen zahlreiche Trittbrettfahrer schützen, die die Kollektivgutgrundlagen an Vertrauen, Normen und Institutionen schädigen.

Das Trittbrettfahrerproblem nimmt mit dem historisch gewachsenen Massenwohlstand und mit der Delegation von Tauschbeziehungen an anonyme Organisationen zu. Denn, wenn der Bezug von Leistungen wie Lebensunterhalt, Krankenversorgung, Altersversorgung, innere und äußere Sicherheit usw. nicht mehr von der individuellen Beteiligung an ihrer Herstellung abhängig gemacht wird, sondern wenn diese Kollektivgüter für alle auch ohne individuelle Beteiligung bereitgestellt werden, dann wird die Zahl der Trittbrettfahrer wachsen und die Zahl derer abnehmen, die noch freiwillig in solches soziales Kapital investieren.

Es handelt sich hier um ein zentrales Problem moderner Gesellschaften, weil die an natürliche Personen gebundenen Institutionen wie Familien oder Ortsgemeinschaften weitgehend durch anonyme Korporationen ersetzt wurden. Die Dominanz anonymer Korporationen verändert die Verhaltensweisen der Menschen.[43] Ein Musterbeispiel dafür ist die Entwicklung der Familie (Coleman 1996). In der modernen Gesellschaft sind der alten Institution Familie fast alle Ressourcen und Rechte genommen und an moderne korporative Akteure und an den Staat übertragen worden. Mit der Auslagerung der den Lebensunterhalt sichernden Arbeit aus der Familie an Betriebe, mit der Delegation von Erziehung und Bildung an Kindergärten, Schulen und Hochschulen, mit der Abtretung der Kranken- und der Altersversorgung an Versicherungen und den Sozialstaat wird die Abhängigkeit der Familienmitglieder und Generationen voneinander beseitigt und damit die familiäre Solidarität untergraben. Für Eltern lohnt es sich nicht mehr, viele Kinder zu haben und in sie zu investieren. Das Interesse an Kindern hört auf, zugleich Kollektivinteresse der Gesellschaft und Selbstinteresse der Individuen zu sein. Kinder werden – bei historisch als gleichbleibend

---

43   Hier findet sich eine Übereinstimmung mit Habermas' Sicht auf die Kolonialisierung der Lebenswelten durch Systemwelten und mit Luhmanns systemtheoretischer Sicht des Sozialen.

angenommenem emotionalen Wert – als Kostenfaktor gesehen mit geringerem Grenznutzen im Vergleich zu anderen Konsumgütern des schönen Lebens.[44]

Coleman führt die historischen Veränderungen der Bereitschaft zu Investitionen in Humankapital bei Eltern und Kindern im Verlaufe der letzten beiden Jahrhunderte auf modifizierte Ertragserwartungen zurück. Er unterscheidet drei Perioden des Wandels der Investitionen in *Humankapital*. In der ersten Periode bis etwa 1880 sind Kinder für ihre Eltern noch eine unmittelbar produktive Ressource (z.b. als Arbeitskräfte und für die Alterssicherung). In der zweiten Periode bis 1950 mussten Eltern (und Kinder) bereits erhebliche Anstrengungen unternehmen, um das für ein auskömmliches Leben notwendige Humankapital durch eine ausreichende Bildung und Ausbildung zu erzeugen. Gute Bildung und Ausbildung lohnten sich für Eltern und Kinder aber noch. In der gegenwärtigen, dritten Periode hingegen zahlen sich auch kostspielige Investitionen in Humankapital für Eltern und Kinder nicht mehr mit Sicherheit oder nur in zu geringem Maße aus. Humankapitalinvestitionen, insbesondere in Bildung, werden deshalb auch weniger getätigt als es gesellschaftlich wünschenswert wäre.

„The family's central place in the economy and society has been taken over by corporate bodies, large and small – industrial and commercial corporations. When the economic functions of the household are withdrawn to other institutions, the family can retain its raison d'être only for a period of time. It is no longer an institution spanning generations, but forms a new each generation. Its interest in children to carry the family into the future declines. The stability of marriages (and thus of households) has declined, as the extended family is no longer able to restrain its members from individualistic solutions at the expense of the family. In such circumstances, we can expect that families would make fewer investments in children, would press less strongly towards academic achievement, and would support the goals of the school less completely ...“ (Coleman 1996, S. 180f.)

Also übernimmt der Staat eine wachsende Vielzahl der ursprünglich familiären Aufgaben. „There is, however, one actor with strong interests in having a child's value to society maximized, or its cost to society minimized. This is the state.“ (Coleman 1996, S. 188)

Die Zunahme des Anteils kinderloser Personen an der Gesamtbevölkerung und die Überalterung der Bevölkerung haben gravierende Wirkungen auf die Politik. Der Anteil des sozialen Kapitals eines Gemeinwesens, der in Kinder investiert wird, wird in Relation zum Anteil für die Erwachsenen immer kleiner. Die wohlfahrtsstaatlichen Ausgaben fließen primär in Altersversorgung und Gesundheitswesen, das ebenfalls vor allem den Älteren dient, nicht aber in Er-

---

44 Zur Ökonomie der Familie Becker 1981 und 1982. Zur Gegenwartdiagnose Miegel 1993 und 2002.

ziehung, Bildung und Ausbildung. Der Staat ist mit seinen modernen Organisationen jedoch nicht in der Lage, die so geschaffenen Probleme wie hohe Wohlfahrtskosten, einen fatalen Altersaufbau der Bevölkerung, Bildungsmängel und Gesundheitsschäden, Drogen und Kriminalität zu lösen. Die Schule beispielsweise kann den Ausfall an sozialem Kapital bei ihren Schülern, also an guter Erziehung, Charakterfestigkeit, Gemeinsinn, Solidarität, Kooperationswillen, Motivation nicht ersetzen. Sie muss vielmehr darauf bauen können, dass diese Voraussetzungen für schulische Bildung bereits von den Familien gelegt worden sind.

„Finally, then, implications for the design of educational institutions in the 21st century: The implications, as I see them, are clear. Schools could ... take for granted the social capital of the family and the community. In doing so, they could focus their attention on the child as if it were an isolated individual – but only because these important social resources were present for that child. The schools can no longer take this social capital for granted, and must instead be designed to aid and strengthen it – both in the family and in the community. As the family disintegrates, there is no reason to expect parents to be motivated to bring up their child to maximize the child's value to society. The incentives for the family to do so have been destroyed not only by weakening of the family, but also by the loss of the family's property rights: to its children's production. This certainly responds to what we observe in children of the 1990s: Schools themselves, to which parents relegate their children, are poor substitutes for the intensive training sufficiently motivated parents, can give or can arrange to have given." (Coleman 1996, S. 187)

Auch mehr Geld wird die Schulen nicht instand setzen, das fehlende soziale Kapital, das die Familie ihren Kindern mitzugeben hat, aber nicht mehr ausreichend mitgibt, zu ersetzen. „In the United States, studies have shown that the achievement attributable to the school itself is almost independent of the level of tangible school resources provided by the community or the nation." (Coleman 1996, S. 183)[45]

Erziehung und Bildung müssen auf andere Weise grundlegend gefördert werden, beispielsweise durch die Vergabe von großzügigen Zuwendungen (vouchers) an Familien, die damit wieder selbst in Erziehung und Bildung investieren. Das Problem muss an seinen Wurzeln gelöst werden, durch die Förderung des Interesses von Eltern an ihren Kindern und durch Anreize für die Kinder an der eigenen guten Erziehung und Bildung. Daran fehlt es und die daraus hervorgehenden Probleme lassen sich nicht später durch die Schule oder

---

45 Vergleiche auch Coleman über die Schule als neue Korporation sowie Schultz über die Rolle von Bildungsinvestitionen für die Wohlfahrt der Nationen (Coleman 1986; Schultz 1986).

durch Sozialpädagogik und Psychotherapie lösen. Der Staat ist unfähig, solche Probleme selbst zu bewältigen, ganz gleich wie viel Geld ausgegeben wird, falls er dazu überhaupt in einer alternden und Single-Gesellschaft bereit und in der Lage ist.

Erwachsenensozialisation ist also abhängig von Institutionen und Opportunitätsstrukturen einer Gesellschaft, von den positiven und negativen Anreizen, die sie gibt, von den Optionen, die sie eröffnet, von den gegebenen Ressourcen und Beschränkungen. Bildungseinrichtungen können diese Grundlagen von Sozialisation und Erwachsenensozialisation nicht ersetzen, sondern müssen darauf aufbauen können.

Die anthropologische Grundannahme des rational egoistischen Menschen ist von Simmel kritisiert worden. Er betont, dass es einen gesellschaftslosen Urzustand des Menschen nicht gegeben haben kann, da der Mensch als Individuum nicht überlebt. Es sei daher eher zu vermuten, dass der Mensch von Natur aus ein soziales und kooperatives Wesen gewesen sein müsse, da er doch nur so die Gefährdung durch die Natur überstehen konnte. Erst die Entlastung durch die Gefährdungen der Natur machte es möglich, dass aus dem geselligen, sozialen Wesen ein egoistisches und aggressives freigesetzt wurde. Simmel schließt diese Gegenspekulation mit dem Hinweis, dass er selbst beide Thesen, die des sozialen und die des unsozialen Menschen, für unbewiesen und unbeweisbar hält (Simmel 1964, S. 85-125).[46]

Anthropologische Ausgangsannahmen („Axiome") haben für die Sozialisationstheorie weitreichende Folgen. Die Annahme eines individuell nutzenkalkulierenden und (antagonistische) Kooperation rational suchenden Individuums führt zu anderen erwachsenensozialisationstheoretischen Konsequenzen als die Annahme notwendiger normativer Anpassung sozialisatorisch unstrukturierter Barbaren an vorgegebene oder an sich wandelnde gesellschaftliche Funktionserfordernisse. Wiederum zu anderen Konsequenzen führt die Annahme sinnhaften Handelns mit dem Ziel der konsensuellen Konstitution von Welt und Person durch symbolische Interaktion in gemeinsamen lebensweltlichen Horizonten des Alltags.

Zusammenfassung

Das Gesellschaftsmodell strategisch-utilitaristisch handelnder Individuen, die, obwohl getrennt und in Konkurrenz agierend, doch voneinander abhängig und deshalb gezwungen sind, ihre gesellschaftlich-rechtlichen Verkehrsformen ver-

---

46   Vgl. auch Simmel zur „sozialen Differenzierung" (Simmel 1966).

nünftig zu regeln (Tönnies 1979), setzt eine bereits voll entwickelte Persönlichkeit, einen kompetenten Erwachsenen voraus.

Die Theorie rationaler Wahl entwickelt Institutions- und Gesellschaftstheorie auf der Grundlage einer utilitaristischen Theorie individuellen Verhaltens. Diese Theorie benötigt keinen homo sociologicus, der nach den Regeln der herrschenden Kultur sozialisiert und sanktioniert seine Rollen spielt oder der weltinterpretierend und Situationen definierend interaktiv Verständigung sucht.[47] Es genügt die Annahme, dass Akteure über Ressourcen und Rechte verfügen, subjektiv begrenzt informiert und erwartungssicher sind und dass sie nutzenmaximierend entscheiden.[48] Die Folge davon ist, dass in modernen Gesellschaften das Kalkül des Individuums vorherrscht und die Ordnung der Gesellschaft zu einem Problem der Erzeugung öffentlicher Güter wird.

Smith hatte zur Lösung des Problems die Steuermittel des Staates herangezogen, aus denen u.a. Grundbildung, Erwachsenenbildung, Kultur als Sozialisation und Erwachsenensozialisation zu bestreiten seien. Er konnte dabei von noch ausreichendem sozialen Kapital bei Familien und Individuen ausgehen, auf das aufzubauen ist. Durkheim war skeptischer mit seinem auf Anomie fokussierten Blick, wobei Anomie in allen Spielarten (Selbstmord, Alkohol, Scheidung, Kriminalität etc.) für das fehlende soziale Kapital steht. Seine Lösung ist nicht mehr auf Erziehung und Bildung gerichtet, der er schon deshalb kritisch gegenübersteht, weil er nicht sieht, woher die guten Lehrer und Erzieher kommen sollen, die selbst bereits alle unzureichend sozialisiert sind. Er setzt stattdessen auf die Stärkung der Institution Beruf und Berufsverbände, also auf Erwachsenensozialisation durch Arbeit. Elias' Konzept der Figuration als Strukturerklärung des Prozesses und des Zusammenhangs der äußeren und inneren Zivilisation legt einen wichtigen Akzent ebenfalls auf die psychodynamischen Folgen der beschriebenen historischen Entwicklung. Coleman schließlich argumentiert skeptisch, der Familie sei die wirtschaftliche Autonomie bereits so weit entzogen worden, dass sie nur noch ein Appendix der Wirtschaft ist. So richtet sich jeder ganz individuell nach seinem Berufserfolg und stellt darüber Kinder und Familie hintan, soweit überhaupt noch Kinder in die Welt gesetzt werden. Der Schule fehlen aus diesem Grunde die notwendigen Voraussetzungen an Sozialkapital für erfolgreiche Bildung des Humankapitals.

Im dritten Theorietypus kommt der Erwachsenensozialisation weder ein hoher gesellschaftlicher Kontrollwert zu, noch findet sich hier ein Abstellen auf

---

47 In einer Publikation über Alltagshandeln und Verstehen stellt Esser eine Querverbindung zwischen der rational choice Theorie und der Phänomenologie von Schütz her (Esser 1991).
48 Zum Anspruch der rational choice Theorie als allgemeiner Grundlage der Soziologie Esser 1993.

die Lebenswelt des Alltags geteilter symbolischer Sinnwelten. Erwachsenensozialisation geschieht stattdessen fortlaufend durch die ökonomischen, rechtlichen und religiösen Verhältnisse, die auf ihre Schöpfer zurückwirken. Sie ist,
soweit sie Erziehung ist, als Förderung von Humankapital (Fachwissen) zu gestalten. Der Staat hat lediglich eine Nachtwächterfunktion. Erwachsenensozialisation selbst ist nicht seine Aufgabe.[49] Er hat einen materiellen Zuschuss aus
Steuermitteln zu geben und die Einhaltung des Rechts zu überwachen. Erwachsenensozialisation wird in dieser theoretischen Tradition also nicht ignoriert, jedoch gilt ihr nicht das Hauptinteresse der Analyse.

Diese theoretische Position ist – noch mehr als die des symbolischen Interaktionismus – eine speziell auf *Erwachsene* zugeschnittene Theorie der Erwachsenensozialisation. Sie ist nicht abgeleitet aus der Theorie kindlicher Sozialisation, wie dies in der ersten Grundlagentheorie der Fall ist, in der der Begriff
der Sozialisation auf Erwachsene erst schrittweise übertragen und dann als lebenslange Sozialisation modifiziert werden muss. Die Wirkungen des Berufs
und der Wirtschaftsordnung, die Teilhabe an Recht und Politik, die Rationalität
von Wissenschaft und Bürokratie sowie die Fachschulung in den höheren Bildungsanstalten richten sich auf *Erwachsene*. Auch die Untersuchung der Religion gilt den verinnerlichten kulturellen Einflüssen auf den handelnden Erwachsenen. Diese spezielle Theorie von Erwachsenensozialisation ist auf die Sozial-
sation von Kindern nur dadurch übertragbar, dass man die Weitergabe der sozi-
alisatorischen Einflüsse auf Kinder über Institutionen und Opportunitätsstrukturen beschreibt, denn damit werden Optionen und Restriktionen für rationales
individuelles und kollektives Handeln gesetzt. Dies aber ist sehr wirksam, oft
wirksamer als direktes erzieherisches oder sozialisierendes Handeln. Obwohl
sich diese theoretische Tradition also nicht speziell für Sozialisationsvorgänge
interessiert, hat sie zentrale theoretische Argumente zu einer Theorie von Erwachsensozialisation beizutragen.

---

49 Typisch für diese Position der Klassiker Mill (Erstausgabe 1859) über die Freiheit (1974).

7. Eine neo-institutionstheoretische Perspektive

Erwachsenensozialisation vollzieht sich immer und überall in und durch Institutionen: Institutionen des Rechts, der Wirtschaft, der Politik, der Familie, der Kultur, der Religion und Sitte. Institutionen stiften einen Sinnhorizont, setzen Regeln, liefern Ressourcen, und ermöglichen damit erleichterte Zielorientierung, rationalen Mitteleinsatz, vereinfachte kommunikative Abstimmung, Umgang mit den Grenzen der Handlungsspielräume (Weymann 1989). Gehlen hebt deshalb die Entlastungsfunktion von Institutionen hervor. Der Mensch als instinktreduziertes, weltoffenes Wesen wäre chronisch überlastet, wenn er seine Entscheidungen und Kooperationen nicht in aller Regel auf typisierte kulturelle Verhaltensmuster, d.h. auf Institutionen, stützen könnte, sondern sie in jeder Minute neu (er)finden müsste. Er wäre desorientiert, verunsichert, auf sein zufälliges idiosynkratisches Ego als einzigem Halt zurückgeworfen – mit der Folge von Unsicherheit, Isolation, Angst oder auch als Reaktion Rigidität, Dogmatismus.

„... wenn auch die Institutionen uns in gewisser Weise schematisieren, wenn sie mit unserem Verhalten auch unser Denken und Fühlen durchprägen und typisch machen, so zieht man doch gerade daraus die Energiereserven, um innerhalb seiner Umstände die Einmaligkeit darzustellen, d.h. ergiebig, erfinderisch, fruchtbar zu wirken." (Gehlen 1961, S. 72)

In der Soziologie werden Institutionen vor allem über Ideen, Gebräuche, Sitten beschrieben und verstanden. Institutionen bringen die Geltungsansprüche von Kultur und Gesellschaft zum Ausdruck. Sie ermöglichen Regelmäßigkeit und damit Berechenbarkeit des Handelns, die durch Orientierung an einer als legitim geltenden Ordnung entstehen. „Institutionsanalyse stellt die Frage: welche Leitideen wirken in welchen Handlungskontexten bis zu welchem Grade verhaltensstrukturierend." (Lepsius 1995, S. 395)[50]

Erwachsenensozialisation (und Sozialisation allgemein) ist die Vermittlung zwischen Kultur und Person durch Institutionen.

Insbesondere unter den Klassikern der Soziologie ist Institutionen nachhaltige Aufmerksamkeit zugewendet worden. Parsons strukturfunktionalistische Perspektive richtete sich auf die Funktion von Kultur. Hierarchisch als oberste der vier Grundfunktionen[51] des Handelns konzipiert, setzt Kultur durch Werte und Normen die elementaren Verhaltensorientierungen. Werte und Normen

---

50   Auch Lepsius 1990.
51   AGIL-Schema: Anpassung, Zielerreichung, Integration und Mustererhalt (Parsons 1972, S. 13 und S. 20; Parsons 1975, S. 50-53; Parsons 1976, S. 154).

werden durch Sozialisation internalisiert, durch Erwachsenensozialisation ver-
stärkt oder resozialisiert und gegebenenfalls bei Normabweichung durch Sanktionen bekräftigt. *Die Repräsentanz von Kultur durch Institutionen – vor allem
der Bildung und Erziehung, der Politik und der Wirtschaft – ist hier das entscheidende Moment für Erwachsenensozialisation.*

In der phänomenologischen (Schütz), interaktionistischen (Goffman), wissenssoziologischen (Berger/Luckmann) und pragmatischen (Mead) Tradition
geht es um die „soziale Konstruktion der Wirklichkeit"[52], um die Konstruktion
der Institutionen selbst, die dann ihrerseits die Verteilung des sozialen Wissens
und die Überzeugungen der Akteure formen. Institutionen sind symbolische
Systeme von Wissen, Glauben, Moral, deren objektive (institutionsbezogene)
und subjektive (identitätsbezogene) Seite in Wechselwirkung eng verbunden
sind. Exemplarisch für diese Sichtweise sind die zahlreichen Studien, die an der
Chicagoer Universität in den zwanziger Jahren entstanden.[53] Sie befassen sich
mit Presse, Polizei, Justiz, Anwaltskanzleien, Hospitälern, Psychiatrie, Schulen,
Hochschulen, Berufen und Professionen, wobei die Wirkung dieser Institutionen auf Lebenslauf und biographische Identität der von diesen Institutionen als
Betreiber oder Klientel berührten Personen einen Fokus des Interesses bildet.
*Erwachsenensozialisation ist hier der Prozess der fortlaufenden Neukonstrukti-
on und Rekonstruktion der sozialen und personalen Wirklichkeit als Lebenswelt
des Alltags.*

Auch für Max Weber ist die Selektion von Sinn aus dem Horizont unendli-
cher Möglichkeiten die entscheidende Leistung von Institutionen. Institutionen
ermöglichen durch Sinnselektion, individuellen und kollektiven Interessen rational nachzugehen. Bei Weber stehen der objektive Sinn der Institution und der
subjektive des Akteurs in einem komplementären Verhältnis, so beispielsweise
die Rationalität der Institution Wirtschaft und die ökonomische Rationalität der
individuellen Lebensführung, oder die zertifizierte Fachschulung des Bildungswesens und die curriculare individuelle Bildungslaufbahn. Die Institution erzeugt die Charaktere, deren sie bedarf. *Erwachsenensozialisation ist die Produktion des erforderlichen sozialen Kapitals und Humankapitals.*

Eine institutionstheoretische Perspektive auf Erwachsenensozialisation interessiert sich also immer für den Sinnhorizont der Institutionen, der sowohl subjektiv verinnerlicht wurde, als auch selbst soziale Konstruktion der Wirklichkeit
durch Erwachsene ist. Weiterhin lässt sich dann unterscheiden zwischen *sozialen Institutionen* als auf Dauer gestellte, durch Internalisierung verfestigte Sinn-

---

52   So der klassisch gewordene Titel des Bandes von Berger/Luckmann 1969.
53   Einen guten Überblick gibt Everett C . Hughes 1971. Vgl. dazu Weymann 2000. Siehe auch
     Bulmer 1984; Kurtz 1984; Strauss 1991, S. 3-32; Joas 1988, S. 417-466.

gebilde und Verhaltensmuster einerseits und andererseits *politischen Institutionen* als Regelsysteme der kollektiven symbolischen Repräsentanz und der Herstellung und Durchführung von Entscheidungen, also mit anderen Worten zwischen einer Regelung der *Willensbeziehungen* einerseits und der *Symbolbeziehungen* andererseits (Göhler 1997).

Die *Neo-Institutionstheorie*[54] behält diese theoretische Perspektive bei, fügt aber weitere Elemente hinzu. Das zentrale Argument lautet: „At the theoretical center of the new institutionalism paradigm is the concept of choice within constraints." (Brinton/Nee 1998, S. 8) Der Erwachsene handelt nicht nur regelbasiert aus kulturellen Gründen, sondern auch aus Gründen anthropologischer Grenzen rationaler Entscheidung. Er handelt immer unter Bedingungen begrenzter Ressourcen, unter begrenzt informierten Erwartungen und Bewertungen, sowie unter der Unabsehbarkeit nichtintendierter Folgen der Aggregation massenhafter rationaler Entscheidungen anderer Individuen.[55] Institutionen ermöglichen es, die Transaktionskosten rationaler Entscheidungen zu verringern. Nicht jede Entscheidung muss jedes Mal gänzlich neu rational getroffen werden, als wäre sie die erste. Der begrenzt informierte, nur begrenzt rationale und mit einem Hang zu Lüge und Betrug versehene Mensch (Williamson) kann mit anderen ebenso geprägten Menschen leichter in Interaktion und erfolgreichen Austausch treten, wenn die beidseitigen Verhaltensmöglichkeiten durch das Regelwerk einer Institution wirksam beschränkt sind.[56] Institutionelle Regelwerke von Märkten, Gesetzen, Hierarchien, Kultur wirken als Steuerung (governance), wobei deren Regelroutine das Ergebnis des bisherigen historischen Pfades der jeweiligen Institution zwischen Adaption und Selektion ist.

Institutionen können als Machtmittel (von Eliten) eingesetzt werden, als Opportunitätsstrukturen mit positiven und negativen Anreizen, oder als Sozialisationsagenturen. In jedem Fall schaffen sie Vorbedingungen für die kooperative Lösung komplexer Tauschvorgänge.

> „Institutionen sind die Spielregeln einer Gesellschaft oder, förmlicher ausgedrückt, die von Menschen erdachten Beschränkungen menschlicher Interaktion. Dementsprechend gestalten sie die Anreize im zwischenmenschlichen Tausch, sei dieser politischer, gesellschaftlicher oder wirtschaftlicher Art." (North 1992, S. 3)

---

54 Zur Einführung in die soziologische Neo-Institutionstheorie Brinton/Nee 1998; Knight/Sened 1998; vor allem Scott 2001. Zu ‚constitutional economics' Vanberg 1998 und 1999.
55 Zum RREEMM Model Esser 1993, Kapitel 14.
56 Zur Institutionstheorie von Märkten und Firmen Williamson 1975; zur governance Williamson 1985; auch Williamson 1994.

Tausch (Grüße, Küsse, Adressen, Informationen, Haushaltsgeräte, Nachbarschaftshilfe) geht man ein mit dem Ziel der Verbesserung, aber Tausch kann auch kostspielig und riskant sein. Ein Beispiel ist der wirtschaftliche Tausch: Güter sind nicht homogen, der Tausch findet nicht an einem Ort zu einem Zeitpunkt statt; Güter müssen einheitlich gemessen werden nach Größe, Gewicht und Qualität; Banken und Versicherungen, Rechtssicherheit, Verkehrs- und Kommunikationsinfrastruktur, diverse Agenturen werden benötigt. Allein Institutionen schaffen den Rahmen für einen erfolgreichen und kostengünstigen Tausch. Sie senken die Transaktionskosten. Wie sie dies tun, ist das Ergebnis eines langen Prozesses aus Versuch und Irrtum, der als historischer Pfad beobachtet werden kann. Pfade sind also historische Lösungswege, aber keineswegs zwingend optimale Lösungswege. Auch suboptimale historische Pfade haben langen Bestand, weil der Pfadwechsel wiederum kostspielig ist und von Sonderinteressengruppen behindert wird.

Erwachsenensozialisation ist also geprägt durch historische Pfade erfolgreicher Institutionen – und sie ist ein Beitrag zu Reduktion von Transaktionskosten.

Institutionen bleiben erhalten, gehen unter, werden immer aufs Neue geschaffen in Abhängigkeit von der Bewährung ihrer regulativen, normativen und kognitiven Leistungen, in Abhängigkeit von ihrer Gestaltungskraft (governance-structure)[57] zwischen Gesellschaft und individuellen Akteuren. Die beiden bereits genannten Logiken – einmal jene der Effizienz und Transaktionskostenreduktion, des Willens der Ausrichtung auf erwartete Zielsetzungen, zum anderen jene der kulturellen oder lebensweltlichen Leitidee und der Einhaltung bewährter Regeln – geraten leicht in ein Spannungsverhältnis untereinander. Dieses Spannungsverhältnis trifft Institutionen in unterschiedlicher Weise, abhängig davon, ob sie mehr der Repräsentanz von Leitideen dienen (so Bildungseinrichtungen, Theater) oder der Effizienz (so Industriebetriebe und technische Dienstleistungseinrichtungen). Das Spannungsverhältnis sorgt für eine evolutionäre, aber inkrementelle und nicht zwangsläufig optimal effiziente Geschichte des Institutionswandels.[58]

Über die Reduzierung von Transaktionskosten und über die Vermittlung von Sinn strukturieren Institutionen das individuelle und kollektive Handeln. Sie tun dies nicht zuletzt durch Professionalisierung der beruflichen Tätigkeiten und

---

57 Genauer bei Scott 2001, S. 52 und S. 195.
58 March und Olsen (1998) unterscheiden zwischen „logic of expected consequences" und „logic of appropriateness". Zum Spannungsverhältnis zwischen Leitidee und Effizienz auch Meyer/ Rowan 1977, S. 353.

durch die Sozialisation von Erwachsenen in diese Professionen hinein.[59] Auf
diese Weise zeichnen sich Akteure durch bestimmte Wahrnehmungen, Präferenzen, persönliche Kompetenzen und sachliche Ressourcen aus, die in interaktiven Akteurskonstellationen innerhalb institutioneller Kontexte berechenbar
eingesetzt werden.[60] Ohne Institutionen wären auch erwachsenen Akteure chronisch überfordert, wie würden in einer unstrukturierten und unkalkulierbaren
Umwelt immer wieder scheitern. Innerhalb des institutionellen Rahmens aber
können rationale Akteure ihren Interessen erfolgreich nachgehen als Wirt-
schaftsakteure, Wähler oder Privatpersonen. Daher geht die Rationalität von Institutionen mit der Rationalität der Lebensführung historisch evolutionär einher.
Eine endgültige Form wird es nicht geben: „... we should not expect the final institutional structure to converge to any specific form" (Knight/Sened 1998, S.
13). So wie Institutionen keine endgültig optimale Form in der Geschichte finden, finden auch Muster der Lebensführung keine historisch endgültig optimale
Form.

*Erwachsenensozialisation wird hier als jener fortgesetzte Prozess definiert,
der die historisch evolutionäre Formung von Institutionen mit der Fortentwicklung von Mustern der Lebensführung verbindet.*

Sichtbar wird der Zusammenhang zwischen Geschichte der Institutionen
und Geschichte der Muster der Lebensführung nicht nur in klassischen Studien
der historischen Soziologie (Elias 1980; 1989, Weber 1920; Wuthnow 1989)
oder im historischen Blickwinkel der Ökonomie (North 1990; 1992) und der
Politikwissenschaft (March/Olsen 1998), sichtbar wird diese starke Dynamik
des Zusammenwirkens institutionellen Wandels mit wandelbaren Mustern der
Lebensführung auch beim Blick nach vorne. Mit dem Schlagwort Globalisierung wird in geradezu musterhafter Weise unterstellt, dass eine uns im Ausgang
noch unbekannte historische Dynamik des institutionellen Wandels im Welt-
maßstab mit einem tiefgehenden und die gesamte Menschheit umfassendem
Wandel der Lebenslaufmuster einhergehe. Niemals wieder werde das Leben
sein wie zuvor und Niemand entkomme der Wechselwirkung zwischen Globalisierung der Institutionen und den neuen Anforderungen an die persönliche Lebensführung.

*Die Globalisierung ist daher ein exemplarischer Fall lohnender Beobach-
tung von Erwachsenensozialisation.* Denn hier wird nicht – wie in herkömmli-
chen Sozialisationstheorien – die relativ einfache Frage gestellt, wie funktions-
tüchtige und stabile Institutionen die unablässige Flut Neugeborener verlässlich

---

59 Professionen und die Sozialisation von Erwachsenen in Professionen hinein ist eines der drei
   Mechanismen ‚isomorphen' Wandels von Institutionen (DiMaggio/Powell 1983).
60 Zum akteurszentrierten Institutionalismus Scharpf 2000, bes. S. 84ff.

in die bestehenden institutionellen Strukturen hineinsozialisieren können, damit diese keinen Schaden nehmen und weiterhin wie gewohnt funktionieren. Die Kernantwort auf diese Frage war, dass Sozialisation die erfolgreiche Verinnerlichung der als universal angenommenen Kultur einer Gesellschaft sei. Erwachsenensozialisation war dann die Nachsozialisation der Erwachsenen bei abweichendem Verhalten, in Sondersituationen, und unter begrenzten, absehbaren Anforderungen von Statuspassagen im Leben wie Hochzeit, Elternschaft, Berufs- und Arbeitsplatzwechsels, Verrentung. Zwar gibt es dieses verlässliche und daher beruhigende Muster noch, jedoch gehen im Zuge der institutionellen Konsequenzen der Globalisierung die neuen Anforderungen an Erwachsenensozialisation weit über das Gewohnte hinaus.

III. Empirische Untersuchungen

„Life would be infinitely happier if we could only be born at the age of eighty and gradually approach eighteen.“
(Mark Twain 1996, S. 1)

Die im mittleren Teil dieses Bandes behandelten Grundlagentheorien beanspruchen je für sich die richtige Erklärung von Erwachsenensozialisation im Lebenslauf über die Analyse der Regelung des Verhältnisses von Individuum, Institution und Gesellschaft. Es sind konkurrierende Wahrheitsansprüche, deren empirische Prüfung noch nicht zum Ausschluss von einer oder mehreren dieser Theorien geführt hat. Insoweit leben Untersuchungen zur Erwachsenensozialisation mit multiparadigmatischen Theorieansprüchen.[61]

Erwachsenensozialisation wird unter strukturfunktionalistischen Annahmen als Vergesellschaftung des Individuums erklärt. Die Institutionen der Erwachsenensozialisation repräsentieren die oberste Funktionshierarchie des sozialen Handelns, den Erhalt und die Weitergabe der kulturellen Muster einer Gesellschaft. Dies setzt eine universale, homogene Welt der kulturellen Ideen voraus, die Vorstellung eines obersten kulturellen Baldachins mit allgemeinverbindlichem Anspruch, möglichst für die gesamte Menschheit und alle Zeiten. Die Modernisierungstheorie hat die faktische historische Durchsetzung des universalen westlichen Grundmusters als Tatsache behauptet, vorangetrieben von allgemeinen Gesetzen der Arbeitsteilung, der kulturellen Differenzierung, der Universalisierung der Normen, der Verwissenschaftlichung und Bürokratisierung. Eine einheitliche oberste Funktionsebene des Handelns führt dann zu einer Reduktion der Transformationskosten des Handelns dadurch, dass das Problem der doppelten Kontingenz vermindert wird. Akteure, die im Kontext der gleichen Kultur aufeinandertreffen, müssen nicht jedes Mal die kulturellen Grundlagen austauschen und verbindlich festlegen. Denn sie sind über dieselben Institutionen kulturell gleich sozialisiert worden, können sich also im Rahmen der gleichen Ideen leicht verständigen, was die Transaktionskosten verringert.

---

61 Multiparadigmatische Theorieansprüche sind in den Sozialwissenschaften die Regel (Kuhn 1967; Lakatos 1974; Popper 1976; Skirbekk 1977).

Auch unter pragmatisch-interaktionistischen Annahmen ist das Ausgangsargument der Erklärung von Erwachsenensozialisation das sinnhafte Handeln des Akteurs im Kontext einer geteilten Symbolwelt. Soziales Handeln bedarf eines Sinnhorizontes. Dieser ist jedoch nicht universal und unwandelbar. Der Sinnhorizont ist *sozial konstruierter* Sinn: Konstrukt aus der Interaktion von Individuen und Kollektiven, Ergebnis von Sozialisation, Ausfluss gesellschaftlicher Verteilung von sozialem Wissen. Symbolische Sinnwelten sind historisch kontextualisiert. Sie werden je nach Widerständigkeit der Umwelt gegebenenfalls neu ausgelegt. Institutionen sind auch in dieser Grundlagentheorie definiert über die geteilte symbolische Welt, über geteilten Sinnhorizont. Dieser ist aber das Ergebnis interaktiven sozialen Handelns, verdinglicht als historische Struktur von Sprache, Werten und Normen, und damit der beliebigen Modifikation durch Individuen entzogen. Die Person gewinnt ihre Identität durch die rekursive und reflexive Rückwendung des eigenen Handelns auf sich selbst, über die Reaktionen der Umwelt auf ihr Tun. Die Konstruktion von Person und sozialer Wirklichkeit folgt Strukturmerkmalen der symbolischen Interaktion. Die geteilte Sinnwelt der Institutionen macht soziales Handeln routinisiert, an einfachen Typisierungen ausrichtbar. Wie im Strukturfunktionalismus beruhen die Institutionen der Sozialisation auf einer geteilten Ideenwelt, die die Transaktionskosten des sozialen Handelns reduziert. Jedoch sind die geteilten symbolischen Welten dieser Institutionen historisch, räumlich, sozial kontextualisiert. Kultur ist nicht universal, sondern partikulär, Gesellschaftsgeschichte nicht teleologisch, sondern kontingent. Erwachsenensozialisation ist die ständige Adjustierung des Auslegungshorizontes oder auch dessen Erneuerung im Falle tiefgreifender Transformation der Umwelt.

Die dritte Grundlagentheorie argumentiert ebenfalls nicht mit einem universalen kulturellen Baldachin und mit teleologischer Modernisierungsgeschichte. Erwachsenensozialisation kann folglich nicht die Vermittlung, Korrektur, Neufundierung der verinnerlichten allgemeinen Werte und Normen sein. Institutionen der Erwachsenensozialisation sind – wie im zweiten Theorietypus – historisch und kulturell kontingent. Ausgangspunkt des theoretischen Arguments ist die Interessenselektion der Akteure. Akteure handeln interessenorientiert. Das bringt sie in ein Tauschverhältnis zueinander mit dem Ziel, durch Tausch ein Optimum aus den vorhanden Ressourcen und Rechten zu erzielen. Der Tausch vernetzt die Akteure zunächst lediglich auf Zeit an bestimmten Orten. Der in der Menschheitsgeschichte ubiquitäre Markt ist jedoch bereits eine Institution des Tausches, die wesentlich höhere Anforderungen an Regeln stellt: Neben Festlegungen von Zeit und Ort sind es Regeln des Rechts, des Geldes, des Vertrauensschutzes, der Sanktion bei Verstößen. Soziale Systeme gehen also aus dem

Tauschverkehr rationaler Akteure hervor. Regeln, repräsentiert durch Institutionen, werden freiwillig gesetzt, weil sie Transaktionskosten reduzieren.[62] An der Spitze der wichtigsten Institutionen stehen Markt und Staat. Erwachsenensozialisation geschieht primär und auf natürliche Weise über die Teilnahme am Tausch als Produzent, Marktteilnehmer, Staatsbürger mit Staatsbürgerrechten, Berufstätiger in einer Profession, Partner einer Lebensgemeinschaft und so weiter. Der Wirtschaftskosmos schafft sich die Wirtschaftssubjekte, deren er bedarf, wie Weber formuliert. Spezialisierte Einrichtungen der Sozialisation und Erwachsenensozialisation werden dann geschaffen, wenn die Funktionsfähigkeit des Tauschprozesses in Markt, Politik, Recht bedroht ist. Erwachsenensozialisation ist jedoch subsidiär. Institutionen der Erwachsenensozialisation sind deshalb historisch kontextualisiert, zu erklären über den Zweck der Lösung bestimmter Problemkonstellationen. Auch die Kontinuität verbindlicher Ideen ist wichtig, sie gehört jedoch zu den Mitteln der Transaktionskostenreduktion.

Die nachfolgenden Untersuchungen richten sich auf Institutionen und Prozesse von Erwachsenensozialisation in der Gegenwartsgesellschaft. Aus der Vielfalt existierender und bereits angesprochener Institutionen und Prozesse werden fünf genauer untersucht: Erwachsenenbildung, Berufswelt, Technisierung des Alltags, Migration und Transformation.

Erwachsenenbildung (8. Kapitel) ist eine unmittelbare Erfahrung für Millionen von Bürgern. Sie wird teils freiwillig aufgenommen, teils steht sie unter direktem Aufforderungsdruck durch den Arbeitgeber, das Arbeitsamt und andere Institutionen. Erwachsenenbildung ist teils Bildung im ursprünglichen Sinne, teils aber Erwachsenensozialisation zu anderen Zwecken als Bildung – zur Lösung sozialer Probleme sehr unterschiedlicher Art. Erwachsenenbildung ist vor allem mit Beschäftigungspolitik, Beruf und beruflicher Sozialisation in eine enge Verbindung getreten.

Der *Beruf* (9. Kapitel) ist die zentrale Instanz der Erwachsenensozialisation für die meisten Erwachsenen. Die dort ablaufenden Sozialisationsprozesse wirken weit hinein in andere Lebensbereiche: z.B. in Familie, Lebensstil, Alterssicherung, Politik.

Das 20. Jahrhundert war ein Jahrhundert der raschen technischen Entwicklung und der tiefgehenden Technisierung des Alltags verbunden mit dem Entstehen von *Technikgenerationen* (10. Kapitel) mit jeweils sehr unterschiedlicher Erwachsenensozialisation.

---

62 Nach Colemans (1991) Unterscheidung ist die Institution die konjunkte Form der Zusammenarbeit zur Realisierung gemeinsamer Interessen, die Organisation die disjunkte Form der Zusammenarbeit bei unterschiedlichen Interessen. Zur Begründung von Regeln Brennan/Buchanan 1993; Buchanan 1984; Beckert 1997; Baurmann 1996.

Wir leben in einer Zeit der *Massenmigration* mit weitreichenden erwachsenensozialisatorischen Folgen, die an einer klassischen Studie untersucht werden sollen (11. Kapitel).

Den Abschluss bildet ein Kapitel über erwachsenensozialisatorische Folgen des gesellschaftlichen *Transformationsprozesses* in den neuen Bundesländern (12. Kapitel).

8. Erwachsenenbildung/Weiterbildung

8.1 Das Problem

Unter Erwachsenenbildung/Weiterbildung[63] verstehen wir, den Vorschlägen des Bildungsrates entsprechend, die „Fortsetzung oder Wiederaufnahme organisierten Lernens nach Abschluss einer unterschiedlich ausgedehnten ersten Bildungsphase ..." ... „Das Ende der ersten Bildungsphase und damit der Beginn möglicher Weiterbildung ist in der Regel durch den Eintritt in die volle Erwerbstätigkeit gekennzeichnet." (Strukturplan für das Bildungswesen 1973, S. 197)

Die wesentliche Begründung für die Notwendigkeit lebenslanger Erwachsenenbildung und Erwachsenensozialisation fand sich bereits bei Adam Smith und Emile Durkheim. Die gleichen Argumente finden sich zweihundert bzw. einhundert Jahre später wieder in Gutachten von Bildungsrat und Bund-Länder-Kommission aus den 70er Jahren. So heißt es beispielsweise im „Strukturplan für das Bildungswesen" der Bildungskommission des Deutschen Bildungsrates:

„Immer mehr Menschen müssen durch organisiertes Weiterlernen neue Kenntnisse, Fertigkeiten und Fähigkeiten erwerben können, um den wachsenden und wechselnden beruflichen und gesellschaftlichen Anforderungen gerecht zu werden." (S. 51) „Es liegt in ihrer (der Weiterbildung, A.W.) Möglichkeit, Fähigkeiten, Einstellungen und Verhaltensweisen zu fördern, die eine bewußte Beteiligung an den Auseinandersetzungen mit den Folgen des wissenschaftlich-technischen Fortschritts erlauben." (Deutscher Bildungsrat 1973, S. 53)

Die Definition des Bildungsrates greift sehr weit aus, denn sie stellt völlig formal das *organisierte Lernen von Erwachsenen* in den Mittelpunkt, nicht aber Bildung mit bestimmten Bildungszielen, Bildungsinhalten oder auch nur Institutionen des Erwachsenenbildungswesens. Die breite Definition entspricht der faktischen institutionellen Entwicklung der Erwachsenenbildung, die als organisiertes Lernen von Erwachsenen nicht nur zu den eigentlichen Bildungszwecken eingesetzt wird, sondern weitaus öfter als *Interventionsstrategie zur Lösung verschiedener sozialer Probleme* herangezogen wird, seien diese nun Arbeitslo-

---

63 Erwachsenenbildung ist der ältere Begriff, herkommend aus der freien Bildung von Erwachsenen. Weiterbildung ist der jüngere Begriff, der seinen Ursprung vor allem aus dem Qualifizierungsanspruch des wirtschaftlichen, technischen, sozialen Wandels ableitet. Beide Begriffe werden selten strikt unterschieden.

sigkeit, Rehabilitation von Behinderten, Resozialisation von Strafgefangenen, stadtteilbezogene Bildungsarbeit mit gefährdeten, als „unterprivilegiert" apostrophierten Jugendlichen, feministische Frauenbildung, Bildungsarbeit mit Immigranten, Altenbildung usw. Die *Grenzen zur beruflichen Bildung und zur Sozialpädagogik* verschwimmen.[64]

Der Einsatz von Erwachsenenbildung zur Kompensation und Kontrolle sozialer Probleme hat also vielfältige Formen angenommen. Ob Erwachsenenbildung den ursächlichen Kern eines sozialen Problems tatsächlich ganz oder überwiegend trifft, sei dahingestellt: kompensierend und kontrollierend kann Erwachsenenbildung auch dann wirken, wenn sie die Ursachen des Problems nicht zu beseitigen vermag. Sie *kompensiert*, indem sie z.b. bei Arbeitslosen einen individuellen Chancenausgleich über das Bildungswesen anstrebt oder indem sie einen legitimen Status als „Student" verleiht; sie *kontrolliert*, indem sie dem Alltag des Arbeitslosen Ziel- und Zeitstruktur auferlegt.

Die *Definition von sozialen Problemen* verursacht größere Schwierigkeiten als die der Erwachsenenbildung. Der Katalog ist in einem gewissen Sinne beliebig. Ein soziales Problem ist, was von den Betroffenen oder Interessierten selbst, von staatlichen Instanzen, von Wissenschaft oder Publizistik erfolgreich als öffentliches Problem durchgesetzt werden konnte. Da die Problematisierung mithin ein fortlaufender politischer Vorgang ist, an dem substantielle Interessen von unterschiedlichen und widerstreitenden gesellschaftlichen Gruppen und Organisationen hängen, gibt es keinen abgeschlossenen Katalog sozialer Probleme. Gleichwohl lässt sich – abseits wechselnder Themenkonjunkturen – so etwas wie ein stabiler Kernbestand angeben: *Armut, Kriminalität, Gesundheit, psychische Stabilität, Minderheiten, Drogen, geschlechtliche Orientierung, Frauengleichstellung, Migration und Integration, Arbeitslose usw.*

Die *These dieses Abschnitts* lautet also, dass Erwachsenenbildung in erheblichem Umfang zur Kontrolle und Kompensation von sozialen Problemen eingesetzt wird. Dieses ist keine eigentliche Bildungsaufgabe. Das ursprüngliche Ziel der Erwachsenenbildung ist vielmehr *instrumentalisiert, funktionalisiert* worden.[65] Die Erwachsenenbildung stellt sich nur zum Teil noch selbst eine Bildungsaufgabe, sie erfüllt vielmehr in größtem Umfang von außen an sie herangetragene Erwartungen auf *Dienstleistung*. Mit anderen Worten: Immer weniger homonome und immer mehr heteronome Normen und Regeln bestimmen ihre Existenz: die wissenschaftliche Literatur, programmatische Dokumente, Geset-

---

64 In manchen Ländern, zum Teil auch in der Bundesrepublik, sind die Grenzen deshalb auch in der universitären Ausbildung gefallen.

65 Zur Durchsetzung der Idee Weymann 1983; zur empirischen Bilanz der Leistungsfähigkeit Weymann 2003.

zeslage zeigen deutlich die Umrisse von Erwachsenenbildung als professionalisiertes Handlungsfeld der Erwachsenensozialisation.

8.2 Bildung – Qualifizierung – Sozialisation

Die Wissenschaftsgeschichte der Erziehungswissenschaft allgemein und auch die der Erwachsenenbildung im Besonderen ist reich an Literatur zu Aufgaben und Funktionen des Erziehungs- und Bildungswesens. Nicht ganz so reich ist die historisch orientierte Literatur, in der eine Geschichtsschreibung der Erwachsenenbildung für die Bundesrepublik unternommen wird. Sie konzentriert sich auf jene Phase, die in der Erwachsenenbildung als *realistische Wende* bezeichnet wird. Hierunter ist eine Wende zur nützlichen, berufsbezogenen Weiterbildung zu verstehen, eine Wende aber auch aus der Vielfalt von Trägern und deren Interessen hin zu einer gewissen Verstaatlichung der Weiterbildung durch Verrechtlichung, Etatisierung, Professionalisierung, Curriculumreform sowie Verschulung. Die realistische Wende vollzieht sich in den 60er Jahren. Sie folgte einer Phase des *Wiederaufbaus der Erwachsenenbildung* nach dem Kriege, in der an die Traditionen aus der Weimarer Republik angeknüpft wurde, und in der eine institutionelle Wiederherstellung im Vordergrund stand. Die Geschichte der Weiterbildung behandelt vor allem diese beiden Nachkriegsphasen – neben weiter zurückgreifenden Untersuchungen bis zur Mitte des vorigen Jahrhunderts.[66] Zu ergänzen ist sie um eine Phase der nachdrücklichen Ausrichtung auf *Erwachsenenbildung als Erwachsenensozialisation im Umgang mit sozialen Problemen* in den siebziger und achtziger Jahren. Den Höhepunkt des instrumentellen Einsatzes von Erwachsenenbildung als Qualifizierung, vor allem aber als Erwachsensozialisation einer ganzen Bevölkerung bildete die Transformation der neuen Bundesländer in den neunziger Jahren.

Erwachsenenbildung ist immer schon mit dem Austragen politischer und wirtschaftlicher Konflikte verknüpft gewesen. Sie war Forum und Instrument zugleich. Dies spiegelt sich bis heute in den zahlreichen Trägern von Erwachsenenbildung wider, deren Interessen in einem einheitlichen Bildungssystem kaum zu vereinen sind: Kirchen, Parteien, Verbände, Gewerkschaften, Arbeitgeber und Großbetriebe, aber auch Bund, Länder und Gemeinden. Diese Tradition hatte jedoch nichts gemein mit einem staatlich gesteuerten Instrument der Kontrolle und Kompensation sozialer Probleme, zu dem Weiterbildung heute

---

66 Zu Geschichte der Erwachsenenbildung: Dikau 1968; Feidel-Mertz 1975; Markert 1973; Pöggeler 1975. Quellensammlungen von Knoll/Künzel 1980 und Schulenberg 1978; lesenswert als Reflektion auch Tietgens 1981.

zum nicht geringen Teil geworden ist. Diese letzte Form der Instrumentalisierung setzt einen Fortschritt bei der Verstaatlichung von Weiterbildung voraus,
zugleich natürlich auch einen Fortschritt der *staatlichen Interventionsinstru-
mente* im Bereich von Wirtschaft, Arbeitsmarkt, Sozialpolitik, um nur die wichtigsten zu nennen.

Die 1968 erschienene Arbeit von Dikau ist eine der ersten, in der die Folgen
der realistischen Wende untersucht werden. Der Band greift weit in die Geschichte des Zusammenhangs von Wirtschaft und Erwachsenenbildung zurück,
um Ursachen und Folgen dieser Verknüpfung sichtbar zu machen. Zwei weitere, wenige Jahre später erschienene politisch-ökonomische Abhandlungen zur
Ortsbestimmung der Erwachsenenbildung stellen die mögliche und partiell rea-
lisierte Zusammenarbeit zwischen Erwachsenenbildung und Beruf sowie Arbeitsmarkt bereits als „raison d`etre" der Erwachsenenbildung überhaupt heraus
(Markert 1973; Axmacher 1974).

In diesen Bänden ist der Boden einer *hermeneutischen Reflektion von Bildung* bereits verlassen. Soweit ein solches Bildungsverständnis noch existiert,
ist es der Subsumtion der Erwachsenenbildung unter die Zwänge des Arbeitsmarktes nachgeordnet. Es ordnet sich auch den instrumentellen Interessen der
Weiterbildungsteilnehmer und Adressaten unter, die sich ebenfalls an Verwert-
barkeit von Erwachsenenbildung orientieren. Das Problem, um das es den Autoren hier geht, ist einfach einzugrenzen: Erwachsenenbildung soll qualitativ und
quantitativ Ungleichgewichte zwischen Arbeitskraftangebot und Arbeitskraft-
nachfrage ausgleichen. Ziel ist die Steuerung der individuellen beruflichen
Entwicklung. Deshalb steht im Mittelpunkt der Untersuchung der *Qualifikati-
onsbegriff*, der den Bildungsbegriff abgelöst hat. Obwohl in der Phase der realistischen Wende noch nicht die Erwachsenensozialisation das Zentrum der Erwachsenenbildung bildet, ist mit der *Funktionalisierung der Erwachsenenbildung* unter heteronom gesetzte, ökonomische Ziele und Zwänge doch der erste
Schritt in diese Richtung getan. Mit der wachsenden Zahl und Diffusität der sozialen Probleme und mit der Unfähigkeit, diese ursächlich zu lösen, begibt sich
die Erwachsenenbildung auf den Weg in Richtung Erwachsenensozialisations-
instanz. Die Kritik an der Qualifizierungsfunktion der Erwachsenenbildung enthält bei Axmacher einen Gesichtspunkt, der der damaligen Situation einen
Schritt voraus war. Axmacher interessiert neben der funktionalen auch die *ex-
tra-funktionale Qualifizierung* der Arbeitskraft, worunter er die Herstellung und
Kontrolle einer bereitwilligen, verlässlichen Persönlichkeit versteht, die im Ar-
beitsprozess nicht ständig kontrolliert werden muss, weil sie die notwendige
Kontrolle verinnerlicht hat. An dieser Stelle zeigt sich klar der *Übergang von
Erwachsenenqualifizierung zur Erwachsenensozialisation*. In dem 1975 er-

schienenen Band „Erwachsenenbildung seit 1945" (Feidel-Mertz 1975) unterscheidet Feidel-Mertz neben der Wiederherstellung der Erwachsenenbildung in den 50er Jahren und der realistischen Wende in den 60er Jahren eine Phase der *Zielgruppenorientierung* in den siebziger Jahren. Die Zielgruppenorientierung entspricht dem Konzept der sozialen Probleme, denn die Zielgruppen sind jene Adressaten und Teilnehmer der Erwachsenenbildung, die ein Problem gemeinsam haben. Es muss sich dabei nicht um ein Problem handeln, das selbst wirklich ein Bildungsproblem ist.

Die dem Zielgruppenkonzept entsprechende didaktische Linie der *Teilnehmerorientierung* stellt das Komplement dar. Die Vielfalt der Zielgruppen schließt es aus, dass das Lehrangebot nach einem traditionellen Bildungskanon oder auch nur nach einem einheitlichen, wissenschaftlich begründeten und in der Praxis evaluierten Curriculum beruflicher Qualifizierung ausgerichtet werden könnte. Im Vordergrund steht die durchgesetzte Problemdefinition als Adressatengruppe der Erwachsenenbildung. Ihr folgt die Einteilung der Adressaten in Teilnehmergruppen und die flexible Abarbeitung des Problems, genauer formuliert oft der *Problemerfahrung* in der Erwachsenenbildung. Da die Motivation der Teilnehmer in diesen Fällen nicht primär in der Bildung selbst liegt, auch nicht in der instrumentellen Nutzung zu beruflichen Verwendungszwecken, kann sie nur über das Aufgreifen der jeweiligen individuellen und gruppenspezifischen *Primärerfahrungen* und *Betroffenheiten* erfolgen. Die Antwort auf diese Probleme ist auch nicht Bildung oder Qualifizierung, sondern eben Sozialisation: *Selbsterfahrung* und *Identitätsfindung*, Einflussnahme auf *Persönlichkeitsentwicklung, Kognition, Motivation und Verhalten*.

Der Band von Feidel-Mertz zählt eine erhebliche Anzahl von Zielgruppen auf, denen sich Weiterbildung zuwendet: Arbeitslose, Frauen, Unterschichtangehörige, gefährdete Jugendliche, Randgruppen und soziale Bewegungen. Andere Arbeiten, die nicht aus einer marxistischen Position heraus argumentieren, teilen diese Phaseneinteilung der Entwicklung. Der 1975 erschienene 4. Band des von Pöggeler herausgegebenen Handbuchs der Erwachsenenbildung (Pöggeler 1975) enthält neben zahlreichen speziellen Beiträgen einen Überblicksartikel über die Entwicklung in der Zeit von 1945 bis 1974, in dem zwar die positiven Ergebnisse der realistischen Wende gewürdigt werden, der zugleich aber auch auf Verluste hinweist. *Die Erwachsenenbildung verlor mit ihrer traditionellen Orientierung an Bildungszielen auch einen guten Teil ihrer Selbständigkeit und einen erheblichen Teil ihres Bildungscharakters.* Die Verpflichtung zu heteronomen Leistungen sichert zwar politische und öffentliche Legitimität sowie die wirtschaftliche Basis der Erwachsenenbildung, treibt sie institutionell voran, verbindet aber auch ihr Schicksal mit der Erfüllung dieser heteronomen Erwartungen (Orthen 1975).

Auch der Band von Groothoff/Wirth (1976), spiegelt die entstandene Situation vielfältig wider. Neben einer historischen, institutionsbezogenen Skizze der Entwicklung befasst er sich sowohl mit der berufsbezogenen, realistischen Erwachsenenbildung in der Industriegesellschaft als auch ausführlich mit dem Zielgruppenkonzept unter dem – zugleich mit der Jugendbildung und Altenbildung – auch die Arbeiterbildung auftaucht. Die Subsumtion der alterehrwürdigen Arbeiterbildung aus der Arbeiterbewegung und der sozialen Frage des neunzehnten Jahrhunderts unter das modische Zielgruppenkonzept legt von der abgelaufenen Entwicklung der Erwachsenenbildung ein beredtes Zeugnis ab. Die Verfasser setzen sich mit der von ihnen beschriebenen Situation kritisch auseinander, die sie unter anderem als Verordnung des Vollzugs von Erwachsenenbildung begreifen (Groothoff/ Wirth 1976).

Eine ganze Reihe von Handbüchern und Wörterbüchern belegen die Fortentwicklung der Erwachsenenbildung in Richtung Erwachsenensozialisation unter dem Gesichtspunkt der Kontrolle und Kompensation sozialer Probleme.[67] In diesen Handbüchern tauchen immer wieder folgende soziale Probleme bzw. Zielgruppen auf: Behinderte, Vorbestrafte, Arbeitslose, gefährdete Jugendliche, bedrohte Familien, zerfallende Stadtteile, psychisch Belastete, Alte, Frauen, Ausländer usw. Diese Liste ist weder vollständig noch abschließbar, denn sie richtet sich nicht zuletzt nach den jeweils modischen, insbesondere politischen Themenkonjunkturen und nach der Fähigkeiten von Sonderinteressengruppen zur Durchsetzung ihrer Problemdefinitionen und Rechtsansprüche in Öffentlichkeit, Politik, Gesetzgebung, Justiz. Jedes dieser Handbücher enthält Artikel zur Erwachsenensozialisation: Es ist eine explizite oder implizite *sozialpolitische Funktionalisierung von Erwachsenenbildung* zu verzeichnen, die weit über die wirtschaftliche Funktionalisierung in der realistischen Wende hinausgeht.

Mit der Orientierung an sozialen Problemen, am Zielgruppenkonzept und an Teilnehmerorientierung treten *Erwachsensozialisation, Biographie, Identität, Interaktion, Lebensweltbezug und Alltagskonzept* in den Vordergrund. Nach der *Ökonomie* gewinnen *Psychologie* und *Sozialpädagogik* an Einfluss. Die sozialen Probleme sind nicht allein im engeren Bereich von Wirtschaft, Beruf und

---

67   Quellen sind: Enzyklopädie Erziehungswissenschaft, Bd. 11 (Hg. E. Schmitz/H. Tietgens) 1995; Handbook of Adult Education (Hg. R.M. Smith/G.F. Aker/J.R. Kidd) 1970; Adult Development and Learning (Hg. A.B. Knox) 1978; Handbuch der Weiterbildung (Hg. I. Wirth) 1978; Taschenbuch der Weiterbildungsforschung (Hg. H. Siebert) 1979; Wörterbuch der Weiterbildung (Hg. G. Dahm/R. Gerhard/G. Graessner/A. Kommer/V. Preuss) 1980; Handbuch für die Soziologie der Weiterbildung (Hg. A. Weymann) 1980; Taschenbuch der Erwachsenenbildung (Hg. E. Nuissl) 1982.

Arbeitsmarkt angesiedelt, sondern sie reichen weit hinein in das Feld von *Sozialpolitik*.[68] Ohne eine parallel laufende Ausweitung und Intensivierung des Sozialstaates einerseits und ohne ein in der Bildungsreform sichtbar gewordenes Vertrauen in die Leistungsfähigkeit des Bildungssystems andererseits wäre diese Entwicklung nicht denkbar gewesen.

Heute findet sich generell eine *professionelle Verbindung* von *sozialen Problemen und Zielgruppenstruktur* mit dem Lehrangebot der Erwachsenenbildung. Sie geht einher mit staatlicher, öffentlich-rechtlicher und privatrechtlicher *Institutionalisierung der jeweiligen Zuständigkeiten* im Umfeld von Arbeitsmarkt und Beruf einerseits, im Umfeld von Sozialpolitik, Sozialpädagogik und Erwachsenensozialisation andererseits. Eingebettet ist diese professionelle Verflechtung von Institutionen mit den ihnen zugewiesenen sozialen Problemen in eine *Verwissenschaftlichung von Erwachsenenbildung*.[69]

Ein exemplarischer Fall des wissenschaftlich beobachteten und angeleiteten sozialpolitischen und beschäftigungspolitischen Einsatzes von Weiterbildung nicht zuletzt als Erwachsenensozialisation war die Transformationspolitik in den neuen Bundesländern. Ein anderes Beispiel systematischer Evaluation des Einsatzes ist die Stiftung Warentest, die bereits in den achtziger und neunziger Jahren im Dienstleistungssektor regelmäßige Bildungstests durchgeführt hatte. Dies geschah lange Zeit fokussiert auf Weiterbildung, bevor weit später erst der Hochschulsektor in Zusammenarbeit mit dem CHE der Bertelsmannstiftung folgte. Im Jahre 2002 wurde schließlich mit Mitteln des Bundesbildungsministeriums eine „Stiftung Bildungstest" ins Leben gerufen. Aktuelles Feld des systematischen Einsatzes von Weiterbildung (und Bildung allgemein) ist die Debatte um den „Standort Deutschland" und seine Innovations- und Wettbewerbsfähigkeit im Kontext der Globalisierung.

8.3 Dokumente und Gesetze

Die gleiche historische Entwicklung von Bildungszielen über Qualifizierungsabsichten zu Sozialisationskonzepten lässt sich auch in Dokumenten und Gesetzestexten nachweisen. Parallel zur Verschiebung der Ziele vollzieht sich eine Zuständigkeitserweiterung, die über die Bildungspolitik hinausgreifend die Be-

---

68 Einen aktuellen Überblick über den Sozialstaat in Deutschland unter Vergleich mit anderen europäischen Ländern gibt Franz-Xaver Kaufmann 2003a. Zum sozialpolitischen Denken in Deutschland in historischer Perspektive auch Kaufmann 2003b.
69 Wobei der Schwerpunkt gegenwärtig auf Innovation und Kompetenz liegt (Faulstich/Bayer/ Krohn 1998; Schlutz 1999).

rufs- und Arbeitsmarktpolitik sowie weite Teile der Sozialpolitik einschließt, ohne dass es zu einer einheitlichen Konzeption von Erwachsenenbildung und zu einer klaren Ressortierung gekommen wäre.

Dokumente

Drei Dokumente, ausgewählt aus einer Vielfalt von Material, sollen etwas genauer ausgewertet werden. Es handelt sich um:

- das Gutachten des Deutschen Ausschusses für das Erziehungs- und Bildungswesen zu „Situation und Aufgaben der deutschen Erwachsenenbildung" (1960);[70]
- jene Passagen des „Strukturplans für das Bildungswesen" des Deutschen Bildungsrates, die die Erwachsenenbildung betreffen (1970);[71]
- die Verhandlungen des 7. Deutschen Volkshochschultages 1981.[72]

In den ersten beiden Fällen ist die Begründung für die Auswahl der Dokumente einfach, da es sich hier um die beiden einzigen Dokumente mit umfassendem Anspruch und mit nicht partieller Legitimationsbasis handelt. Die Verhandlungen des 7. Deutschen Volkshochschultages sind herangezogen worden, weil die Volkshochschulen der am wenigsten partikularistische Träger von Erwachsenenbildung sind. Alle drei Dokumente stehen am Ende einer bestimmten Entwicklungsphase der Erwachsenenbildung.

Das *Gutachten des Deutschen Ausschusses* spricht bereits davon, dass Inhalt und Sinn von Bildung unklar und strittig geworden seien. Gleichwohl enthält dieses erste Dokument noch eine Reihe von konsensuell formulierten Elementen eines *Bildungsbegriffs*, die hier von Interesse sind. Die Erwachsenenbildung hat auf die zivilisatorischen, kulturellen, technischen und beruflichen Wandlungen der Industriegesellschaft zu reagieren. Sie tut das aber nicht durch Anpassung, Qualifizierung oder Sozialisation, sondern durch *Bildung*.

Bildung bedeutet, „aus eigener Kraft und nach eigener Einsicht" eine „neue Gestalt des Lebens zu suchen", die es möglich macht, sich „als Mensch zu behaupten" (S. 22). Bildung zeigt ein Mensch im Bemühen um „das Verständnis

70   Gutachten des Deutschen Ausschusses für das Erziehungs- und Bildungswesen: Zur Situation und Aufgabe der Deutschen Erwachsenenbildung. In: Erwachsenenbildung in der Bundesrepublik. Dokumente 1945-1966 (Hg. von J.H. Knoll und H. Siebert), Heidelberg 1967: Quelle & Meier.
71   Strukturplan für das Bildungswesen (Hg. vom Deutschen Bildungsrat), Stuttgart 1973: Klett Taschenbuchausgabe der 4. Auflage von 1972.
72   Sauberzweig, D. 1982: Zukunftsaufgabe Weiterbildung. In: Zukunftsaufgabe Weiterbildung. Die politische Verantwortung für die Erwachsenenbildung (Hg. vom Deutschen Volkshochschul-Verband), Bonn (Eigendruck).

seiner selbst und der Welt, in der er lebt" (S. 22). Bildung drückt sich aus in der Entschlossenheit „nach neuen Formen der Erkenntnis und der Lebensgestaltung zu suchen" (S. 23), wozu „Einsicht, Mut und Liebe" gehören (S. 24).

Das Bildungsverständnis des Deutschen Ausschusses richtet sich noch auf die ganze *Persönlichkeit*, es ist nicht auf Qualifizierung und Sozialisation beschränkt. Es leitet sich aus dem Entwurf eines *Menschenbildes* ab, nicht aber aus einer Anpassungsabsicht an gegebene ökonomische, technische und politische Verhältnisse. Die Erwachsenenbildung schließlich ist nicht das Instrument staatlicher Problemlösungspolitik, die anstelle der Betroffenen in Ersatzvornahme tätig ist, sondern sie ist bescheidener Ratgeber. Sie nimmt das eigenverantwortliche Handeln nicht ab:

„Seine Bildung gewinnt der Mensch ... in Familie, ... Schule, ... Kirche, ... Gesellschaft, ... Freizeit, Beruf." (S. 22) Die Volksbildner dürfen ... nicht mit dem Anspruch auftreten, als ob sie ein Wissen vermitteln könnten, daß dem modernen Menschen die Lebensprobleme löst." (S. 25)

Der *Strukturplan für das Bildungswesen des Deutschen Bildungsrates* spricht eine ganz andere Sprache. Er verzichtet auf eine Definition von Bildung und argumentiert *funktionalistisch*, also von den Funktionen her, die Bildung zu erbringen hat. Soweit die zu erbringende Leistung sich auf die Ausfüllung der Grundrechte des Grundgesetzes bezieht, bewegt sich auch der Bildungsrat noch in Ansätzen an einer Vorstellung vom gebildeten Menschen entlang. In dem gesamten, umfänglichen Werk, das den ersten Zeilen, die auf die Grundrechte Bezug nehmen, folgt, sind jedoch keine Ausführungen mehr zur Bildungsidee enthalten. Die *Funktionsbestimmung von Bildung* reduziert diese im Wesentlichen auf Beruf, Technik und soziale Chancengleichheit. Das Hauptaugenmerk liegt dabei auf den institutionellen, organisatorischen, curricularen, personellen und fiskalischen Bedingungen, die zur Entfaltung einer funktionierenden Erwachsenenbildung unerlässlich sind. Die der Weiterbildung gewidmeten Passagen haben den Charakter eines Implementationskonzepts für die *Institutionalisierung von Weiterbildung* in staatlicher Regie. Das Ziel staatlichen Handelns ist formal: Es soll die Möglichkeit zu lebenslangem Lernen, zu *lebenslanger Qualifikationsanpassung* für jedermann gesichert werden. Es geht darum, das Lernen zu lernen.

„Immer mehr Menschen müssen durch organisiertes Weiterlernen neue Kenntnisse, Fertigkeiten und Fähigkeiten erwerben können, um den wachsenden und wechselnden beruflichen und gesellschaftlichen Anforderungen gerecht zu werden." (S. 51)

Diese völlig formal konzipierte Funktionstüchtigkeit von Weiterbildung gegenüber externen Anforderungen entspricht einer ebenso formalen Definition des

Lernens selbst: „... so wird ein Lernen ermöglicht, das auf den jeweils aktuellen Stand der wissenschaftlichen und technischen Entwicklung und die jeweilige Lebenssituation zugeschnitten ist." (S. 52)

Soweit die externen Anforderungen an die Erwachsenenbildung im Einzelnen aufgeführt werden, haben sie bereits den Charakter eines *Problemkatalogs* angenommen. Gesprochen wird von den Problemen des Berufs, von Aufstieg und Verhinderung von Abstieg, von fortlaufender Qualifikationsanpassung (S. 54), aber auch von verschiedenen Problemgruppen, unter die Eltern ebenso fallen wie alte Menschen. Hingewiesen wird auf Probleme der Gesundheit, des Konsums, des Sports und der „lebenspraktischen Notwendigkeiten des Alltags" (S. 53); auf Probleme der Information, Kommunikation, Ästhetik, Hygiene, Religion und Philosophie (S. 56), ebenso wie auf die Beziehungen zwischen den Geschlechtern und sozialen Schichten. *Der nervus rerum liegt in der technisch-ökonomischen Entwicklung, die mit der Fähigkeit zu lebenslangem Lernen und durch berufsbezogene Weiterbildung beantwortet werden muss:* „Durch die enge Verknüpfung des Berufs mit dem Lebensschicksal fällt der primär beruflich orientierten Weiterbildung eine Schlüsselrolle bei der Verteilung von sozialen Chancen und Lebenserwartungen zu." (S. 55)

Es ist nur folgerichtig, wenn die Erwachsenenbildung in dem vom Bildungsrat entwickelten Argumentationszusammenhang *keine Privatsache* mehr bleibt. „Der Gesamtbereich Weiterbildung ist daher Teil des Bildungssystems." (S. 199) *Melde- und Auskunftspflicht* sollen eingeführt werden (S. 200), denn die Weiterbildung ist darauf angewiesen, ihr Angebot rasch und elastisch auf die sich *wandelnden Anforderungen* an die Teilnehmer und deren zugleich sich ändernde Ansprüche einzustellen, um so mit der *Dynamik der gesellschaftlichen Entwicklung* Schritt zu halten (S. 201).

Nicht ein aus einem Menschenbild abgeleitetes Bildungsverständnis, sondern ein aus *externen Notwendigkeiten deduziertes Qualifikationskonzept* bildet den Kern dieses Gutachtens. Diesem Ansatzpunkt folgend wird Weiterbildung organisatorisch und curricular reformiert und ausgefeilt, jedoch inhaltlich nicht ausgefüllt. Weiterbildung ist auch nicht mehr Privatsache, sondern objektive Notwendigkeit, und das in zweierlei Hinsicht: Der Bürger bildet sich nicht, sondern er *qualifiziert* sich; er folgt auch nicht seinen privaten oder seinen Gruppeninteressen, er ist ein *Klient des verstaatlichten Bildungssystems.*

Es ist nicht überraschend, dass dieser Entwurf von Weiterbildung an zahlreiche *Erfolgsnachweise* (Webers „Fachschulung") gebunden ist, von deren Erfüllung die Existenzberechtigung von Weiterbildung abhängt. Zusammen mit der dadurch gewonnenen *institutionellen Festigung* wächst aber auch die Abhängigkeit von externen politischen und wirtschaftlichen Faktoren, die von der Weiterbildung selbst nicht beeinflusst werden können.

Der 7. Deutsche Volkshochschultag 1981 befasst sich mit der neuen Situation, die durch ständig wachsende Anforderungen einerseits und durch schrumpfende Haushalte sowie sich *verringerndes Selbststeuerungsvermögen* andererseits gekennzeichnet ist.[73] Dieter Sauberzweig, der Präsident des Deutschen Volkshochschulverbandes, knüpft in seinem Resümee der Tagungsergebnisse noch an die Legitimationsargumente des Bildungsrates an, versucht aber gleichzeitig, ein technokratisches Funktionsverständnis zu vermeiden:

> „Die Aufgaben und Probleme vor die in der Zukunft jeder Einzelne im beruflichen, persönlichen, politischen und ökonomischen Bereich gestellt sein wird, sind so vielfältig und schwierig, daß sie ohne Weiterbildung nicht zu lösen sind." ... „Um nicht mißverstanden zu werden: Weiterbildung hat in diesem Zusammenhang nicht die Aufgabe, die Menschen für ein kompliziertes und letztlich nicht mehr veränderbares System zu konditionieren und damit dieses System so lange wie möglich aushaltbar und funktionstüchtig zu machen. Weiterbildung bedeutet *nicht technizistisches life-long-learning, nicht Anpassung* an tatsächliche und vermeintliche Sachzwänge, *nicht Fungibilität und Funktionsfähigkeit* im Apparat. Sie ist und bleibt *Aufklärung* und ist damit Voraussetzung für eine *humane Zukunft.*" (S. 114)

Während die erste Äußerung also noch auf der heteronomen Funktionszuweisung für die Weiterbildung beruht, setzt sich die zweite kritisch mit dieser Situation auseinander und greift dabei auf den Begriff der Aufklärung zurück, der zuletzt im Gutachten des Deutschen Ausschusses eine zentrale Rolle gespielt hatte.

Gesetze

Schon die Unterscheidung der gesetzlichen Zuständigkeit für die *allgemeine und politische Weiterbildung* einerseits *(Länder)* und für die *berufs- und sozialpolitischen* Bereiche der *Weiterbildung* andererseits *(Bund)* veranschaulicht den Einfluss von Politikbereichen, in denen Weiterbildung lediglich als Mittel zum Zweck eine Rolle spielt.

Bevor eine kurze Auseinandersetzung mit einschlägigen Gesetzeswerken des Bundes folgt, sei auf die Entwicklung der noch im engeren Sinne bildungsbezogenen *Ländergesetze* aufmerksam gemacht. Knoll, Pöggeler und Schulen-

---

73 Die Kommission Erwachsenenbildung der Deutschen Gesellschaft für Erziehungswissenschaft veranstaltete bereits 1982 auf dem 8. Jahreskongress der DGfE in Regensburg ein Podium zu diesem Thema: „Zur Situation der Erwachsenenbildung in den achtziger Jahren – wachsende Anforderungen und schrumpfende Haushalte".

berg unterscheiden in einem Gutachten für den niedersächsischen Kultusminister drei Phasen der Ländergesetze: allgemeine Weiterbildungsbestimmungen in den Länderverfassungen, denen spezielle Erwachsenenbildungsgesetze folgen, die Organisation und Finanzierung betreffen, sowie in den 60er Jahren sogenannte Inhaltsgesetze, die bereits konkrete Probleme benennen (Knoll/Pöggeler/Schulenberg 1982; auch Becker 1962).

Wesentlich plastischer wird die Orientierung an sozialen Problemen in den *Gesetzgebungen des Bundes*. Erwachsenenbildung taucht hier unter anderem im Arbeitsförderungsgesetz, im Ausbildungsförderungsgesetz, im Berufsbildungsgesetz, im Arbeitsrecht, im Betriebsverfassungsgesetz, im Schwerbehindertengesetz (Runde 1980), in der Kriegsopferversorgung des Bundesversorgungsgesetzes, in Verwaltungsvorschriften zur Eingliederung von Spätaussiedlern, Asylantragstellern und jugendlichen Ausländern, im Strafvollzugsgesetz (Schradin/Wehle 1980), im Sozialgesetzbuch und Bundessozialhilfegesetz, im Bundesjugendplan und in zahllosen auf den öffentlichen Dienst und bestimmte Berufe bezogenen Verordnungen auf.[74] Neben den *qualifikatorischen Aspekt* tritt die *Sozialisationsabsicht*, die Erwachsenenbildung in einen Zusammenhang mit den genannten sozialen Problemen bringt. Es geht um die *soziale und psychische Integration und Stabilisierung* der betroffenen Problemgruppen. Die Verschiebung zur *professionellen Erwachsenensozialisation* durch Weiterbildung ist unter anderem in den Novellierungen des *Arbeitsförderungsgesetzes* nachvollziehbar. Dieses Gesetz, das seinen Ausgang, soweit es die Weiterbildung betrifft, von der Notwendigkeit eines Ausgleichs zwischen Qualifikationsnachfrage und Qualifikationsangebot genommen hat, ist unter dem Eindruck einer wachsenden Zahl von Dauerarbeitslosen mehrfach novelliert worden. In diese Novellen wurden vielschichtige Möglichkeiten zur Berufsvorbereitung aufgenommen, es wurde die Grundlage für die Einrichtung von Übungsfirmen geschaffen und es wurden sogenannte Motivationskurse eingerichtet. Im § 41a des AFG heißt es zu den *Motivationskursen*:

> „Die Bundesanstalt fördert die Teilnahme von Arbeitslosen an Maßnahmen zur Verbesserung ihrer Vermittlungsaussichten, um insbesondere (1.) über Fragen der Wahl von Arbeitsplätzen und die Möglichkeiten der beruflichen Bildung zu unterrichten oder (2.) zur Erhaltung oder Verbesserung der Fähigkeit beizutragen, Arbeit aufzunehmen oder an beruflichen Bildungsmaßnahmen teilzunehmen."

---

74 Überblick über die Gesetzesentwicklung im Weiterbildungsbereich gibt die Loseblattsammlung „Grundlagen der Weiterbildung". Kommentare finden sich bei Beckel 1974; Gernert 1975; Lange/Raapke 1976.

Dieser Paragraph wurde die Grundlage der sogenannten Motivationskurse, in denen Dauerarbeitslose in ihrer Arbeitsbereitschaft, in ihrer Fortbildungsmotivation, in sozialem Verhalten und psychischer Stabilität gefördert und unterstützt werden sollen. Kurz: Es geht um die Erwachsenensozialisation von Dauerarbeitslosen durch Weiterbildung.[75]

Ein besonders frappierendes Ausmaß hat die sozialpolitische und sozialisatorische Erwachsenenbildung in den neunziger Jahren nach dem Zusammenbruch der DDR und deren Beitritt zur Bundesrepublik gefunden. In den *ostdeutschen Bundesländern* ist rund die Hälfte der Bevölkerung ein oder mehrmals weitergebildet worden, wobei der eigentliche humane Bildungsaspekt, aber auch der berufliche Qualifizierungsaspekt oft weit in den Hintergrund traten. Im Vordergrund stand die vorübergehende Aufbewahrung arbeitsloser Bevölkerungsgruppen oder auch ihre dauerhafte Herausleitung aus der Arbeitswelt vermittelt über akzeptablere Zwischenschritte. Nur ein Teil der Weitergebildeten bedurfte der beruflichen Qualifizierung. Der Gesamtertrag der Weiterbildung in den neuen Bundesländern ist daher, mit Ausnahme der unmittelbaren Turbulenzen des ‚Gelegenheitsfensters' bis 1992, in denen vielen Betriebsschließungen auch viele Betriebsgründungen, und vielen beruflichen und professionellen Schließungen viele berufliche und professionelle Öffnungen auf dem Arbeitsmarkt gegenüberstanden, problematisch.[76]

8.4 Zusammenfassung

Die Erwachsenenbildung hat seit Kriegsende drei Phasen durchlaufen: die *Wiederherstellung* unter Anknüpfung an noch bürgerliche Bildungsvorstellungen aus der Weimarer Republik; die *realistische Wende* mit ihrer Betonung der Anforderungen von Arbeitsmarkt, Beruf, Technik als Qualifizierung; und schließlich die Ausdehnung auf zahlreiche soziale Probleme im Kontext von *Sozialpolitik*. Erwachsenenbildung ist ein *professionelles Handlungsfeld* geworden und zugleich zu einem staatlich stark in Anspruch genommenen *Instrument der Erwachsenensozialisation* mit ausgebauten Institutionen vielfältiger Art und mit einem großen Spektrum von Interventionsprogrammen. Der exemplarische Fall

75 Zur Verschiebung von Qualifizierung zu Sozialisation: Baethge 1976; W-A-L 1978; Brödel 1979; Schober/Hochgürtel 1980; Burger/Seidenspinner 1980; Weymann u.a. 1980; Braun/Erhard 1981. Als Indikatoren interessant der Wandel der Publikationen des Bundesinstituts für Berufsbildung (Berlin) und des Instituts für Arbeitsmarkt- und Berufsforschung (Nürnberg).
76 Zahlen zu Erfolg und Misserfolg bei Meier 1998 und vor allem bei Wingens/Sackmann/Grotheer 2000. Vgl. auch Daten und Literatur in Sackmann/Weymann/Wingens 2000. Zur historischen Kontinuität des Problems Weymann 2003b.

des Einsatzes von Erwachsenenbildung/Weiterbildung als Erwachsenensozialisation wurde in historisch wohl einmaliger Weise sichtbar im Zuge der *Transformationspolitik* der neuen Bundesländer.

9. Beruf und Sozialisation

9.1 Das Problem

Der durchschnittliche, erwerbstätige Erwachsene verbringt drei, vier, manchmal auch fünf Jahrzehnte im Berufsleben. Mehr als ein Drittel des Tages, also der größte Teil der wachen Phase, wird durch den Beruf bestimmt. Schon dieses Ausmaß an Einflüssen unterscheidet die Erwachsenensozialisation durch den Beruf erheblich von der Erwachsenensozialisation durch die Erwachsenenbildung, mit der nur ein Teil der Erwachsenen – und auch dieser nur zeitweise – in Berührung kommt.

Die berufliche Sozialisation (Kohn 1981) kann unter zwei verschiedenen Gesichtspunkten betrachtet werden: als Sozialisation *für* den Beruf durch Berufsbildung, berufliche Weiterbildung, aber auch durch die familiäre und schulische Vorbereitung; und als Sozialisation *durch* den Beruf, also durch Berufstätigkeit selbst (Heinz 1980; 1995). In den weiteren Ausführungen werden wir uns im Wesentlichen auf die Sozialisation durch den Beruf konzentrieren.

Obwohl wir das Wort Beruf alltäglich ganz problemlos verwenden, transportiert es doch eine Fülle unterschiedlicher, unklarer und zum Teil auch irreführender Bedeutungen mit sich, weshalb eine kurze Begriffsbestimmung notwendig ist. Beck/Brater/Daheim definieren Berufe als „... relativ tätigkeitsunabhängige, gleichwohl tätigkeitsbezogene Zusammensetzungen und Abgrenzungen von spezialisierten, standardisierten und institutionell fixierten Mustern von Arbeitskraft, die u.a. als Ware am Arbeitsmarkt gehandelt und gegen Bezahlung in fremdbestimmten, kooperativ betrieblich organisierten Arbeits- und Produktionszusammenhängen eingesetzt werden." (Beck/Brater/Daheim 1980, S. 20)

In dieser Definition von Beruf steht der *Arbeitsmarkt* im Zentrum, auf dem berufliche Kompetenzen in typisierten Formen (als Muster) angeboten und gekauft werden. Dieser Berufsbegriff ist pragmatisch: Er vermeidet Anlehnungen an den religiös geprägten Berufungsbegriff, an bildungshumanistische Traditionen, aber auch die Beschränkung auf professionalisierte Berufe wie Arzt, Rechtsanwalt usw. (Büchner 1982).

Der *Beruf als typisiertes Kompetenzmuster* prägt die, die ihn ausüben oder sich auf die Ausübung vorbereiten, nicht nur partiell. Er bestimmt vielmehr ihre gesamte Persönlichkeit, formt ihren Sozialcharakter (Daniel 1981). Die an einen Unbekannten gerichtete Frage „Was sind Sie?" zielt in unserer Gesellschaft auf den Beruf, nicht aber zum Beispiel auf das religiöse Bekenntnis oder den Familienstatus. Erwartet wird eine erste, für ganz wesentlich gehaltene Information über den uns noch unbekannten Menschen. Für eine Gesellschaft, deren soziale Verkehrsformen durch arbeitsteilige Berufstätigkeit geprägt sind, ist dies eine angemessene Frage, denn sie zielt auf das Wesentliche. Die *berufliche Identität* rangiert in manchen Aspekten und in vielen Lebensphasen vor den privaten Elementen der Identität (Webers Berufsmensch).

Obwohl Berufe ständig vom Arbeitsmarkt verschwinden und neue auftreten, obgleich für viele Menschen der Berufswechsel eine geläufige Tatsache geworden ist und obwohl viele Berufe den Charakter von Jobs angenommen haben, ist der Berufsbegriff in Wissenschaft und alltäglicher Praxis noch nicht ersetzt worden und auch nur schwer zu ersetzen. Wir werden also von beruflicher Erwachsenensozialisation sprechen und meinen damit die umfassende *Persönlichkeitsbeeinflussung des Erwachsenen durch die Berufstätigkeit.*

9.2 Sozialisation für und durch den Beruf

Für die Berufssoziologie (Daheim 1982) geht es unter dem Begriff *berufliche Sozialisation*[77] um die subjektive Seite der Berufstätigkeit in gesellschaftlich organisierter Arbeit, um die Frage, „... welche Anforderungen an persönliche Orientierungen und Fähigkeiten, an Verhalten und Interessen, an Lebensgestaltung und persönlicher Entwicklung in diese Strukturen selbst objektiv eingelassen sind, welche u.U. problematischen, widersprüchlichen 'Menschenbilder' und 'Entwicklungsprogramme' sie implizieren." (Beck/Brater/Daheim 1980, S. 199)

Der Beruf prägt eine typisierte Persönlichkeit, die gesellschaftliche Anforderungen und individuelle Bedürfnisse vereinen muss. Die individuellen Variationsmöglichkeiten sind je nach Beruf, Alter und Umfeld begrenzt. Die Berufsförmigkeit der Kompetenzen einer Persönlichkeit hat – folgt man dem Arbeitsmarktmodell – zwei Seiten: eine *Gebrauchswertseite* und eine *Tauschwertseite.* Unter dem Gesichtspunkt des Gebrauchswertes wird die Arbeitskraft so qualifiziert, dass sie für bestimmte Arbeitsverrichtungen gerüstet ist: Fähigkeiten und Fertigkeiten, Wahrnehmung, Wissen, Motivation, aber auch Emotion und Habitus sind auf den beruflichen Bedarf hin zu schulen. Der Gebrauchswert der erworbenen Kompetenzen realisiert sich aber erst im erfolgreichen Tausch auf dem Arbeitsmarkt. Die Berufspersönlichkeit muss in der breiten Angebotspalette eine Lücke finden und besetzen.

---

77 Überblicke geben Lange u.a. 1999; Lempert 1998; Wahler 1997.

Die Berufsförmigkeit der Arbeitskraft ist der Versuch, auf Anbieter- und Nachfragerseite die Vielfalt der Qualifikationsangebote und -nachfragen auf begrenztere Typen zu reduzieren und damit den Markt transparenter zu machen und auch zu beschränken (Brater 1980).

Die Spezialisierung im Beruf baut auf bereits vorangegangene familiäre und schulische Einflüsse auf und vertieft sie. Die berufliche Spezialisierung eröffnet nicht nur Chancen, sie führt auch zur Ausblendung oder zum Hintanstellen von persönlichen Entwicklungsmöglichkeiten, die nicht auf dem Markt gebraucht werden. Die Vermarktungsmöglichkeit findet schließlich ihr Ende, wenn das spezialisierte Angebotsprofil keine Nachfrage findet. *Über den Beruf erlebt der Mensch seinen Platz in der Gesellschaft.* Durch die ihm entgegengebrachten Spiegelungen seiner Person erwirbt er ein *Selbstbild*; er erfährt Realitätsbewältigung, Machbarkeit und Ohnmacht, erlebt hierarchische Zwänge und Solidarität; er hat das Gefühl, alltäglich und fraglos gebraucht – oder nicht gebraucht – zu werden. Der Beruf strukturiert zudem die *soziale Zeit* (Brose 1982; Heinemann 1982): die Lebensphasen, den Jahresrhythmus, den Wochenrhythmus und die Tageseinteilung. Der Beruf gibt selbsterworbene Mittel zur wirtschaftlichen *Existenzsicherung*, die sich von staatlichen und familiären Transfers unterscheiden.

Weiter unten wird noch genauer zu durchdenken sein, was passiert, wenn berufliche Sozialisation durch Arbeitslosigkeit individuell unterbrochen wird oder wenn durch Massenarbeitslosigkeit („Ende der Arbeitsgesellschaft") die berufliche Lebensweise ganzer Bevölkerungsteile nicht mehr entscheidend geprägt wird. Zunächst soll jedoch der Normalfall der beruflichen Erwachsenensozialisation noch etwas vertieft werden, denn auch dort treten einige nennenswerte Probleme auf, die fortlaufend zu lösen sind. Sie liegen nicht so sehr auf der von der Pädagogik vorrangig behandelten Ebene der Lern- und Lehrformen, sondern sie liegen in den Inhalten der Erwachsenensozialisation und in den institutionellen Arrangements (Groskurth 1979; Voigt 1975).

Erwachsenensozialisation im Beruf berührt wie jede Sozialisation im Kern das Problem der Abstimmung bzw. des Konflikts zwischen Person und Institution. Theoretisch ist die in „Reproduktion und Konstitution" zu lösende Abstimmung dann am einfachsten bewältigt, wenn die Person als durchgängig gesellschaftlich geprägter Rollenspieler gedacht wird im Sinne von Erwachsenensozialisation als Vergesellschaftung (Lüscher 1968; Dahrendorf 1967), oder wenn eine entwicklungspsychologische Theorie der stufenweisen Entfaltung von Kompetenzen zum Ausgangspunkt genommen wird (Kohlberg 1974). In diesen und ähnlichen theoretischen Positionen sind die vielfältigen interaktiven Beziehungen zwischen Person und Umwelt, die die berufliche Sozialisation bestimmen, teilweise oder ganz zugunsten spezifischer, einseitiger Einflüsse reduziert. Die berufssoziologische Forschung arbeitet deshalb lieber mit einem *Interaktionskonzept*, das von einer Wechselwirkung zwischen Person und Gesellschaft ausgeht, also mit Erwachsenensozialisation als Konstruktion von Person und sozialer Realität (Hoff/Lappe/Lempert 1982; Lempert 1981 und 1998).

Folgt man dieser zweiten grundlagentheoretischen Position, dann ist der Sozialisationsprozess zwischen Gesellschaft und Person niemals konfliktfrei. Auf betrieblicher Ebene ergeben sich beispielsweise *Konflikte* aus der Notwendigkeit, den Betrieb im Wettbewerb an die Marktbedingungen anzupassen und damit auch Arbeitsplätze zu verändern. Reorganisation und Rationalisierung stoßen aber nicht selten mit den Interessen und dem vorhandenen Qualifikationspotential der Belegschaften zusammen. Das Individuum kann versuchen, eine größere Berufsmobilität durch die Art seiner Ausbildung zu erlangen, also beispielsweise die generalisiertere akademische anstelle der spezialisierteren dualen Ausbildung anstreben. Durch die andere Art der Humankapitalinvestition lässt sich unter Umständen leichter eine Balance zwischen fortlaufender Anpassung an Firmen- und Arbeitsmarktnotwendigkeiten bei gleichzeitiger Bewahrung der personalen Einzigartigkeit finden (Windolf 1981; 1982).

Diese betriebsbezogene Balance findet ihre Entsprechung in der These von der Entkopplung von Bildungssystem und Beschäftigungssystem.[78] *Die Sozialisation für den Beruf geht nicht in jedem Leben bruchlos in eine Sozialisation durch den Beruf über.* Flexibilitäts- und Mobilitätsanforderungen wachsen. Sowohl von der Allokation der Qualifikationen her wie auch unter biographischen Gesichtspunkten treten Probleme auf, die als „Lehrstellenmangel" oder „Akademikerschwemme" die Spalten der Zeitungen füllen. In den achtziger Jahren folgte daraus der Ruf nach umfassender Arbeitspolitik anstelle von Arbeitsmarkt- und Beschäftigungspolitik.[79]

Weitere Probleme in der beruflichen Sozialisation treten durch die *Indifferenz des Berufssystems gegenüber individuellen Lebensphasen* auf. So steht die biologische und psychische Erfahrung des persönlichen Altwerdens nicht in Übereinstimmung mit den berufsbiographischen Normen, nach denen die Betriebe Alterungsprozesse organisiert haben. Wenn das Individuum der beruflichen Normalbiographie nicht folgen kann oder will, kommt es zu Konflikten und Legitimierungsschwierigkeiten. Die betriebliche Organisation des Alterns

---

78 Zum Zusammenhang zwischen Bildung und Beschäftigung im internationalen Vergleich Heinz 1999; Marshall/Heinz/Krüger/Verma 2001; Shavit/Blossfeld 1993; Shavit/Müller 1998. Zu den kurz- und langfristigen Folgen von dualer und Hochschulausbildung im Übergang zwischen Bildung und Arbeitsmarkt sowie für die weitere Berufskarriere in den neuen Bundesländern, insbesondere bei Frauen, siehe Falk/Weymann 2002.

79 Dazu Berger/Offe 1982; Hegener/Landenberger 1982.

ist *eine* der Ursachen für persönlich erlebte Altersprobleme (Kohli 1981). Die soziale Zeit einer Gesellschaft und ihrer Institutionen kann mit der eigenen biographischen Lebenszeit gut harmonieren, aber auch in einem gravierenden Spannungsverhältnis stehen. So gibt es bestimmte gesellschaftliche Erwartungen an die angemessene soziale Zeit für das Ende der Ausbildung, für den Berufseintritt, für den Karrierehöhepunkt, für den Übergang in die Rente, die mit den eigenen biographischen Möglichkeiten und Hoffnungen in schweren Konflikt geraten können. Ein gutes Beispiel für ein in vielen Fällen unlösbares Spannungsverhältnis ist die Zeitarbeit bei Zeitarbeitsfirmen, die eine kontinuierliche biographische Erwartung und Planung ausschließt (Brose/Wohlrab-Sahr/Corsten 1993). Ein anderes vertrautes Beispiel sind die Verläufe und Aussichten des eigenen Eintrittszeitpunkts in den Beruf. Abhängig davon, ob der eigene Jahrgang klein oder groß ist, ob die Konjunktur gut oder schlecht ist, ob eine Weltwirtschaftskrise[80], ob Krieg oder Frieden herrscht, ob eine Gesellschaftsstruktur stabil ist oder gerade kollabiert wie im Falle der DDR, gibt die gesellschaftliche Zeitstruktur die Bedingungen für die eigene berufsbiographische Entwicklung vor. Es entwickeln sich Generationsschicksale auf dem Arbeitsmarkt (Blossfeld 1989; Sackmann 1998), für die die Lebensläufe der „Generation der Wende" im Zusammenbruch der DDR exemplarisch sind (Sackmann/Weymann/Wingens 2000).

Gravierend ist auch die Indifferenz der gesellschaftlich und beruflich organisierten Arbeit gegenüber den familiären Lebensformen, insbesondere gegenüber dem Lebenszyklus von Frauen. *Familiäre und berufliche Normalbiographien* sind nur mit größten Schwierigkeiten und oft gar nicht in Übereinstimmung zu bringen. Bereits eine kürzere Unterbrechung der beruflichen Normalbiographie durch die Erziehungstätigkeit von Frauen hat für diese weitreichende und oft nicht aufhebbare Konsequenzen hinsichtlich beruflicher Möglichkeiten (Blossfeld 1995). Die berufliche Sozialisation kann die Unterschiede zwischen „Männerwelt Beruf, Frauenwelt Familie" vergrößern (Beck-Gernsheim 1976 und 1980; Goldmann/ Müller 1986).

Der Konflikt zwischen Person und Institution, der in der beruflichen Sozialisation sichtbar wird, ist in den siebziger Jahren Ansatzpunkt verschiedener Untersuchungen zum Innovationspotential beruflicher Arbeit gewesen. Die empirisch zu beantwortende Frage lautet, ob überhaupt und wieweit die Abstimmung zwischen Bedarf und Bedürfnissen auf Kosten des Individuums gehen muss, oder ob in der Berufstätigkeit selbst auch Chancen für Autonomie und Emanzi-

---

80 Zu den Folgen der Weltwirtschaftskrise, beobachtet über das Leben der betroffenen Jugendkohorten bis in deren Alter hinein, Glen Elder 1974.

pation stecken. Von der Arbeitsplatzgestaltung über die betriebliche Organisation der Arbeit bis zur Reform von Bildung und Weiterbildung reichten die Versuche zur „Humanisierung des Arbeitslebens" (Fricke 1980).

Marxistisch geprägte Klassenanalysen verneinten prinzipiell die Reformierbarkeit und Humanisierbarkeit des Berufs und der beruflichen Erwachsenensozialisation, da sie jede Berufsbildung und berufliche Sozialisation lediglich als Zurichtung der Person auf die Verwertungszwecke nach den Erfordernissen der Kapitalakkumulation begreifen.[81] Noch einen Schritt weiter in ihrer Kritik gingen alle, die von einer Sinnkrise der entfremdeten Arbeit in der Industriegesellschaft schlechthin sprachen. Die Arbeit in der Industriegesellschaft setze eine individuelle und kollektive Erwerbsorientierung voraus, ein sich Abfinden mit der Entfremdung von den Arbeitsprodukten und den Arbeitsverhältnissen, eine ausschließliche Ausrichtung auf den Tauschwert. Die postakquisitive Orientierung, die sie bei einem Teil der gegenwärtigen Jugendgeneration wahrgenommen haben wollen (Inglehart 1977), bedeute eine Abkehr von der Erwerbskultur, die die Industriegesellschaft seit drei Jahrhunderten bestimmt (Daheim 1982; Gensior 1982). Mit dieser praktischen Konsequenz aus der bis in das achtzehnte Jahrhundert weit zurückreichenden und altehrwürdigen Tradition der Entfremdungskritik wird positiver Bewertung beruflicher Sozialisation die Grundlage entzogen.

Noch ist die postindustrielle Gesellschaft aber nicht Realität und wir bewegen uns im Reich der Spekulationen (Bell 1975; Touraine 1982). Es lassen sich jedoch einige Überlegungen über die Folgen unzureichender oder ganz ausfallender Erwachsenensozialisation im Beruf dadurch anstellen, dass man sich mit Untersuchungen über sozialpsychologische Konsequenzen von Arbeitslosigkeit befasst.

9.3 Arbeitslosigkeit, Arbeits- und Beschäftigungspolitik

Die heute wieder oft zitierte, klassisch zu nennende Untersuchung über „die Arbeitslosen von Marienthal" (Jahoda u.a. 1980), hatte sich bereits in erheblichem Maße mit den sozialpsychologischen Folgen von Arbeitslosigkeit auseinandergesetzt. Im Mittelpunkt dieser Studie, die 1931/32 durchgeführt wurde, stand das südlich von Wien gelegene Dorf Marienthal. Mit einer ungewöhnlichen Fülle von Daten geht diese empirische Untersuchung der sozialen Verelendung

---

81 Dazu als Klassiker Engels 1993. Im marxistischen Duktus Autorenkollektiv 1973; Produktion,
    Arbeit, Sozialisation 1976; Krovoza 1976; Seve 1977.

nach, dem Verfall des Dorfbildes, der Veränderung von Verhaltensweisen seiner Bewohner und der Zerstörung seiner Kultur im Gefolge des wirtschaftlichen Niedergangs. Obgleich die materielle Situation von Arbeitslosen heute mit der krassen Armut der Bewohner Marienthals nicht zu vergleichen ist, sind manche sozialpsychologische Auswirkungen von Arbeitslosigkeit die gleichen geblieben. Das hat etwas zu tun mit dem Verlust der zentralen beruflichen Identität, die, neben der wirtschaftlichen Existenz, durch die Berufstätigkeit und berufliche Sozialisation gesichert wird.

Die Forscher der Marienthalstudie weisen eine abnehmende Benutzung der – kostenlosen – Bibliothek nach, eine starke Verringerung von Vereinsaktivitäten, ein Desinteresse am Zustand des Ortes, ein geringes Informationsinteresse, eine Neigung zu Feindseligkeiten und Aggressivität der Bewohner untereinander. Besonders auffallend – und bis heute in Folgestudien bestätigt – ist der Zerfall der Zeiteinteilung und des Zeitbewusstseins bei den Bewohnern, vor allem bei Männern, die ihren Lebensrhythmus nach der Arbeit (nicht z.B. nach der Familie) ausgerichtet hatten. Es entstehen Geh- und Sprechschwierigkeiten, Unpünktlichkeit in vielen Angelegenheiten macht sich breit, und es gibt auffallende Probleme, die Einteilung des Tages im Interview zu beschreiben, denn die Zeit verrinnt konturenlos.

Diese und andere Folgen von Arbeitslosigkeit, so z.B. für das familiäre Zusammenleben, für die Schulleistungen der Kinder und für die Gesundheit verschärfen sich progressiv im Laufe der Monate, mit den mehr und mehr abnehmenden finanziellen Mitteln, mit dem Aufzehren der Rücklagen und dem Verbrauch der vorhandenen Haushaltsausstattung.

Diese faszinierend gemachte Studie über das Problem Arbeitslosigkeit ist unter dem Blickwinkel beruflicher Sozialisation interessant, weil sie neben den materiellen vor allem auch die sozialen und psychischen Folgen des Ausfalls der Berufstätigkeit bearbeitet. Mit dem Verlust des Ortes in der Gesellschaft und in der Zeit wird die gesamte Identität substanziell in Frage gestellt und bis hin zu Persönlichkeitsveränderungen beeinflusst.

Der Marienthal-Studie sind andere Untersuchungen gefolgt (einige auch vorausgegangen), die sich für die Probleme besonderer Gruppen interessieren. Insgesamt lassen sich heute, trotz wesentlich verbesserter wirtschaftlicher Absicherung der Arbeitslosen, immer noch die gleichen schwerwiegenden Folgen der Arbeitslosigkeit feststellen, die mit dem Verlust der beruflichen Identität durch die unterbrochene berufliche Sozialisation zu tun haben. So spricht Wacker vom gestörten Arbeits-/Freizeitrhythmus, vom Verlust vieler gewohnter Rollen, von Stigmatisierung und Marginalisierung, von der verlorenen Lebensperspektive, von Ohnmachtgefühl und Abhängigkeitserfahrung (Wacker 1976;

1978). Kieselbach/Offe weisen auf die zahlreichen Lebensbereiche hin, die durch Arbeitslosigkeit indirekt mitbetroffen sind: Nachbarschaftsbeziehungen, Freundschaftskontakte, Familie, Freizeit und Konsum, politisches Bewusstsein und Informationsverhalten (Kieselbach/Offe 1979).

Beide Bände resümieren eine Reihe von empirischen Untersuchungen, fassen ihre Resultate zusammen, und setzen sich zugleich mit den Maßnahmen zur Beseitigung von Arbeitslosigkeit auseinander. Diese Maßnahmen richten sich, neben wirtschaftspolitischen Strukturverbesserungen und individuellen Förderungen, vor allem auf sogenannte Problemgruppen: Jugendliche, gering Qualifizierte, Dauerarbeitslose, Frauen, Ausländer, Behinderte usw.[82] Gemeinsam ist diesen Maßnahmen, sofern sie nicht wirtschaftspolitisch sind, ein sozialpädagogischer, weiterbildender und beratender Charakter, also der Versuch, das Qualifikationsangebot der Qualifikationsnachfrage anzupassen und darüber hinaus bzw. als Ersatz die Arbeitsbereitschaft und das Sozialverhalten zu beeinflussen, wenn eine Integration in den Arbeitsmarkt auf kürzere Sicht nicht möglich ist. Die wirtschaftlich bedingte Arbeitslosigkeit wird also als sozialpolitisches Problem begriffen und u.a. mit erwachsenensozialisatorischen Instrumenten bekämpft. Es ist klar, dass solche Maßnahmen weniger die Ursachen beseitigen, als dass sie die Folgen kontrollieren und kompensieren.[83]

Wenn schon die individuelle und die gruppenspezifische Arbeitslosigkeit weitreichende Folgen hat, welche Veränderungen gehen dann mit der *Massenarbeitslosigkeit als Dauerzustand* einher? Geht man davon aus, dass Arbeit und Beruf in der Industriegesellschaft nicht nur die materielle Lebensgrundlage garantieren, sondern dass sie einen ganz bestimmten Sozialcharakter hervorbringen, der diese Industriegesellschaft wiederum wirtschaftlich, politisch, kulturell trägt, dann hat die dauerhafte Ausgliederung eines größeren Teils der Bevölkerung aus dem Berufsleben nicht nur für die individuelle berufliche Sozialisation, sondern auch für die gesellschaftliche Ordnung tiefgreifende Folgen.

Über die Arbeitsmarkt- und Berufspolitik hinaus ist deshalb auch die Sozialpolitik mit diesem Problem befasst.[84] Berger und Offe beschreiben das Problem so: Der Arbeitsmarkt hat stets nur in Grenzen funktioniert, weil Arbeitskraft keine wirkliche Ware ist. Zwar wird das Arbeitsvermögen verkauft und gekauft, nicht jedoch der ganze Mensch. Die Nutzung der Arbeitskraft ist daher stets begrenzt. Der Arbeitsmarkt selbst ist nicht frei, es sind Kartellbildungen von der

---

82 Projektgruppe Arbeitsmarktpolitik Offe 1977; Wacker 1978.
83 Näheres in folgenden Beiträgen des Handbuch für die Soziologie der Weiterbildung (1980): Brandenburg, Brater, Baethge, Schmitz, Fricke, Schober, Lenhardt, Alheit, Burger, Seidenspinner, Runde, Schradin, Wehle, Gildemeister, Robert.
84 Vgl. Stephan Leibfried und Lutz Leisering 1995 über die „Zeit der Armut".

Nachfrageseite sowie von der Anbieterseite vorhanden. Es kommen andere Faktoren hinzu, die die Funktionsfähigkeit des Arbeitsmarktes weiter einschränken: Umweltprobleme, internationale Konkurrenz, geburtenstarke Jahrgänge, kultureller Wandel der Arbeitseinstellung, besonders bei Jugendlichen (postmaterielle Orientierung).

Geht man von dem Postulat aus, dass die Möglichkeit freier Berufstätigkeit sowohl für die wirtschaftliche wie für die kulturelle Existenz der Industriegesellschaft elementar wichtig ist, dann muss die Funktionsfähigkeit des Arbeitsmarktes verbessert und ein Teil seiner Funktionen auf andere Institutionen verlagert werden. Berger/Offe (1982) schlagen an dieser Stelle eine aktive *Arbeitspolitik* vor, die neben institutionellen und rechtlichen Eingriffen in den Arbeitsmarkt auch eine *Arbeitszeitpolitik* einschließt, die der Umstrukturierung und Verknappung der Lebensarbeitszeit dient.[85]

Mit diesen in den achtziger Jahren formulierten politischen Konzepten einer umfassenden Arbeitspolitik sollte ein anderer Weg beschritten werden, als der im Kapitel Erwachsenensozialisation besprochene über die individuelle Anpassung der Arbeitsqualifikationen und Arbeitsbereitschaft durch Erwachsenenbildung und Erwachsenensozialisation. Hier ging es nicht um die Mobilisierung und Förderung von Ressourcen, von sozialem Kapital und Humankapital, in Entsprechung bestehender oder prognostizierter Nachfrage. Es ging vielmehr um eine (neomarxistisch inspirierte) Umformung der Gesellschaft und ihrer Institutionen mit dem Ziel, die Nachfrage selbst staatlich festzusetzen, und die Vergesellschaftung der Individuen direkt durch Gesellschaftspolitik zu gestalten.

9.4 Freiheit, Innovation, Wirtschaftsleistung

Während die auf dem Gebiet beruflicher Erwachsenensozialisation vorherrschenden Untersuchungen zur Interaktion von Beruf und Person – und insbesondere zu den Gestaltungsmöglichkeiten von Berufsbiographie – dem Gedanken der Konstruktion von Person und sozialer Wirklichkeit nahe stehen, also der zweiten Grundlagentheorie folgen, entspricht die Vorstellung wissenschaftlich angeleiteter umfassender Arbeitspolitik dem Muster der Vergesellschaftung des Individuums in ein universales und als optimal erkanntes kulturelles und institutionelles Muster.

---

85 Zur Vertiefung Berger/Offe 1982; Offe/Hinrichs/Wiesenthal 1982; Hegener/Landenberger 1982; Gensior 1982.

Was diesen letzten Typus betrifft, so ist für die Mehrheit der Wirtschaftswissenschaftler schon die Ausgangsfrage falsch gestellt. Und die darauf aufbauenden Institutionspolitiken einschließlich der Erwachsenensozialisation sind ungeeignet, ja schädlich. Denn sie schränken den Markt zusätzlich weiter ein. So ist der Markt zwar selbst eine Institution und benötigt Rahmensetzung, aber Transaktionskosten senkende, nicht erhöhende institutionelle Strukturen. Das Problem muss durch die Wiederherstellung des Marktes gelöst werden. Allein dessen Funktionieren als Institution – nicht jedoch dessen Beseitigung durch noch weitergehende Verregelung und Ersatz durch Beschäftigungs- und Arbeitspolitik – ermöglicht eine höhere Beschäftigungsquote sowie Produktivität, und damit die Wohlfahrt der Nationen, wie schon Adam Smith argumentierte.

Der zentrale Einwand in der Tradition der dritten Grundlagentheorie lautet: „... daß das Argument für die individuelle Freiheit hauptsächlich auf der Erkenntnis beruht, daß sich jeder von uns in Unkenntnis eines sehr großen Teils der Faktoren befindet, von denen die Erreichung unserer Ziele und unserer Wohlfahrt abhängt." (Hayek 1991, S. 38) Fortschritt ist dadurch bedingt, dass jeder Einzelne von den Erfolgen aller Anderen profitieren kann. Das wiederum setzt eine freie Gesellschaft voraus, eine Zivilisation, die es erlaubt, dass der Einzelne mehr Wissen verwerten kann, als er selbst erworben hat. Erfolgreiche Zivilisationen müssen Freiheit für Innovation und Wettbewerb garantieren, Raum für fortlaufende Revision geben. Diese institutionelle Bedingung ist weder durch wissenschaftliche Planung noch gar durch staatliche Lenkung zu ersetzen. Wissenschaftliche Vernunft ist selbst ein historisches Produkt der Zivilisationsgeschichte und nicht ihre eigene Ursache. Schon aus diesem Grund lässt sich der Fortschritt nicht staatlich und wissenschaftsgestützt lenken. Allein durch die zahllosen Innovationen der Vielen, durch deren wiederum unterschiedliche Kombination, durch Nachahmung der erfolgreichen Lösungen, durch moralische Hochschätzung, durch Wettbewerb, Kooperation und Preise, entstehen bessere Lösungen in Gestalt neuer Institutionen. Sie entstehen nicht am Reißbrett der Vernunft, schon gar nicht durch die umfassenden Zwangsmittel staatlicher Planung und Lenkung. Freie Institutionen sind die angemessene Antwort auf die unabwendbare Tatsache des Unwissens und Risikos.

Wirtschaftlicher Fortschritt ist daher das Ergebnis freier Institutionen einschließlich der dazu notwendigen Hinnahme von Ungleichheit infolge Innovationswettbewerbs. Die wirtschaftlichen Erfolge der besseren Lösungen waren schon in der Geschichte Europas das Muster für die Nachzügler unter den (National)Staaten, heute sind sie das Muster im globalen Wettbewerb. Der Luxus, den heute erfolgreiche Lösungen erlauben, ist morgen der Lebensstandard der Vielen. Der Wohlfahrtsstaat darf deshalb das Prinzip der Freiheit nicht zerstören: das Prinzip des Wettbewerbs um Innovationen und deren Nutzung und damit der Durchsetzung der besseren Lösung von Gegenwartproblemen. Ansonsten wird der auf Umverteilung spezialisierte Hoheitsstaat nicht nur den Innovationswettbewerb und dessen Wachstumserträge beseitigen, sondern Stagnation und nachfolgend Niedergang einleiten.[86]

Auch die Institutionen der Erziehung und Bildung sind nach dem Prinzip der Freiheit zu verfassen. Das Ziel der allgemeinen staatlichen Erziehung ist hingegen die Angleichung der Geister, die Despotie über die Geister in der drastischen Sprache von Humboldt (1967)[87] und Mill. Der Staat sollte nicht einen einheitlichen Menschentyp zu produzieren versuchen, der zu einer bestimmten Zeit und an einem bestimmten Ort gerade für den besten gehalten wird. Das aber ist das Prinzip der Sozialisation und Erwachsenensozialisation im heutigen Bildungswesen. Es ist ein innovations- und leistungsschwaches Prinzip.

„In einer Welt, in der es wieder, wie schon zu Beginn des 19. Jahrhunderts, das wichtigste ist, den spontanen Entwicklungsprozess von den Hindernissen und Erschwernissen, die die menschliche Torheit aufgerichtet hat, zu befreien, müssen seine (des Liberalen, A.W.) Hoffnungen darauf beruhen, daß er jene, die ihrer Veranlagung nach „Fortschrittliche" sind, überzeugen und ihre Unterstützung gewinnen kann und, auch wenn sie jetzt die Änderungen vielleicht in der falschen Richtung suchen, zumindest gewillt sind, das Bestehende kritisch zu untersuchen und wenn nötig, zu ändern." (Hayek 1991, S. 496)

9.5 Zusammenfassung

Wir fassen die Ausführungen zur beruflichen Sozialisation mit W. R. Heinz zusammen:

„Die Arbeitswelt beeinflußt über verschiedene Wege die Lebensführung, Persönlichkeit und Wertorientierung der Individuen. Da ist einmal der Einfluß der Arbeitserfahrungen und der beruflichen Werdegänge der Eltern auf die Lebensweise der Familie und die Sozialisation ihrer Kinder. Dadurch

---

86 „Unter diesem System wird allen jenen Wohlfahrtsstandard geboten, denen sie nach irgend jemandes Meinung genießen sollten, ohne Rücksicht auf das, was sie selbst tun können, welche persönlichen Beiträge sie geleistet haben, oder welche künftigen Beiträge sie noch zu leisten imstande sind." (Hayek 1991, S. 371)

87 Dazu schrieb Humboldt 1792 (1967): „Der wahre Zweck des Menschen ... ist die höchste und proportionierlichste Bildung seiner Kräfte zu einem Ganzen. Zu dieser Bildung ist Freiheit die erste und unerläßliche Bedingung. Allein außer der Freiheit erfordert die Entwickelung der menschlichen Kräfte noch etwas anderes ... : Mannigfaltigkeit der Situationen."(S. 22) „Öffentliche Erziehung scheint mir daher ganz außerhalb der Schranken zu liegen, in welchen der Staat seine Wirksamkeit halten muss." (S. 74)

werden, nicht immer konfliktlos, berufsgebundene Orientierungen an die nächste Generation weitergegeben. Schulische Bildungseinrichtungen und das betriebsbezogene sowie universitäre Ausbildungssystem vermitteln für die Arbeitswelt notwendige Basisqualifikationen und legen unterschiedliche Einstiegsmöglichkeiten in das Erwerbssystem fest. Bildungsqualifikationen und Ausbildungszertifikate eröffnen bzw. verschließen den Zugang zu verschiedenen Segmenten des Arbeitsmarktes und legen damit auch den Grundstein für unterschiedliche Berufsverläufe. Die Arbeitstätigkeit selbst ist mit unterschiedlichen Chancen für Handlungsspielräume, Einkommen, Aufstieg und berufliche Kontinuität, aber auch mit den Risiken Restriktivität, Belastungen, Dequalifizierung und beruflicher Diskontinuität verbunden. Die inhaltlichen Anforderungen und die Zeitstruktur der Arbeit beeinflussen auch den Lebensstil, die kulturellen Interessen und Konsumgewohnheiten in der Freizeit. Erwerbslosigkeit, falls sie erzwungenermaßen länger dauert, wirkt sich in Verbindung mit materiellen Einschränkungen und Abstiegsprozessen psychisch außerordentlich belastend aus. Schließlich sind Zeitpunkt und Verarbeitungsweisen des Ruhestandes von den Arbeitserfahrungen, Arbeitsbelastungen und dem Einkommensniveau – also von der gesamten Berufsbiographie – nicht zu trennen." (Heinz 1995, S. 11f.)

Zur beruflichen Sozialisation gehören also zum einen die institutionellen Strukturen, die Verfassung des Betriebes, die Berufsstruktur, die Arbeitsmarktlage, das Arbeits- und Sozialrecht, die Wirtschaftsverfassung eines Landes, die Konjunktur. Zum anderen gehören hierher die direkten Sozialisationsprozesse wie beispielsweise das Bildungs- und Ausbildungssystem, der Alltag betrieblichen Handelns mit Kollegen und Vorgesetzten, die Art der Arbeitstätigkeit selbst und nicht zuletzt die Vereinbarkeit von Arbeit und Familie durch häusliche Arbeitsteilung – einschließlich wiederum institutioneller Hilfen der Kinderbetreuung, also erneut struktureller Arrangements eines Nationalstaates, eines Bundeslandes, einer Kommune oder privater Institutionen. Es gibt in allen diesen Aspekten große Unterschiede zwischen den verschiedenen Nationalstaaten und es gibt große Unterschiede über die Zeit, die durch die Globalisierung beschleunigt werden dürften. In vielen Fällen werden sich Qualifizierung, Gestaltungsspielräume und Ertrag der Arbeit verbessern, in anderen werden sie stagnieren oder sich verschlechtern.

Über die vielen hier bereits zusammengefassten Aspekte von Erwachsenensozialisation als Vergesellschaftung des Individuums und als Konstruktion von Person und Institution greifen die Argumente aus der dritten Grundlagentheorie nochmals weit hinaus: Leistungsstärke, Auf- und Abstieg der Nationen,[88] sind

---

88 Einen wirtschaftshistorischen Rückblick und internationalen Vergleich gibt Olson 1991. Zur Wirtschaftsgeschichte erfolgreicher Nationen von 1500 bis 1900 Kindleberger 1996. Die neoinstitutionstheoretischen Grundlagen aus wirtschaftshistorischer Sicht finden sich bei North 1992.

primär eine Folge der Gestaltung ihrer gesellschaftlichen Institutionen in Wirtschaft, Recht, Wissenschaft, Politik. Hier ist heute bereits eine große Varianz in der Bewältigungsfähigkeit verschiedener Nationalstaaten gegenüber der Globalisierung zu beobachten.[89] Diese wird sich in Zukunft noch ausweiten. Die berufliche Sozialisation der Erwachsenen durch spezialisierte Erwachsenensozialisationsinstitutionen ist demgegenüber ein sekundäres Problem. Denn primär geschieht Erwachsenensozialisation in Beruf und Arbeit „latent", als Folge der Einbindung in das, wie Weber pointiert formulierte, „stahlharte" Gehäuse der Institutionen mit ihrer spezifischen (okzidentalen) Rationalität.

---

89 Zur Transformationskapazität der Nationalstaaten in der Industrie- und Wirtschaftspolitik unter Globalisierungsdruck Weiss 1998. Zur Analyse von „Varieties of Capitalism" siehe Hall/ Soskice 2001; Berger/Dore 1996; Boyer/Drache 1996; Crouch/Streeck 1997; Hollingsworth/ Boyer 1997; Yergin/Stanislaw 1999.

10. Technisierung des Alltags und Technikgenerationen

10.1 Das Problem

Wir haben ein Jahrhundert hinter uns, das durch Technik bis in den Alltag hinein geprägt ist (Joerges 1988; Meyer/Schulze 1993). Die Veränderung der Alltagswelt durch Technisierung in immer umfassenderer Weise erfasste zwar zunächst schrittweise lediglich bestimmte Berufe, Klassen, Schichten, Milieus, Regionen, verlief auch nach Bildung, Geschlecht und Alter selektiv, erreichte dann aber auf längere historische Sicht Jeden. Sie hat unsere Welt elementar verändert. Technisierung der Welt ist deshalb ein bedeutendes Moment von Erwachsenensozialisation.

Die Technisierung des Alltags vollzog sich in Deutschland im zwanzigsten Jahrhundert in vier großen Wellen. Wir beschränken uns bei dieser Unterscheidung von vier Wellen auf die häusliche Alltagswelt. Die Technisierung der Welt der Wissenschaft, der Arbeit und Berufe ging bereits im Jahrhundert zuvor vonstatten, sie erfasste die Bevölkerung jedoch nur selektiv, wurde nicht simultan deren Lebenswelt des Alltags.

Eine *erste Welle* der umfassenden und allgemeinen Haushaltstechnisierung fand in den zwanziger Jahren dieses Jahrhunderts statt, als *elektrischer Strom in die Haushalte* gelegt wurde. Mit ihm verbreitete sich als erste komplexere Technik rasch das Radio. Doch Strom, Lampen und Radio blieben Enklaven im weiterhin von schwerer Handarbeit bestimmten Haushalt. In der zweiten Hälfte der *50er Jahre* erleichtern dann zunehmend Kühlschrank, Staubsauger und Waschmaschine die Hausarbeit. Große Bedeutung besaßen auch der Fernseher und das Auto, die wenig später *Massenkonsumgüter* wurden. Ein erneuter Innovationssprung erfolgte dann erst wieder in den *achtziger Jahren* durch die *Computertechnik*. Hierhin gehören als Geräteinnovationen PC, Videogerät, CD-Spieler, Mikrowelle und Camcorder.

Der schnelle technische Fortschritt hat die Lebenswelt der Geburtskohorten dieses Jahrhunderts in jeweils ganz unterschiedlicher Weise durchgreifend geprägt. Die Generationen machten in ihrer Jugend jeweils andere Erfahrungen mit technischem Fortschritt, den sie dann als Horizont der Auslegung weiterer technischer Innovationen mit durch das Leben nahmen. So kommt es zu interessanten Konstellationen zwischen den Generationen hinsichtlich Technikkompetenz und Technikeinschätzung.

Wir unterscheiden vier Technikgenerationen:

- Die *frühtechnische Generation*, die geprägt wurde durch die Phase der Elektrifizierung und durch erste Erleichterungen schwerer körperlicher Arbeit;
- die Generation der *Haushaltsrevolution* nach dem zweiten Weltkrieg, gekennzeichnet durch die Verbreitung der wichtigsten Konsumgüter;
- die sich anschließende Generation der vollständigen *Haushaltstechnisierung*;
- und die *Computergeneration*, die in die heutige Digitalisierung der Alltagswelt hineingewachsen ist.

10.2 Sozialer Wandel und Generationen

Drei grundlagentheoretische Perspektiven auf Erwachsenensozialisation durch die Technisierung des Alltags sind möglich.

(1) Die Technisierung des Alltags wirkt *vergesellschaftend* in der Weise, dass die Individuen sich den Anforderungen neuer Rollen im Zuge technischen Wandels anzupassen haben bei Strafe des Untergangs durch Arbeitslosigkeit, beruflichen Abstieg, Prestigeverlust, Informations- und Kompetenzmängel, gesundheitliche Nachteile. (2) Die Technisierung des Alltags ist zugleich Teil der interaktiven Konstruktion und *Neukonstruktion von Person und sozialer Wirklichkeit*. Die Welt im technischen Wandel muss immer neu mit sozialem Sinn gefüllt werden, der Sinnhorizont bedarf fortlaufend aktualisierender Auslegung, das technische und damit einhergehende soziale Wissen ist gesellschaftlich ungleich verteilt. Die technische Alltagswelt wird Lebenswelt der eigenen Generation und der nachfolgenden Generationen in je besonderer Weise. (3) Die Technisierung des Alltags ist drittens ein elementarer Beitrag zur *Rationalisierung von Institutionen und Lebensläufen*. Neue Ressourcen werden in unvergleichlicher Weise geschaffen, Märkte technischer Konsumgüter expandieren europaweit und weltweit. Die Ökonomie des Lebenslaufs wird davon intensiv berührt, nicht zuletzt ist in Humankapital immer aufs Neue zu investieren. Die Rationalität des Lebensstils entwickelt sich der Rationalität des technischen Alltags komplementär.

Die in diesem Kapitel vorgestellte Studie zur Technisierung des Alltags und der Entstehung von Technikgenerationen[90] arbeitet mit dem theoretischen Konzept der Wirklichkeitskonstruktion der verschiedenen Generationen. Das Thema Generationen und Generationsverhältnisse spiegelt den Versuch wider, die historische Zeit sozialer Gemeinschaften und die individuelle Lebenszeit in Beziehung zu setzen. Das Individuum tritt in die Geschichte einer Familie, einer Orts- oder Religionsgemeinschaft ein und findet darin seinen Platz. In modernen Fassungen überschreitet der Generationsbegriff jedoch diesen engen gemeinschaftlichen Bereich. In der Soziologie verbindet sich seit Mannheims klassischem Aufsatz über das 'Problem der Generationen' (Mannheim 1978) die Idee der Verflechtung historischer Zeiten und differierender sozialer Lagerungen von Geburtskohorten mit der Vorstellung einer damit einhergehenden Entwicklung jeweils historisch unterschiedlichen sozialen Wissens von Generationen.[91]

Je schneller und umfassender die Modernisierung sich durchsetzt, desto größer wird die Distanz zwischen Vergangenheit und Zukunft. Aus der Gegenwart lässt sich auf die Zukunft heute nicht mehr schließen. Die wachsende Distanz zwischen Vergangenheit und Zukunft hat Konsequenzen für das Verhältnis der Generationen zueinander. Die Ratgeberkompetenz der Alten aus kumulierter Erfahrung (Weisheit) schwindet, die Zukunftswelt ist Sache der jeweils aktuell geschulten Jungen. Als Folge kehren sich die Kompetenzverhältnisse zwischen den Generationen um. *Erwachsenensozialisation wird eine dauerhafte Notwendigkeit so wie bislang nur die Kinder- und Jugendsozialisation.*

Das hier verwendete soziologische Generationskonzept entstammt der Wissenssoziologie und der Phänomenologie (Mannheim 1978; Schütz/Luckmann 1979 und 1984). Eine seiner Annahmen lautet, dass mit der Beschleunigung des sozialen Wandels und mit der Pluralisierung der Lebensformen in modernen Gesellschaften die Generationslagerungen differenter werden, und dass damit auch die Anschlussfähigkeit des sozialen Wissens der Generationen abnimmt. Generationen leben heute in unterschiedlichen Lebenswelten, deren Grenzen sie aufgrund der Zugehörigkeit zu verschiedenen historischen Zeiten erfahren.

Da die erste bewusste Partizipation einer Generation an einem zeitlich umgrenzten Ausschnitt der Geschichte in die Adoleszenz und frühe Erwachsenenzeit ihrer Mitglieder fällt, entsteht in dieser Lebensphase die erste Stufe einer lebenslangen Erfahrungsaufschichtung. Sie bildet den Filter für alle weiteren

---

90 Dieser Abschnitt beruht auf einer Untersuchung für das BMFT, Technik und Forschung als Thema der Generationen (Projekt 216-3190-SWF00566). Veröffentlicht als Buch unter Sackmann/Weymann 1994. Kurzfassung unter Weymann/Sackmann 1999.

91 Eine knappe Abhandlung enthalten zwei Artikel in der Enzyklopädie „Religion in Geschichte und Gegenwart" (Sackmann 2000 und Weymann 2000b).

Ereigniswahrnehmungen und Erlebnisgehalte. Im Gang der Altersgruppe durch das Leben wird die erworbene Generationsidentität nicht aufgegeben. Mannheim definiert Generationen als Geburtsjahrgänge, die „im historischen Strom gesellschaftlichen Geschehens" durch eine „gemeinsame schicksalsmäßig-verwandte Lagerung im ökonomisch-machtmäßigen Gefüge" verbunden sind (Mannheim 1978, S. 39). Die gemeinsame Lagerung führt zu selektiven Wahrnehmungen und Informationen und fördert eine kollektive Tendenz zu spezifischen „Verhaltens-, Gefühls- und Denkweisen" (Mannheim 1978, S. 42). Als Generationen sind Altersgruppen deshalb Träger von Deutungen der historischen Lagerung ihrer Jugendzeit. Selbstbeschreibungen und Deutungen werden als gesellschaftliche Semantik bewahrt und weitergeben. So entstehen die in der Alltagssprache gebräuchlichen und allgemein akzeptierten Bezeichnungen wie Vorkriegsgeneration, Kriegsgeneration, Trümmerfrauen, 68er, Umweltgeneration und Generation X.

10.3 Technikgenerationen

Das Wissen um die Lagerung von Kohorten im Strom des historischen Geschehens, die Entstehung einer Generationsidentität, das Wissen um Generationsverhältnisse und um Generationsbeziehungen wird am häufigsten im Rahmen politischer Generationen thematisiert. Generationen entstehen jedoch in gleicher Weise als Technikgenerationen. Das zeigt sich unter anderem in Gesprächen von Generationsmitgliedern – sowohl innerhalb der gleichen Generation wie zwischen den Generationen.

Im folgenden Auszug aus einer Gruppendiskussion[92] zwischen Personen aus der Vorkriegsgeneration und der heutigen (Computer)Enkelgeneration geht es um die Kritik der Alten am heutigen Übermaß von Technikeinsatz und Stromverbrauch. Diese Kritik, die die Alten an den Jungen üben, stützt sich auf deren eigene frühe Lebenserfahrung als Jugendliche in einer Zeit noch knapper und teurer Technikverbreitung. Heute hingegen ist die Lebenserfahrung der Heranwachsenden die des technischen Überflusses bei geringen Preisen.

„1921m: Früher, ganz früher, ging's auch ohne Strom. ...
1963w: Ja.
1930m: Wir haben das noch erlebt, wie wir nach dem Kriege so, wenn wir 'ne warme Bude haben wollen, wenn wir Essen kochen wollen, dann mußten wir Holz machen.
1921m: Ja, ja.

---

92 Angegeben in den Zitaten sind jeweils der Jahrgang und das Geschlecht des Redners.

1930m: Wir hatten die zwei Meter langen Sägen, und dann haben wir den Baum abgesägt, so wurde das gemacht. ... Dann war man nachher froh, wenn der Baum unten lag, und wir konnten die Säge von oben ansetzen. Also dies von der Seite, das ging nicht gut, nicht. Das war auch Technik.
1921m: Früher, vergesse ich bis heute nicht, im Kriege, da war ich im Urlaub. Ne Eiche war da, das waren ja extra kräftige und harte Bäume, 'ne? Da waren wir 'nen halben Tag dran. Welche mit 'nem Stamm wie diese (draußen), mit so einem Durchmesser:
1930m: Ja, sicher
1921m: 'nen halben Tag von der Seite!
1930m: Ja, sicher.
1922m: Ja sicher, da hatten die Leute nur feste Kreissägen, bestenfalls.
1930m: Und heute ... dschschschscht.
1922m: Und Strom gab's nur manchmal. Es gab zwei Stunden am Tag. Dann liefen alle zur Kreissäge, daß man den Strom ausgenutzt hat, Und daß man dann die Bäume schnell kaputtgesägt hat. Wir waren hinter der Technik her, weil wir sie nicht hatten. Die zwei Stunden, die hat man voll ausgenutzt, bis die Säge stehen geblieben is'.
1930m: Das ja heute, da is' alles selbstverständlich: die Sägen, diese (Ketten)Stahlsägen, die heute ....
1922m: Ich meine, wenn man keine Technik hat, dann merkt man schon, was das bedeutet, 'ne?
1930m + 1922m: Ja.
1930m: Das sind ja so viele Sachen, die der Mensch überhaupt (als) selbstverständlich (nimmt). ... Heute, da is' ja alles warm, das ganze Haus is' warm, auch ohne körperliche Arbeit."

Die Mannheimsche Einbettung in den „schicksalhaften Strom des – technischen – Geschehens" ist den Diskutanten in dieser aus verschiedenen Generationen bestehenden Gruppe durchaus bewusst.

„1962m: Ja, vor allen Dingen, wenn man jetzt hier so den Vergleich zwischen den anwesenden Generationen sieht, dann denk ich mir, als (Sie noch jung waren), da haben sie, da war es noch nicht selbstverständlich mit der Technik. Elektrischen Strom gab's vielleicht schon, aber es war nicht so selbstverständlich wie heute.
1921m: Nee.
1962m: Und irgendwie, wenn heute jemand, also heute ein Jugendlicher oder so, ja für den ist es selbstverständlich, daß er mit achtzehn sein Auto hat und dass er seine Stereoanlage hat und so.
1921m: Alles selbstverständlich.
1962m: Er wächst einfach in so was hinein.
1930m: Das ist schon so, das is' ja so."

Und die beteiligten Generationen sehen auch bereits die Fortsetzung der Differenzen zwischen den Technikgenerationen in die jeweils nächste Generation hinein.

„1969w: Ich bin ja noch relativ jung, möchte ich mal sagen, und da sehe ich schon unheimliche Unterschiede zu Kindern, die ich jetzt noch im Kindergarten erlebe und zwischen mir, obwohl ich noch jung bin. Daß die schon anders mit Technik umgehen und das wird ja später noch viel gravierender. Also ich (lacht), in meinem noch recht jungen Alter, geh also wesentlich, ja, gehemmter oder na, jedenfalls nicht so
1926w: Uninteressierter?
1969w: Ja: uninteressierter vielleicht, an Technik nicht allgemein so (interessiert). An so Sachen zum Beispiel wie Computer oder so was.
1971w: Das merkt man schon daran, wenn man beobachtet, was die Leute zu Weihnachten kriegen, also das merk' ich jetzt an meiner Schwester, die fünf Jahre jünger ist."

Hintergrund der obigen Gruppendiskussion ist die jeweilige Generationserfahrung mit der Technisierung des Alltags in Westdeutschland seit den fünfziger Jahren. In ihr spiegelt sich das Tempo der Verbreitung technischer Konsumgüter in den Haushalten beginnend mit einer minimalen Versorgung zu Beginn der fünfziger Jahre bis zur Marktsättigung in nur wenigen Jahrzehnten – mit Varianzen hinsichtlich Tempo und Marktsättigung je nach Haushaltstechnologie und Haushaltstypus.

Abb. 1 zeigt sehr anschaulich die rasche und durchgreifende Technisierung der Haushalte in der Nachkriegszeit. Die Technisierung führte zu einer neuen Lebenswelt des Alltags der jeweils jüngeren Generation, die früheren Generationen unbekannt war. Die Lagerung aufeinander folgender Generationen in der Technikgeschichte ist sehr unterschiedlich, weil rasche Innovationszyklen die alltägliche Lebenswelt nachhaltig verändern.

Generationen nehmen ihre Jugenderfahrungen, Kompetenzen und Einstellungen mit durch das Leben. Die 68er Generation rebellierte selbstgewiss gegen das Establishment, wie es damals hieß. Heute stellt diese Generation selbst das Establishment und ist nicht wenigen Schülern, Studenten und jungen Arbeitnehmern ein Hindernis und Ärgernis. Auch Technikgenerationen altern mit ihren besonderen Technikerfahrungen, Technikkompetenzen und Technikbewertungen.

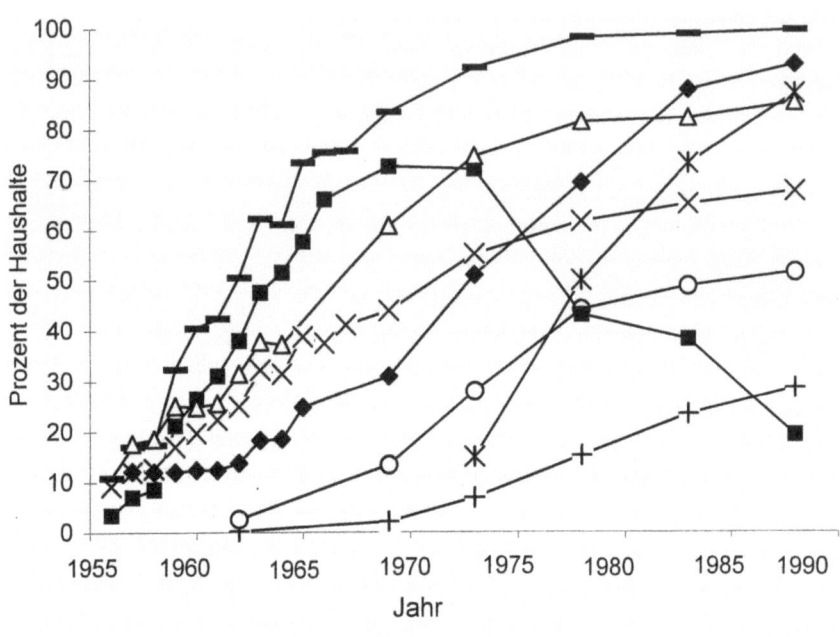

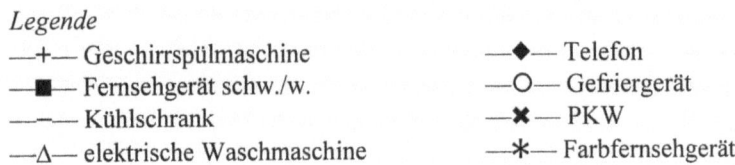

Abb. 1: Ausstattung privater Haushalte der BRD mit technischen Geräten (1956 – 1988), Quelle: Daten von 1956 – 1967: Arbeitsgemeinschaft Leseranalyse e.V.; Daten von 1969 – 1988: Einkommens- und Verbrauchsstichprobe (Nach Sackmann/Weymann 1994, S. 30)

Jeder Mensch weiß, welcher Ausschnitt der Technikgeschichte für ihn im Vergleich mit jüngeren oder älteren Personen eine besondere Bedeutung hat, weshalb dies so ist, und worin diese Bedeutung besteht. Die Nennung der im eigenen Leben bedeutendsten technischen Neuerungen beruht auf den jeweiligen besonderen Jugenderfahrungen der verschiedenen Kohorten mit den Innovationen ihrer Zeit. Die Angehörigen der *frühtechnischen Generation* nannten am häufigsten Fahrrad und Radio als wichtigste technische Geräte ihrer Jugendzeit; die Generation der *Haushaltsrevolution* gab am häufigsten Waschmaschine, Auto, Fernseher, Motorrad an; die Generation der *zunehmenden Haushaltstechnisierung* votierte für Plattenspieler, Tonband, Kassettenrecorder; und die *Computergeneration* erwähnte am häufigsten Computer und CD. Die technischen Innovationen einer Zeit werden jeweils am häufigsten von jener Generation als signifikantes Erlebnis bezeichnet, in deren Kindheit und Jugend ihre Ausbreitung fiel. Interessant ist, dass die *Generationen in Ost- und Westdeutschland* jeweils anderen Geräten die größte Kindheitsbedeutung zumessen, da die Diffusion der Geräte in der DDR später und langsamer erfolgte. Auch sind die Unterschiede zwischen den Generationen in den neuen Bundesländern größer als in den alten, weil mit der Transformation der technische Wandel gerade auch im Alltag rasend schnell nachgeholt wurde.

Qualitative Sprünge der Technikentwicklung werden für jüngere Kohorten zum grundlegenden Erfahrungsschatz ihrer ersten Begegnung mit Technik, während ältere Kohorten bereits über technisches Hintergrundwissen verfügen, von dem aus sie den technischen Fortschritt wahrnehmen und beurteilen. Technikgenerationen stellen mit ihrer je eigenen Aufschichtung technischer Erfahrung Repräsentanten des Geistes vergangener Technikepochen dar. Sie besitzen ein bestimmtes Verhältnis zum technischen Fortschritt, das in Werthaltungen, Einstellungen und mit Technik zum Ausdruck kommt.

Technikgenerationen unterscheiden sich deshalb auch in ihrer Technikkompetenz. Eine generationsabhängige Technikkompetenz lässt sich vor allem für neue und neueste Techniken, beobachten – weniger für alte. Die Kompetenz, ein Auto zu fahren, ist fast generationsunabhängig verteilt, traditionelle handwerkliche Kompetenzen können bei jüngeren Kohorten sogar geringer ausgeprägt sein als bei älteren. Sieht man hingegen auf junge technische Innovationen wie z.B. die Kompetenz, einen Computer zu bedienen, so wird bei dieser neuen Technik ganz deutlich, dass sie zunächst eine Domäne der jungen Generation ist (*Abb. 2*). Erst langsam und selten vollständig ziehen im Laufe der Alterung der Innovation die Kompetenzen älterer Generationen nach.

In Fällen jüngerer und jüngster Techniken erklärt die Generationszugehörigkeit die Technikkompetenz am besten. Kommt eine technische Innovation auf den Markt, erwerben jüngere Kohorten als erste die nötige Kompetenz. Erst mit der allgemeinen Verbreitung einer Technik im Alltag folgt die Bedienungskompetenz älterer Kohorten langsam nach.

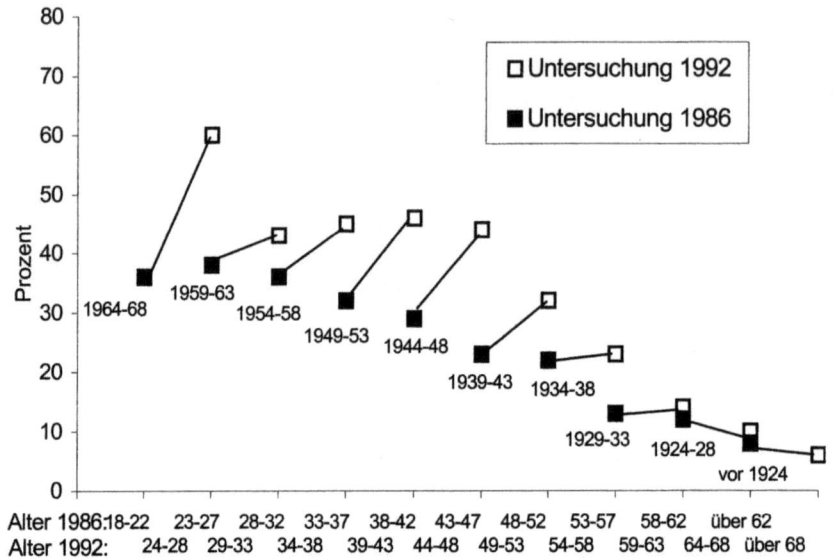

Abb. 2: Technische Fertigkeit "Computer bedienen" 1986/92 nach Kohorten,
Quelle: EMPAS 1992, Allbus 1986
(Nach Sackmann/Weymann 1994, S. 62)

10.4 Technische Bildung und Technikdiskurse

Die Generationsabhängigkeit von Technikkompetenz macht sich im privaten
Haushalt im Zusammenleben der Generationen eher von ihrer komischen Seite
bemerkbar. Ganz anders stellt sich das gleiche Phänomen im Berufsleben dar.
Daher ist technischer Wandel in der Berufsarbeit ein altes Thema moderner Industriegesellschaften. Mit der zunehmenden Bedeutung des Computers sowie
computerunterstützter Arbeitsmittel – und jetzt auch der neuen Medien und des
Internets – rückt diese Thematik ein weiteres Mal ins Bewusstsein einer breiten
Öffentlichkeit. Technische Innovationen im Berufsbereich üben einen Druck
aus, dem Veralten beruflicher Kenntnisse durch *Weiterbildung* entgegenzuwir-
ken. Dieser Druck wird von den Betroffenen unterschiedlich gespürt, je nachdem wie sehr sie Veränderungen ausgesetzt sind und wie weit sie sich mit ihren
beruflichen Kenntnissen den Anforderungen neuer Technik gewachsen fühlen.

Die Frage, „Glauben Sie, dass der technische Fortschritt die Berufsarbeit so schnell verändert, dass die ursprüngliche Berufsausbildung nicht mehr ausreicht, um ein ganzes Leben lang mithalten zu können?", beantworteten 1992 in Westdeutschland immerhin 71 Prozent und in Ostdeutschland sogar 89 Prozent mit ja. Ein Großteil der berufstätigen bundesdeutschen Bevölkerung weiß also, dass einmal erworbene Berufskenntnisse im Laufe des Berufslebens veralten, weil technischer Fortschritt neuen Wissenserwerb nötig macht.

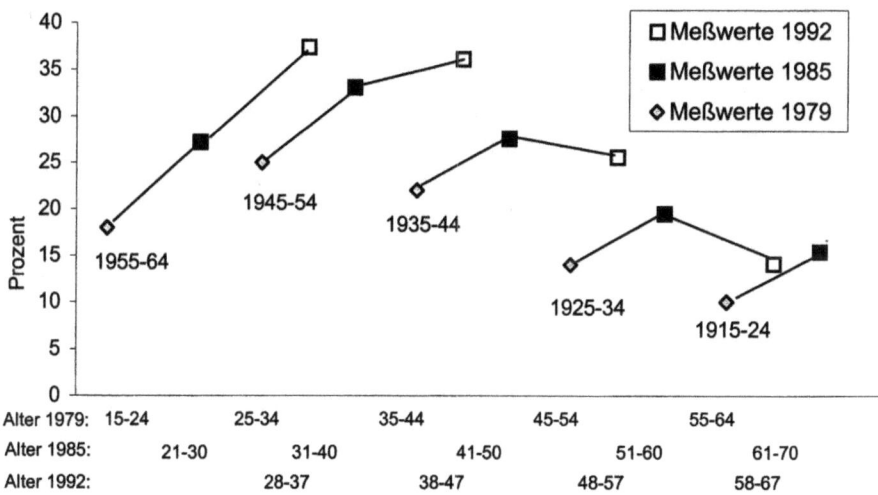

Abb. 3: Teilnehmer an einer beruflichen Weiterbildung nach Kohorten, Quelle: BIBB 1979, BIBB 1985, EMPAS 1992 (Nach Sackmann/Weymann 1994, S. 135)

Eine Möglichkeit, das Veralten von Wissen durch schnellen technischen Wandel zu verhindern, sind Weiterbildungsmaßnahmen. Im Jahre 1979 hatten 20 Prozent an einer beruflichen Weiterbildung während der vergangenen fünf Jahre teilgenommen, 1985 waren es bereits 27 Prozent und 1992 sogar schon 33 Prozent. Interessant in Abbildung 3 ist wiederum die Generationsperspektive. Vor allem ist eine extreme Steigerung der Weiterbildungsteilnahme bei der jungen Generation zu beobachten. Allerdings erreicht Weiterbildung mehr als früher heute auch die ältere Generation.

Die Zugehörigkeit zu einer Technikgeneration hat auf das Technikverhältnis mehr Einfluss als Unterschiede des Einkommens, der Bildung, des Berufs, des

Geschlechts oder des Alters (Sackmann/Weymann 1994). Es sind die alltäglichen, praktischen Erfahrungen mit einer Innovation in der rezeptiven Phase einer Technikgeneration, die ihr Verhältnis zur Technik im Kern lebenslang prägen. In geringerem Maße haben auch *öffentliche Technikdiskurse* Einfluss auf
Technikeinschätzungen. Solche Diskurse haben oft eine Geschichte. Nach einer
Zeit kontroverser öffentlicher Diskussionen bei der Einführung einer Innovation, in der Faszination und Angst die Debatte motivieren, überwiegt in der folgenden Phase ein positiver Diskurs, in dem der praktische Nutzen im Vordergrund steht, bevor in einer Phase des Selbstverständlich-Werdens das Interesse
wieder abflaut. Die Altersphase einer Innovation kann dann durch eine noch-
malige Diskussion unbeabsichtigter und unerwünschter Folgen gekennzeichnet
sein. Wirkungen öffentlicher Diskurse sind zwar generationsübergreifender (Periodeneffekt) als die praktischen konjunkten Technikerfahrungen (Kohortenef-
fekt), jedoch werden auch öffentliche Diskurse von den Generationen entsprechend ihrer Lagerung und konjunkten Erfahrung in unterschiedlicher Weise
mitgetragen.

10.5 Wissensweitergabe, Generations- und Lebenslaufpolitik

Menschen werden geboren, Menschen sterben: Der demographische Metabo-
lismus des Generationsaustausches ist ein biologischer Prozess. Als Folge des
sukzessiven Kohortenaustausches muss soziales Wissen von Generation zu Generation jeweils neu angeeignet werden, wird dabei bestätigt, modifiziert, ver-
worfen oder einfach vergessen. Ebenso natürlich ist, dass Individuen über ihr
Leben hin fortlaufend Informationen selegieren, verarbeiten und akkumulieren
mit der Folge, dass die Verarbeitung von Informationen in jungen Jahren weniger und anders durch gelerntes Wissen determiniert ist als im späteren Leben.
Nicht naturwüchsig ist hingegen, wie Erwerb, Wandel und Verlust von Wissen
gesellschaftlich durch soziale Institutionen geregelt wird.

Zu den modernen, Wissensprozesse regelnden Institutionen gehören die expandierenden Einrichtungen der vorbereitenden und lebenslaufbegleitenden
Bildung. So ist nicht nur eine Expansion des primären bis tertiären Bildungswesens zu verzeichnen, sondern insbesondere auch eine zeitliche Kontinuierung
der Bildungspartizipation in das spätere Leben hinein. Unter anderem hat neben
spätem Studium auch die Beteiligung an Weiterbildung in den letzten Jahrzehnten kontinuierlich und auf breiter Basis zugenommen. Beachtenswert ist,
dass heute Menschen noch mit über fünfzig Jahren bereitwillig ihr Wissen auf-
frischen.

Trotz lebenslanger Bildung und der Kanonisierung lebenslanger Bildung zur Fachschulung (Weber) bedeutet der schnelle technische (und soziale) Wandel eine Herausforderung an die *Synchronisation ungleichzeitiger Lebenserfahrungen von Generationen*. Mit zunehmendem Tempo des Wandels werden die Abfolgen unterschiedlicher Lagerung von Generationen immer kürzer und die Differenz der Generationserfahrungen größer. Für erwachsenensozialisatorische Angleichungsprozesse zwischen den Generationen sorgen traditionell in entscheidender Weise die Kernfamilie und die lange Berufsphase, da in Familie und Beruf ein vielfältiger Kontakt zwischen den verschiedenen Generationen besteht. Die historisch institutionell immer segregierteren und länger dauernden Jugend- und Altersphasen hingegen fördern mit ihren generationshomogenen Lebensformen Abschottungsprozesse. Denn Jugend und Alter sind keine allein biologisch bestimmten Zustände, vielmehr werden Dauer und Gestalt dieser Lebensphasen maßgeblich durch Entscheidungen in Bildungspolitik und Sozialpolitik geprägt, die als *Generations- und Lebenslaufpolitik* wirken. Die in den letzten Jahrzehnten erfolgte Ausdehnung des Zugangs zu und der Aufenthaltsdauer in den so institutionalisierten Lebenslaufphasen Jugend und Alter verringert die Synchronisation der Ungleichzeitigkeiten.

Grundsätzlich gibt es im Prozess der Prozedierung (technischen) Wissens in der Generationsabfolge *zwei kritische Phasen* in von sozialem Wandel geprägten, modernen Gesellschaften: den Übergang von der Jugend in den Beruf und den Ausstieg aus dem Beruf in das Alter. Durch den demographischen Wandel hat die erste Statuspassage an Bedeutung verloren, letztere gewonnen. Zu beiden Passagen eine Anmerkung.

Beim *Jugendübergang* besteht im Prinzip die Gefahr einer Enttradierung im Prozess der Erwachsenensozialisation: Anschlussfähigkeit und Kontinuität sozialen Wissens können im Generationenwechsel teilweise verloren gehen. Da es sich bei den modernen Industriegesellschaften in den letzten 150 Jahren vorwiegend um Gesellschaften mit hohem demographischen Wachstum handelte, wurden in der Generationstheorie und in politisierten Jugenddebatten solche Probleme der Enttradierung durch Jugendgenerationen bevorzugt als bedrohliche Jugendprobleme behandelt. Aufgrund der neueren demographischen Entwicklung verlieren Jugendprobleme des weiter oben bereits zitierten Typus „Invasion der Barbaren" (Parsons) jedoch an Gewicht.

Beim *Altersübergang* erfolgt im Prinzip eine Abkopplung von Modernisierungsprozessen. Solange nur kleine Gruppen der Gesellschaft alt wurden und Innovationen nicht mehr rezipierten, hatte dieses Problem ein geringes Gewicht und fand keine öffentliche Beachtung. Dies hat sich mit dem Altern der Gesellschaft geändert. Doch der Altersknick der Technikakzeptanz und -kompetenz hat weniger mit biologischen Prozessen als mit dem Ausmaß der Ausgrenzung von Alten aus der (technischen) Gegenwart zu tun. Langfristig sind sozial-, bildungs- und technikpolitische Probleme der Altersgesellschaft nur zu lösen, wenn die Partizipationschancen – nicht zuletzt an Innovationen – verbessert werden. Dies bezieht sich bildungspolitisch auf die weitere Unterstützung lebenslanger Bildung, die zu einer Auflösung des Junktims Jugend gleich Bildung führen muss. Beschäftigungs- und sozialpolitisch ist die zu kurzfristig angelegte Arbeitsmarktstrategie zu korrigieren, die über massenhafte Frühverrentungen die Ausgrenzung von Älteren aus der Gegenwart beschleunigt und vertieft.

10.6 Zusammenfassung

Der soziale Wandel hat im Prozess der Modernisierung zu einer Gewichtsverschiebung von unmittelbaren Generationsbeziehungen in Familien und gemeinschaftlicher Lebenswelt zu universalen strukturellen Generationsverhältnissen in der individualisierten, verrechtlichten und vermarkteten Gesellschaft geführt. Diese Entwicklung stellt neue Herausforderungen an die *Generations- und Lebenslaufpolitik*. Sie braucht angemessene Regeln der Gerechtigkeit zwischen Generationen unter modernen Generationsverhältnissen, die sich nicht ausreichend familiär gestalten lassen. Doch wie lassen sich Gerechtigkeitsprobleme zwischen Generationsschicksalen lösen, gegenwärtig beispielsweise im Falle unterschiedlicher Generationslagerungen in der Transformation der ostdeutschen Bundesländer, wenn schon der Ausgleich zwischen individuellen Altersphasen in normalen Bildungs-, Erwerbs- und Versicherungsverläufen nicht leicht zu sichern ist? Gerechtigkeit zwischen Generationen ist ein schwieriges Problem für Lebenslaufpolitik, die Fairness zwischen Altersphasen, Generationsschicksalen und historischen Perioden gestalten will.

„Es ist eine Naturtatsache, daß die Generationen über die Zeit verteilt sind und die wirtschaftlichen Vorteile nur in einer Richtung fließen. Daran läßt sich nichts ändern, und damit entsteht kein Gerechtigkeitsproblem. Gerecht oder ungerecht ist, wie sich die Institutionen angesichts natürlicher Beschränkungen verhalten, und was sie aus den geschichtlichen Möglichkeiten machen." (Rawls 1975, S. 322; vgl. auch 1998)

Zu ergänzen ist Rawls durch das nicht beachtete Faktum, dass auch Nachteile z.B. ökologischer, bildungspolitischer, sozialpolitischer oder beschäftigungspolitischer Art nur in eine Richtung fließen. Sie bedürfen ebenfalls der Gerechtigkeit zwischen den Generationen durch Generations- und Lebenslaufpolitik.

11. Migration, sozialer Wandel, Ökonomie des Lebenslaufs

11.1 Das Problem

Migration führt nicht nur zur Abtrennung der Lebenswelt der Generationen voneinander, der Generation der zurückgebliebenen Eltern und Verwandten und der Generation der Auswanderer und deren Kinder. Migration macht die ursprüngliche Sozialisation der Auswanderer zu großen Teilen unbrauchbar, wie schon Schütz in seinem Aufsatz über den Fremden gezeigt hatte. Ein Großteil des Gelernten und Selbstverständlichen funktioniert im neuen Alltag nicht mehr. Das beginnt mit der unpassenden Muttersprache, mit nicht anerkannter Bildung und Berufserfahrung, mit falscher Kleidung und Habitus und es setzt sich in Richtung Normen, Werte und Kultur fort.

Eine klassische Untersuchung zu generationsspezifischen Lebenslagen und Lebenswelten, zu den daraus hervorgehenden Generationsverhältnissen, Lebensläufen, Biographien, zu dramatischen erwachsenensozialisatorischen Konflikten und Prozessen, ist Thomas' und Znanieckis „Polish Peasant in Europe and America" (Thomas/Znaniecki 1918-20).[93]

In dieser Studie sind Briefwechsel abgedruckt und interpretiert, die zu Beginn dieses Jahrhunderts zwischen jungen polnischen Auswanderern in die USA und der in Polen verbliebenen Elterngeneration geführt wurden. Durch die Briefwechsel ziehen sich emotionsreiche Konflikte zwischen Eltern und Kindern. Der Wandel der Gesellschaftsformen im Prozess der Modernisierung entfremdet die Lebenswelten des Alltags von Daheimgebliebenen und Auswanderern voneinander. Die zeitgenössische Welt der Auswanderer und die Welt der Eltern sind nicht mehr in derselben Lebenserfahrung verwurzelt.[94]

---

93 Die Erstauflage erschien in 5 Bänden (Thomas/Znaniecki 1918-1920). Besser greifbar ist der zweibändige, ungekürzte, aber umgegliederte Nachdruck von 1958 (Thomas/Znaniecki 1958). Eine gute Kurzfassung ist Thomas/Znaniecki 1984. Einige weitere Studien aus der sogenannten Chicago-Schule der zwanziger Jahre mit biographisch und milieubezogenem Ansatz: Anderson 1923; Cressey 1932; Landesco 1929; Trasher 1927; Shaw/Moore 1993; Wirth 1928. Vgl. auch Weymann 2000a.

94 Ausführlicher zu diesem Thema Weymann 1995 und 1996. Vgl. auch Jasso 2003.

11.2 Die Lebenswelt der Generationen

Durch die Auswanderung aus dem rückständigen Polen in die USA, hier in die moderne Metropole Chicago, verdichten sich sehr unterschiedliche historisch-gesellschaftliche Lagerungen zweier Generationen zu einem abrupten biographischen Wechsel innerhalb einer kurzen Lebensspanne. Erfahrungen wirtschaftlicher, sozialer und kultureller Stagnation treffen auf Erfahrungen rapiden sozialen, wirtschaftlichen und kulturellen Fortschritts. Durch die Auswanderung liegen Erfahrungen des Umbruchs zwischen historischen Perioden zeitlich dicht und biographisch kontrastreich nebeneinander. Um Mannheims Formulierung zu gebrauchen: Die Gleichzeitigkeit der Ungleichzeitigen im Zusammenleben von Generationen als Repräsentanten verschiedener historischer Perioden wird intensiver erfahren als üblich. Der Zwang zur Konstitution eines geteilten Sinnzusammenhangs innerhalb von Familie und Ortsgemeinschaft nimmt ab. Die Generationen entfremden sich.

Die Briefe aus dem russischen Teil *Polens* zu Beginn des zwanzigsten Jahrhunderts dokumentieren eine Lebenserfahrung der *Stagnation*, die einen religiös geprägten Fatalismus erzeugt. Die Resignation bezieht sich vor allem auf die wirtschaftlichen Verhältnisse, die in der Regel gerade zum Überleben reichen. Der Alltag ist von außerordentlicher Armut, chronisch und fatal verlaufenden Krankheiten, zahlreichen Todesfällen bestimmt. Sorge um Gesundheit und Überlebensaussichten von Frau, Mann oder Kindern bestimmen in weitem Umfang die Briefwechsel. Hoffnungen auf Wandel werden enttäuscht. Die gesellschaftliche Stagnation schlägt sich als Passivität in den Lebensverläufen nieder. Soweit die Lebenserfahrung etwas lehrt, ist es die Sinn- und Zwecklosigkeit langfristiger Entwürfe, die Notwendigkeit der Tagesbewältigung und der Wert der Solidarität der Großfamilie. Das Zeitgefühl ist durch ein intensives Verhältnis zur Vergangenheit bestimmt.

Ganz anders die Lebenslagen und Lebenserfahrungen der in die *USA* ausgewanderten jungen Generation. Dem vorherrschenden Gefühl, dem Schicksal ausgesetzt zu sein, steht die Erfahrung der *Gestaltbarkeit von Lebensläufen* gegenüber. Die neuen Spielräume verlangen zugleich kluge Voraussicht. Chancen, die man später wahrnehmen will, sind vorzubereiten, Risiken sind zu kalkulieren und zu verringern. So zeigen die Briefe neben dem Sinn für Handlungsspielräume auch bereits das Gespür für den Zwang, die neue Freiheit in eine disziplinierte, langfristige Lebensplanung umsetzen zu müssen.[95] Lebensplanung wird ein Element der neuen Lebenswelt, über die man sich brieflich aus-

---

95   Zum Thema Handlungsspielräume im Lebenslauf Weymann 1989.

tauschen kann. Vorausplanung und Selbststeuerung richten sich vor allem auf die Sicherung des Erwerbslebens: auf Sprachkenntnisse, Bildungszertifikate, Arbeitsplatzattraktivität, die Beachtung betriebs- und branchenspezifischer Prosperität, auf das Versicherungswesen, ja selbst auf die vermuteten wirtschaftlichen Konsequenzen von Wahlperioden und Parteiprogrammen.

Die *Individualisierung der Lebensentwürfe* wird von einer neuen Zeitstruktur begleitet. Die wenigen Anmerkungen zur historischen Zeit mit ihren zu Beginn des Jahrhunderts teilweise dramatischen Ereignissen stützen sich in den Briefen der polnischen Seite in der Regel auf erzählende Quellen. Im Kontrast zu dieser traditionellen Weise der Bezugnahme auf historische Ereignisse orientiert man sich in den USA an den Massenmedien. Auch die Zeitstruktur von Biographie ändert sich. Die biographischen Zeitnormen der Alten, z.B. die Beachtung der Heiratsreihenfolge der Kinder nach Alter und Geschlecht, sind ethnozentrisch und unausweichlich. Mit der Auswanderung verliert die traditionale Zeitstruktur der Normalbiographie an normativer und faktischer Kraft. Ergänzend tritt eine Ausdifferenzierung der Struktur der Lebenswelt in private, geschäftliche und öffentliche hinzu. Sie erlaubt es, verschiedene Angelegenheiten besser zu trennen, so Ehekonflikte von Geschäftsangelegenheiten, oder Weltanschauungen von Familienbeziehungen.

Unter den Briefschreibern findet ein expliziter Austausch über *Modernisierungserfahrungen* statt. Dabei spielt das Bewusstsein der jüngeren Generation eine Rolle, mit ihren Eltern in asynchron gewordenen sozialen Welten zu leben. Das Wissen um die Gleichzeitigkeit der Ungleichzeitigen macht sich in der Regel an jenen Dingen und Verrichtungen des Alltags fest, die auch heute noch thematisiert werden: Religion, Technik, Geldangelegenheiten, Rechtsverhältnisse, Familienbeziehungen, Geschlechterrollen. Nicht immer ist der Fortschritt erfreulich. Über die Veränderung der Familien- und Geschlechterrollen wird von Männern auch schon einmal im Klageton der durch den Fortschritt Geschädigten berichtet.

Je schneller der soziale Wandel, dem Gesellschaften unterworfen sind, desto mehr wachsen Varianz und Kurzlebigkeit der Abfolge historischer Lagerungen der Generationen und damit die Differenz ihrer Lebenswelten. In der Situation der Auswanderung wird dieser Kontrast zwischen den Generationen besonders deutlich erfahren. Die vielfältigen institutionellen Strukturen, in denen sich Lebensläufe vollziehen und die verfügbaren normativen Deutungsmuster akzeptierter Normalbiographien ändern sich kurzfristiger als sonst. Am Beispiel des Polish Peasant zeigt sich der im Modernisierungsprozess der Neuzeit stattgefundene, historische Umbruch des Heraustretens von Generationsverhältnissen aus der Großfamilie und aus der örtlichen Lebensgemeinschaft in die öffentliche

Sphäre von Politik und Diskurs. Erst in der modernen Gesellschaft können Generationen als kollektive Akteure strukturbildend und innovativ wirken.

Das Generationskonzept arbeitet mit historischer Lagerung von Geburtskohorten, mit wissenssoziologischen Annahmen über kohortenspezifisches kollektives Wissen in Lebenswelten und mit der Aufschichtung von biographischen Lebenserfahrungen der Generationsmitglieder. Dieses Generationskonzept ist in eine Theorie – pietätlos – fortschreitender Modernisierung eingebunden. Die *Gleichzeitigkeit der Ungleichzeitigen* in den Generationsverhältnissen macht ein Kernstück des sozialen Wandels aus. *Von ihr geht ein sehr starker Druck auf die Erwachsenensozialisation „falsch" sozialisierter Auswanderer aus.*

11.3 Die Ökonomie des modernen Lebenslaufs

Der Polish Peasant ist nicht nur ein Musterbeispiel phänomenologischer Beschreibung der Lebenswelten von Generationen und der sich im Verlauf der Modernisierung wandelnden Generationsverhältnisse. An dieser Studie lässt sich noch ein weiteres, interessantes Element der Modernisierung zeigen: die Ökonomisierung des Umgangs mit Zeit, insbesondere der im Zuge des sozialen Wandels von Generation zu Generation *rechenhaftere Umgang mit der eigenen Lebenszeit. Dies ist ebenfalls ein zentraler Erwachsenensozialisationseffekt.*

Die rechenhafte Ökonomie der Lebenszeit ist eine Folge der wirtschaftlichen und rechtlichen Entwicklung in demokratischen und marktwirtschaftlichen Industriegesellschaften und der damit verbundenen Inklusion von immer mehr Bürgern in den historischen Prozess wachsender Freiheit und Gleichheit. Der Bürger moderner Gesellschaften sieht sich als *Gleicher unter Gleichen, auf sich gestellt und autonom* in der Lebensführung. Lange vor Thomas und Znaniecki beschrieb hier Tocqueville Gleichstellung und Individualisierung als zentrale Merkmale der modernen amerikanischen Gesellschaft.

„Je stärker die gesellschaftlichen Bedingungen sich einander angleichen, desto größer wird die Zahl der Individuen, die zwar nicht mehr reich und mächtig genug sind, um einen großen Einfluss auf das Schicksal ihrer Mitbürger ausüben zu können, die aber hinreichend Bildung und Güter erworben oder behalten haben, um sich selbst zu genügen. Sie sind niemandem etwas schuldig und erwarten sozusagen von niemandem etwas; sie gewöhnen sich daran, sich immer nur in ihrer Isolierung zu betrachten, und stellen sich gern vor, daß ihr Schicksal nur von ihnen selbst abhinge." (Tocqueville 1985, S. 240)

Die USA bieten Einwanderern weitgehende Bürgerrechte an und den freien Zutritt zum Kampf um wirtschaftliche Angebote. Zugleich aber sind die wohlfahrtsstaatlichen sozialen Anrechte sehr begrenzt.[96] *Die in Polen verbliebene Großfamilie kann keinen hinreichenden Schutz mehr bieten.* Die allgemeine und weitreichende Inklusion der Auswanderer in den Wettbewerb um wirtschaftliche Angebote gewinnt oder verliert jedes Familienmitglied für sich. Die gewonnene rechtliche und wirtschaftliche Freiheit der Ausgewanderten fördert deshalb ein *individualisiertes Wettbewerbsverhalten* auf Kosten der überkommenen familiären Solidarität. In den Briefen der Auswanderer wird diese neue Generationserfahrung der amerikanischen Lebenslage in ihrer Ambivalenz von Freiheit und Risiko drastisch angesprochen. Einerseits ist man stolz auf die neue Freiheit, andererseits schätzt man das persönliche Risiko als hoch ein.

Die Folge der neuen Lebenslage ist eine zwischen den Generationen veränderte *Ökonomie der Lebenszeit.*[97] Lebenszeit wird zu einem Gut wie andere auch. *Der Preis der Zeit wird über Knappheit und Opportunitätskosten bestimmt.* Beide haben sich durch die Auswanderung in eine moderne Gesellschaft und dort zusätzlich über den Lebenslauf hin geändert. So steigt für die junge Generation zunächst der Lohn für in Arbeit investierte Zeit allein schon durch Auswanderung in eine produktive Industriegesellschaft. Kommt es dann zur erfolgreichen Integration in den USA, so schlagen sich berufliche Qualifizierung, Berufserfahrung, Betriebszugehörigkeit, Mobilitätsbereitschaft im Laufe der Jahre in zusätzlichem Lohnzuwachs nieder.

Ein weiterer wichtiger Aspekt der veränderten Ökonomie der Lebenszeit ist die Möglichkeit, mit Gewinn in *Humankapital* zu investieren. In den USA sind Investitionen in Humankapital attraktiv, weil sie die Produktivität der Arbeit erhöhen. Ein wesentliches Element des Humankapitals sind *Bildungsinvestitionen.* Aufgrund ihres hohen Wertes lohnen sie sich in historisch neuer Weise nicht nur für Kinder, Jugendliche und Männer, sondern auch für Frauen. Bildung vor allem als Humankapital zu sehen, unterscheidet grundsätzlich moderne von traditionalen Gesellschaften. So haben sich – historisch gesehen – im Verlauf der Modernisierung westlicher Industriegesellschaften die Realeinkommen pro Stunde in einem Jahrhundert verfünffacht. Humankapital wurde gegenüber Erträgen aus Boden und materiellen Ressourcen bislang immer wertvoller, während der relative Anteil am Volkseinkommen aus Vermögenswerten und Zinserträgen sank. Auf diese Weise wurden Bildung und Ausbildung zu einer Ressource mit ökonomischem Wert. Bildungsausgaben sind daher in modernen Ge-

---

96 Diese Politik gilt bis heute, deutlich sichtbar an den Kürzungen der ohnehin – mit Europa verglichen – geringen Sozialleistungen in den letzten Jahren.
97 Zur Ökonomie der Lebenszeit Becker 1965; Gershuny/Jones/Baert 1991. Auch Gershuny 2000.

sellschaften notwendige Investitionen, nicht Konsumgut oder Wohlfahrtsausgaben (Schultz 1986).[98]

Personen produzieren ihr eigenes Humankapital im Lebenslauf, indem sie einen Teil ihrer verfügbaren Zeit und Marktgüter (Geld) dazu benutzen, eine Schule oder Universität zu besuchen und berufliche Qualifikationen zu erwerben.[99] Zur Lebensmitte hin nehmen mit steigendem Einkommen die Investitionen in Bildung, der konsumtive Verbrauch von Zeit und die eigene Erzeugung von Dienstleistungen ab, weil die Opportunitätskosten steigen. Es müssten Lohneinbußen in Kauf genommen werden, die höher sind als die ersparten Kosten. Mit voranschreitendem Lebensalter sinkt auch der Gegenwartswert zukünftiger Erträge. Je höher das im Leben akkumulierte Humankapital, desto später tritt dieser Effekt ein.

Einige Briefe im Polish Peasant schildern begeistert und im Kontrast zu Polen die *Technisierung der Arbeitswelt* in Chicago, die die Produktivität der eingesetzten Arbeitszeit durchgreifend erhöht. Diese Beobachtung ist exemplarisch für die sich mit der Modernisierung wandelnde Organisation der Arbeit. Güter werden preiswert, Zeit wird kostbar. Aber nicht nur für Betriebe, auch für den Privathaushalt wird Zeit ein knappes, genau kalkuliertes Gut.[100] Viele Güter und Dienstleistungen, die private Haushalte früher selbst herstellten, werden käuflich erworben. Dies ist nicht nur eine Folge der eigenen Inkompetenz. Der Kauf von Gütern und Dienstleistungen ist oft schlicht billiger als deren eigenhändige Herstellung. Deshalb werden nicht nur in der Berufswelt, sondern auch im Privathaushalt erhebliche Kapitalinvestitionen in den Arbeitsplatz getätigt. Arbeitszeit wird durch Kapitalinvestitionen in Haushaltstechnik ersetzt.[101]

Jedoch wird nicht alle frei disponierbare Zeit der erwachsenen Haushaltsmitglieder in bezahlte Arbeit investiert. So wird der Lohn der Arbeit abgewogen gegen die Opportunitätskosten für Kinderbetreuung, Gaststättenbesuch oder Putzarbeiten. Dass Zeitverwendung eine Entscheidung über Humankapital ist (Schultz 1986), wird z.B. am alltäglichen *Konflikt zwischen bildungs-, berufs-*

---

98   Für Deutschland wird das Wachstum des Inlandsprodukts im 19. Jahrhundert mit Verzehnfachung angegeben, das Wachstum des individuellen Einkommens trotz schneller Bevölkerungszunahme immer noch mit Vervierfachung (Kocka o.J., S. 44-60). Für Deutschland in der Zeit von 1950 bis 1975 gibt Miegel eine Verdreifachung des Netto- und eine Vervierfachung des Bruttowachstum an (Miegel 2002).

99   Die Veränderungsrate des Humankapitals ist gleich der Differenz zwischen der Produktionsrate und der Abschreibungsrate auf das Grundkapital (Becker 1982, S. 137).

100 „Consequently the allocation and efficiency of non-working time may now be more important to economic welfare than that of working time." (Becker 1965, S. 493)

101 „Die Tendenz zum sparsamen Gebrauch von Zeit und zum verschwenderischen Umgang mit Gütern ... kann zum Teil einfach eine Reaktion auf Unterschiede in den relativen Kosten sein." (Becker 1986, S. 125) In Deutschland kommt seit den fünfziger Jahren sukzessive eine Vollausstattung mit Haushaltstechnik in Gang. Vgl. auch Becker 1982; Glatzer 1991; Gräbe 1993.

und familienbiographischen Entscheidungen sichtbar, besonders in der Biographie von *Frauen.* So hat die Ökonomie des Lebenslaufs einen Einfluss darauf, dass bei Ankunft von Kindern der besser verdienende Mann in der Regel immer noch seiner Erwerbstätigkeit unbeschränkt weiter nachgeht, während das geringere Einkommen der Frau jenen Ausgaben entgegengerechnet wird, die durch notwendige Haushaltshilfen entstehen. [102]

Wirtschaftliche Kalkulationen der Zeit bleiben nicht auf den Berufs-, Technik- und Bildungsbereich beschränkt, sie dringen auch in den privaten Bereich ein und ändern hier die *Normen biographischer Normalität.* Die Briefe aus dem 'Polisch Peasant' zeigen, dass es immer teurer wird, Lebenszeit mit Aktivitäten wie religiösen Übungen, familiären Pflichten, Geselligkeit oder Muße zu verbringen, wenn sie in bezahlte Arbeit investiert werden kann. Zeit ist Geld. Die *Lebensführung ist rational zu organisieren* (Weber 1978). So löst die Ökonomie knapper Lebenszeit die traditionellen, religiösen und ortgesellschaftlichen biographischen Zeitnormen für Heiratsreihenfolgen, für altersgemäße Verhaltensregeln, für religiöse Zeiteinteilungen des Tages, des Jahres und des Lebens ab. Insgesamt gerät die neue Ökonomie der Lebenszeit in *Widerspruch zur traditionellen Familiensolidarität.* Da die Großfamilie nicht mehr hinreichend schützt, bietet sie weder einen Anreiz zu solidarischem Verhalten ihrer weit entfernten Mitglieder, noch ist sie zu wirksamen Sanktionen in der Lage. Die Großfamilie dachte und handelte im Konfliktfall auch gegen das Interesse einzelner Mitglieder. In der modernen, individualisierten Gesellschaft aber geraten die familienbedingten Kosten der Auswanderer in ein Missverhältnis zum erwartbaren Ertrag an sozialem Rückhalt durch die Großfamilie. So sinken schnell die Aufwendungen an Zeit, Dienstleistungen und Gütern für die Solidarität.

11.4 Zusammenfassung

Die Briefe des 'Polish Peasant' verbinden die Humankapitalperspektive des individuellen Lebenslaufs mit einem generationstheoretischen Aspekt. Biographische Entscheidungen werden als Wahlhandlungen unter gegebenen wie auch unter selbst bereits geschaffenen Bedingungen gesehen, sie sind Entscheidungen unter Knappheit. Zeit ist ein knappes Gut, das auf Konsum, Erwerbstätigkeit oder Investition in Humankapital verteilt werden kann. Die Verteilung rich-

---

102 Gut ist dieser Effekt in den neuen Bundesländern zu beobachten, nachdem durch die Wiedervereinigung die Zahl der Arbeitsplätze und die Beschäftigungsquote sanken, kostenlose staatliche Leistungen an Familien mit Kindern entfielen und gleichzeitig die individuellen Einkommen aus Erwerbsarbeit stark stiegen (Sackmann/Weymann/Wingens 2000).

tet sich nach dem Gegenwartswert zukünftiger Erträge und nach Opportunitätskosten. Die Ökonomie als Theorie der Allokation materieller Güter, des Marktes, und der Allokation knapper Mittel zur Verfolgung konkurrierender Ziele unterstellt dabei nutzenmaximierendes Verhalten. Immer messen Preise die Opportunitätskosten knapper Ressourcen, auch wenn sie sich nicht unbedingt in Geld ausdrücken, sondern in Lebenszeit.

Dieser Effekt reduziert das in traditionalen Verhältnissen durch Sozialisation erzeugte soziale Kapital in der Familie und bei Kindern und erzeugt eine tiefgehende Erwachsenensozialisation in Richtung Individualisierung der Lebensinteressen und -formen. Die maximierende Nutzung der Ressourcen steht für den rationalen Akteur im Vordergrund seiner Interessen. Erwachsenensozialisation ist hier das Komplementär zwischen der rationalen Organisation der Gesellschaft einerseits und rationaler Lebensführung andererseits.

Aus der Perspektive des individuellen Akteurs wird Modernisierung als Veränderung des Lebenslaufs und seiner biographischen Deutung erfahren. Unter traditionalen Verhältnissen wird die Lebensführung kollektiv verbindlich nach normativen Vorgaben der Religion, durch Sitten und Gebräuche der örtlichen Gemeinschaft strukturiert. In einer modernen, städtisch-industriellen Gesellschaft mit (im Prinzip) egalitären und universalen Inklusionen der Individuen in Politik, Recht und Wirtschaft wird die Lebensführung den Regeln des individuellen Wettbewerbs um Angebote und Anrechte unterworfen. Eine wichtige Ressource in diesem Wettbewerb, deren Wert sich über Knappheit und Opportunitätskosten bestimmt, ist die Lebenszeit. Mit wachsendem Humankapital des Individuums wird der Einsatz der Zeit immer genauer kalkuliert, werden Kosten und Nutzen der Zeitverwendung Objekt rationaler Entscheidung. Darunter leidet die Erzeugung des kollektiven Gutes familiärer Solidarität.

Die unterschiedliche Rationalität der Lebensführung und des Einsatzes von Lebenszeit bei den Angehörigen der aufeinander folgenden Generationen ruht also auf der Differenz von Lebenslagen. Lebenslagen formen je unterschiedliche, besondere Lebenswelten des Alltags, die individuelle und kollektive Allokation von Zeit (und Gütern) über den Lebensverlauf. Tocqueville hatte auch diese erwachsenensozialisatorische Folge von modernen demokratischen Gesellschaften historisch frühzeitig beobachtet – eine Entsolidarisierung nicht nur der Individuen, sondern auch der Generationen:

> „So sorgt die Demokratie nicht nur dafür, daß ein jeder seine Ahnen vergißt, sondern sie verbirgt ihm auch die Nachfolger und entfremdet ihn auch seinen Zeitgenossen; ständig wirft sie ihn auf sich selbst zurück und droht, ihn gänzlich in die Einsamkeit seines eigenen Herzens einzusperren." Tocqueville 1985, S. 240)

12. Die Transformation Ostdeutschlands

12.1 Das Problem

Die Transformationsforschung hat sich ursprünglich vor allem mit der Transformation der Entwicklungsländer und Schwellenländer im Übergang zu modernen Gesellschaftssystemen westlichen Typus befasst. Sie ist Teil der Modernisierungstheorie und -forschung. Im Zuge des Zusammenbruchs des Ostblocks bekam die Transformationsforschung einen zweiten Aufschwung, dieses Mal bezogen auf die Systemtransformation vom Sozialismus zur bürgerlichen und kapitalistischen Gesellschaftsordnung. Die DDR, ihr Zusammenbruch, Beitritt zur Bundesrepublik und schließlich Transformation ist ein Spezialfall, weil mit dem Beitritt zugleich das Transformationsziel feststand, die Rechts- und Wirtschaftsverfassung vorentschieden, die Institutionen und korporativen Akteure bekannt waren und ein in internationalem und historischem Vergleich ungewöhnlicher Ressourcentransfer stattfand (und stattfindet). In den Sozialwissenschaften ist zur Transformationsforschung eine kaum zu überschauende Fülle von Untersuchungen entstanden.[103]

Trotz der langen gemeinsamen Geschichte von Ost- und Westdeutschland vor der Teilung, wirkte sich der Beitritt der DDR zur Bundesrepublik auf einen großen Teil der ostdeutschen Bevölkerung ähnlich aus wie die Zuwanderung in eine fremde Gesellschaft und Kultur. Der Effekt unterscheidet sich – unter anderem – stark zwischen den Generationen. Die älteren Altersgruppen, soweit sie sich bereits in Rente befanden oder in den vorzeitigen Ruhestand entlassen wurden, standen sich nach der Wende durch die Übernahme der Versorgungsleistungen des Westdeutschen Sozialstaats in aller Regel besser als zuvor. Die mittleren Jahrgänge waren uneingeschränkt dem großen Mobilitäts- und Flexibilitätsdruck in Beruf und Arbeitsmarkt ausgesetzt, dem Einige neue und große Lebenschancen verdanken, Andere aber den dauerhaften Abstieg aus dem früheren sozialen Status. Die junge Generation wiederum musste sich mit Veränderungen im Bildungs- und Ausbildungswesen arrangieren, trat dann aber mit den

---

103 Zahlreiche Literaturhinweise finden sich in Sackmann/Weymann/Wingens 2000 und in der Sammelbesprechung von Kalthoff/Pickel 2000. Die umfangreichste Sammlung von empirischen Studien enthalten die Berichte der Kommission für Sozialen und Politischen Wandel (KSPW), beispielsweise Hormuth u.a. 1996; Lutz u.a. 1996. Einige Studien: zur Wohlfahrtsentwicklung Zapf 1994 und Zapf/Habich 1996; zur Interessenpolitik und Opportunitätsstruktur Wiesenthal 1995 und 2001; zur Lebenslaufforschung Huinink/Mayer u.a. 1995; zu theoretisch-historischen Aspekten Joas/Kohli 1993; Engler 1992; Kocka 1995.

neuen Qualifikationen auf den neuen Arbeitsmarkt oder hatte Gelegenheit, im jetzt stark expandierenden Hochschulsektor notwendige oder schon lange erwünschte Qualifikationen nachzuholen.

Für alle erwachsenen Altersgruppen wurden intensive, tiefgehende, umfassende Prozesse der Erwachsenensozialisation für lange Zeit zur Lebenswelt des neuen Alltags. In den Begriffen von Berger und Luckmann trat Erwachsenensozialisation dabei sowohl als ‚sekundäre Sozialisation‘ auf – unter kontinuitätswahrender Neuinterpretation der alten Lebenswelt – wie auch als ‚Resozialisation‘ – unter abbrechender Neukonstruktion der Lebenswelt. Der Kulturschock und die nachfolgende Erwachsenensozialisation als Uminterpretation oder als Neukonstruktion von Gesellschaft und Person waren und sind bis heute das Thema in der privaten Sphäre der individuellen Biographie und der Familie, in den Massenmedien Presse und Fernsehen, in der Literatur und in einigen sehr erfolgreichen Kinospielfilmen. Dabei kommt es zu überraschenden Kombinationen: So kann ein schwieriger erster Berufseinstieg oder eine harte Anforderung an Mobilität und Flexibilität im mittleren Lebensalter mit ungebrochenem Optimismus verbunden sein, wohingegen eine wesentlich verbesserte materielle Lage im Ruhestand mit kontinuierlicher Unzufriedenheit einhergehen kann. In Transformationszeiten – wie auch sonst im Leben – sind materielle Situation und emotionale Befindlichkeit nur locker miteinander verbunden.

12.2 Die „Generation der Wende"

Moderne, sich rasch wandelnde Gesellschaften begünstigen generell eine schnelle Abfolge unterschiedlicher Generationsverhältnisse und Generationsbeziehungen, und sie verlangen hohe erwachsenensozialisatorische Anpassungsleistungen in den individuellen Lebensläufen. Erklärungen des Transformationsprozesses interessieren sich daher unter anderem für den Einfluss des sozialstrukturellen, kulturellen und institutionellen Wandels auf Lebensverläufe und Generationsabfolgen. Gerade im Falle eines extrem schnellen und tiefgreifenden sozialen Wandels wie der Transformation Ostdeutschlands (und anderer Transformationsländer) ist die Beobachtung von Lebensläufen und Generationen ein geeigneter empirischer Ausgangspunkt zum Verständnis von Erwachsenensozialisation.

Im Brennpunkt der Untersuchungen zur „Generation der Wende" befinden sich jene Kohorten, die um den Zeitraum der Wende herum das Bildungssystem verließen und in das Beschäftigungssystem eintraten.[104] Hinter dem Interesse an der Beobachtung gerade dieser Generation der Wende steht die Annahme, dass der unerhört rasche soziale Wandel infolge des Zusammenbruchs der DDR und des Transformationsprozesses in kürzester Zeit ganz unterschiedliche soziale Lagerungen der Menschen „im Strom des gesellschaftlichen Geschehens" erzeugte, um die Formulierung Mannheims aus den zwanziger Jahren noch einmal aufzugreifen. Die Richtigkeit von Mannheims Generationsthese einmal unterstellt, lassen sich Sozialisationsprozesse im sozialen Wandel besonders gut an den Lebensverläufen von Mitgliedern aufeinanderfolgender Kohorten oder Generationen beobachten, deren formative Phase in historisch unterschiedliche Lagerungen fällt. Die rasche und tiefgehende Veränderung der sozialen Lagerung während der Adoleszenz und der ersten Erwachsenenzeit, die sogenannte ‚formative Phase' zwischen dem fünfzehnten und dem fünfundzwanzigsten Lebensjahr, müsste nach Mannheim zu einer besonderen Erfahrungsaufschichtung in der betroffenen Kohorte führen, die im Grundmuster lebenslang anhält. Der Prozess der Erwachsenensozialisation schließt bei dieser Generation unmittelbar an die primäre Sozialisation an, ist noch aktiv und direkt beobachtbar. Bei älteren Generationen spielt Erwachsenensozialisation eine andere Rolle: Die mittlere Generation wird in extremem Ausmaß und mit großem Abstand zur Primärsozialisation einer sekundären und Resozialisation unterworfen, der sie nur unter großen Kosten ausweichen könnte, während sich die ältere Generation ohne größere persönliche Risiken manchen Prozessen der Erwachsenensozialisation mit Aussicht auf Erfolg entziehen kann. Ihre Versorgung ist auch ohne *neue Vergesellschaftung*, ohne *aktive Neukonstruktion der sozialen Wirklichkeit* und ohne *neues Humankapital* gesichert.

Die Untersuchung der Lebensverläufe der Generation der Wende in Bildung, Beruf, Betrieb und Familie im Prozess der Transformation richtete sich auf die Absolventen des dualen Systems und der Universitäten, die in den Jahren 1985, 1990 und 1995 diese Bildungseinrichtungen verließen und ihren ersten Berufseintritt zu realisieren suchten. Sie fanden dabei durch den rasanten historischen Wandel ganz unterschiedliche Bedingungen vor. Während die Absolventen des Jahres 1985 noch ihre Bildung unter DDR-Bedingungen absolvierten und in ein staatliches Beschäftigungssystem eintraten, fanden die Absol-

---

104 Eine umfassende Übersicht über die Ergebnisse der Berufsverlaufstudie Ostdeutschland im Rahmen des Sfb 186 geben Sackmann/Weymann/Wingens 2000. Kurzfassungen Weymann 2003a und Weymann/Sackmann/Wingens 1999. Spezialaspekte finden sich in Falk/Weymann 2002 und Weymann 1999a. Monographien aus der Forschergruppe zu einzelnen Forschungsfeldern: berufliche Mobilität Rasztar 1999; betriebliche Personalpolitik Struck 1998; Strukturen des Lebenslaufs Sackmann/Wingens 2001; Organisationen und Arbeitsmarktmobilität Windzio 2003; Frauenarbeitsmarkt Falk 2003.

venten des Jahres 1990 nach einer DDR-geprägten Ausbildung einen bereits in den Turbulenzen der Wende befindlichen Arbeitsmarkt vor. Die Absolventen des Jahres 1995 wiederum verließen ein westliches Bildungssystem und trafen auf wieder konsolidierte, aber geschrumpfte Beschäftigungsmöglichkeiten.

Diese drei Kohortenschicksale liefern ein kontrastreiches Bild von der Generation der Wende, in deren formative Phase der Zusammenbruch der DDR, Wende und Transformation fielen. Über die Beobachtung der individuellen Lebensverläufe der Mitglieder dieser Generation und über den Vergleich der drei Kohorten untereinander entsteht ein genaues, detailreiches Bild von Erwachsenensozialisation im gesellschaftlichen Wandel Ostdeutschlands von 1985 bis heute.

12.3 Berufsverläufe, Betriebe, Biographien

Die Studie der Generation der Wende fußt auf drei sich ergänzenden Datensammlungen, die sozialstrukturelle, institutionelle und biographische Aspekte erfassen.

In der *Panelbefragung Berufsverlaufsstudie Ostdeutschland* wurden, beginnend mit dem Jahrgang 1985, für die genannten Absolventengruppen die individuellen Lebensereignisse bis zum Jahre 2000 auf Monatsbasis repräsentativ erhoben (n=3743 Personen): Bildungsabschluss, Suchphasen und Übergänge in den Beruf, berufliche Mobilität, Arbeitslosigkeit und Wiederbeschäftigung, Weiterbildungsmaßnahmen und deren Wirksamkeit, Berufswechsel und Betriebswechsel, aber auch Familiengründung und Elternschaften.

Neben diese repräsentativen Beobachtungen des Lebensverlaufs tritt eine zweite Perspektive, die sich mit der *biographischen Bewältigung* des gesellschaftlichen Umbruchs, mit *Coping Strategien* befasst: Hier geht es um subjektive Wahrnehmungen der Veränderungen, um Lebenshorizonte und Hoffnungen, um Netzwerke und andere Bewältigungsstrategien, insgesamt also um biographische Deutung, Entwürfe und Rückblicke (n=67).

Dritte Forschungsperspektive ist eine *Fallstudie zur betrieblichen Personalpolitik* (36 Betriebe). Betriebe sind, neben staatlichen Instanzen, die entscheidenden Institutionen, die sich mit dem Transformationsprozess veränderten, und Lebensverläufen Gelegenheitsstrukturen geben: Kennzeichnend für den Zusammenbruch der DDR sind unter anderem der Untergang der Kombinate und Großbetriebe als Arbeitsplatz, als sozialpolitische Institutionen und als Lebenswelten, die Gründung neuer Unternehmen, starke Verschiebungen zwischen Wirtschaftssektoren, Branchen und in der Berufsstruktur. All dies findet seinen

Niederschlag im Verlust von Kontinuität und Langfristperspektive betrieblicher Personalpolitik. Besonders interessant ist dabei die Bewältigung des Generationsaustausches im Betrieb, der ungewöhnlich erschwert wird durch die sich krass verändernde Relation zwischen eintretenden jungen und austretenden alten Kohorten hinsichtlich Kopfzahl, Alter, Bildung und Qualifikation.

Berufsverlaufstudie:

Der ostdeutsche Arbeitsmarkt zeichnet sich unter anderem durch den *Zusammenbruch der großen innerbetrieblichen Arbeitsmärkte* und durch die – transformierte – *Kontinuität der Facharbeitsmärkte* aus. Ersteres führte zu einer erzwungenen Flexibilität auf betriebsexternen Arbeitsmärkten, auf denen Jeder gegen Jeden in Konkurrenz tritt. Das Ancienitätsprinzip langer Zugehörigkeit und der Schutz durch alte betriebliche Netzwerke entfallen. Der sonst übliche Vorteil langer Betriebszugehörigkeit kehrt sich sogar in Nachteil um. Der Erhalt der (modifizierten) für Deutschland typischen Facharbeitsmärkte hingegen bewirkt eine gewisse Kontinuität in der Identifizierung von Qualifikationsangebot und -nachfrage, die dem außerbetrieblichen Arbeitsmarkt trotz allem eine Berufsstruktur gibt. So machen sich *Bildung und Qualifikation* nach wie vor bezahlt.

Die genauen Auswirkungen des Transformationsarbeitsmarktes auf die individuellen Arbeitsmarktchancen der Generationsmitglieder lassen sich unter anderem anhand der *Übergänge aus Beschäftigung in Arbeitslosigkeit und aus Arbeitslosigkeit in Beschäftigung* untersuchen, wobei sowohl die Determinanten des Arbeitslosigkeitsrisikos als auch der Beschäftigungschance analysiert werden. Der Weg in die Arbeitslosigkeit ist am stärksten von der Höhe der Qualifikation und von der Berufsgruppenzugehörigkeit bestimmt. Je höher die Qualifikation und je stabiler die Berufsgruppe, desto geringer ist das Arbeitslosigkeitsrisiko. Bei der Chance auf Wiederbeschäftigung zeigen sich – anders als beim Entlassungsrisiko – Nachteile für Frauen mit Kleinkindern, die für diese Personengruppe in der DDR nicht bestanden. Solche Erwachsenensozialisation lehrt folglich, dass sich Investitionen in Humankapital mehr lohnen als bisher, dass Kinder jetzt aber eine „Fehlinvestition" sind. Zwar vergrößern sie nicht das Entlassungsrisiko, aber sie reduzieren die Wiederbeschäftigungschance erheblich.

Mittels des Vergleichs der drei Kohorten lassen sich auch die Folgen der unterschiedlichen *historischen Startbedingungen* der Absolventen beim Berufseintritt genau feststellen. Für die noch zu DDR-Zeiten auf den Arbeitsmarkt getretenen Absolventen bestehen gegenüber den jüngeren Absolventenkohorten einerseits Schutzeffekte vor individuellen Entlassungen, die auf dem Arbeits-

recht fußen. Ist die Entlassung allerdings erfolgt, beispielsweise durch Firmen-
schließungen, dann ist die Wiederbeschäftigungschance gegenüber den jüngeren Kohorten, die gerade aus dem Bildungssystem kommen, verschlechtert.
Schließungstendenzen und Hysterese auf dem ostdeutschen Arbeitsmarkt ver-
kleinern dann die Aussicht auf Reintegration bei Arbeitslosigkeit.

	Modell 1	Modell 2	Model 3	Modell 4
Übergangsrate				
< 6 Monate	0,1492***	0,1734***	0,2422***	0,3191***
≥ 6 u. < 12 Monate	0,1449***	0,1948***	0,2773***	0,3714***
≥ 12 Monate	0,0675***	0,1065***	0,1553***	0,2134***
Kohorte 1985	--	- 20%***	- 17%*	- 20%**
Kohorte 1990	--	12%*	9% n.s.	10% n.s.
Geschlecht: Mann	--	22%***	24%***	21%***
Bildungsabschluss: Lehre	--	- 23%***	- 24%***	--
Weiterbildung	--	- 62%***	- 63%***	- 62%***
Berufserfahrung (in Mon.)	--	--	- 0.17%*	- 0.17%*
Arbeitslosenrate (in %)	--	--	- 2%**	- 2%***
Fach-/Berufsgruppen:				
Universitätsabschluss:				
Sozial-/ Geisteswissenschaften	--	--	--	- 26%***
Lehrer	--	--	--	- 17% n.s.
Naturwissenschaften	--	--	--	- 27%***
Agrarwissenschaften	--	--	--	- 22%**
Lehrabschluss:				
Produktions-/Konsum- güterherstellung	--	--	--	- 50%***
Bau, Montage, Wartung	--	--	--	- 31%***
Verwaltungsberufe	--	--	--	- 37%***
Sonstige Dienstleistungsberufe	--	--	--	- 43%***
Log-likelihood	- 6102,96	- 5981,8	- 5973,74	- 5963,17
Anzahl der Episoden	3215	3215	3215	3215
Anzahl der Ereignisse	1662	1662	1662	1662
Anzahl der Personen	1528	1528	1528	1528

statistische Signifikanz: *** = 1%-Niveau; ** = 5%-Niveau; * = 10%-Niveau; n.s.: nicht signifikant

Abb. 4: Wiederbeschäftigung nach Arbeitslosigkeit
(Referenzkohorte 1995; Referenzabschluss Medizin)
(Aus Sackmann/Weymann/Wingens 2000, S. 127)

Entwertung von Humankapital, Verringerung zahlreicher Berufspositionen,
starker sektoraler Wandel der Wirtschaft sind die Rahmenbedingungen für den

Berufseintritt aller drei Kohorten. Beobachtet über einen längeren Zeitabschnitt, wirken sie sich aber unterschiedlich aus. In den *ersten beiden Berufsjahren* nach dem Berufseintritt zu Zeiten der Wende 1989 und kurz danach öffnete sich ein ‚*Gelegenheitsfenster*' vor allem für bereits Berufstätige mittleren Alters. Es ist ein einmaliger Periodeneffekt mit zahlreichen und weitreichenden Auf- und Abstiegen. In dieser Zeit direkt nach 1989 waren die Mobilitätsanforderungen am höchsten, die Chancen und Risiken am größten. Dem Fenster der Gelegenheiten folgte als Teil nachholender Modernisierung der Wirtschaft dann eine lang anhaltende Sektorenverschiebung zur *Tertiarisierung* und ein Umbruch in der Zusammensetzung der Berufsstruktur. Unter diesen *langfristigen Veränderungen* ist der Selektionsdruck auf die 85er-Kohorte am intensivsten. Sie weist die größte berufliche Mobilität auf. Sie ist – im Vergleich der drei Kohorten – an die Folgen der fortgesetzten Tertiarisierung am wenigsten angepasst. Das gilt mehr noch für mittlere und höhere Altersgruppen. Nach dem Gelegenheitsfenster haben Personen mit unterschiedlichem Bildungs- und Qualifikationsniveau, Nichtakademiker und Akademiker, nur noch niedrigere Aufstiegsraten. Allerdings, akademische Berufe schützen weit besser vor Abstiegen und Arbeitslosigkeit. Keinen Schutz bietet – unter diesen besonderen Umständen der Transformation und im Unterschied zu normalen Zeitläufen – lange Berufserfahrung (Abb. 4).

Insgesamt zeigt sich die große Bedeutung von Gelegenheitsstrukturen im Prozess der Transformation, individuell moderiert nach Bildung, Alter, Beruf, Familienstand und Region. Die außerordentlichen Wirtschafts- und Beschäftigungsprobleme in den neuen Bundesländern bedeuten eine Herausforderung für die Arbeitsmarktpolitik. Sie reagierte unter anderem mit *Weiterbildungsmaßnahmen* zur Verbesserung des individuellen Humankapitals und damit zugleich der Angebotsstruktur. Allein in den ersten viereinhalb Jahren wurde mehr als die Hälfte der Wohnbevölkerung im erwerbsfähigen Alter in Qualifizierungsmaßnahmen einbezogen, wurden über 34 Milliarden DM aufgebracht. Der Erfolg dieser staatlich finanzierten Weiterbildung im Transformationsprozess ist in der Evaluationsforschung umstritten. Die Hoffnung, dass die Wiederbeschäftigungschancen Arbeitsloser durch Teilnahme an AFG-finanzierter Weiterbildung verbessert würden, ist trügerisch. Qualifizierungsmaßnahmen beeinflussen die Chance, erneut eine Erwerbstätigkeit aufzunehmen negativ, weil Gewinne an Humankapital gegen Opportunitätskosten der Abwesenheit vom Arbeitsmarkt stehen. Nur im Falle einer Expansion der Nachfrage, wie es in der Transformation kurz nach dem Zusammenbruch der DDR der Fall war, während der als ‚Fenster der Gelegenheiten' bezeichneten Jahre bis 1992, lohnte sich Wei-

terbildung als Humankapitalinvestition sehr (vgl. den Interaktionsterm zwischen
Periode und Weiterbildung im Modell 7 in Abb. 5).

	Modell 5	Modell 6	Modell 7
Übergangsrate			
< 6 Monate	0,1764***	0,1981***	0,2069***
≥ 6 u. < 12 M.	0,1999***	0,2258***	0,2364***
≥ 12 Monate	0,1134***	0,1283***	0,1361***
Kohorte 1985	- 20%**	- 21%**	- 20%**
Kohorte 1990	3% n.s.	3% n.s.	5% n.s.
Geschlecht: Mann	24%***	14%***	23%***
Bildungsabschluss: Lehre	- 24%***	- 24%***	- 24%***
Weiterbildung	- 63%***	- 63%***	- 73%***
Berufserfahrung (in Mon.)	- 0,17%*	- 0,15% n.s.	- 0,16%*
Arbeitslosenrate (in %)	–	- 1% n.s.	- 1% n.s.
Periode vor 12/'92	23%***	19%**	10% n.s.
Interaktionsvariable: Weiter-bildung* Periode vor 12/'92	–	–	86%***
Log-likelihood	- 5971,96	- 5971,68	- 5966,22
Anzahl der Episoden	3215	3215	3215
Anzahl der Ereignisse	1662	1662	1662
Anzahl der Personen	1528	1528	1528

statistische Signifikanz: *** = 1%-Niveau; ** = 5%-Niveau; * = 10%-Niveau n.s.: nicht signifikant

*Abb. 5: Wiederbeschäftigung nach Arbeitslosigkeit
(Referenzkohorte 1995; Referenzabschluss Medizin)
(Aus Sackmann/Weymann/Wingens 2000, S. 130)*

Betriebsfallstudie:

Ziel der Betriebsfallstudie ist die Untersuchung der betrieblichen Lebenslaufpolitik und ihr Einfluss auf individuelle und kohortenspezifische Beschäftigungs-
chancen. Die zentrale Frage richtet sich hier auf die Altersstruktur der Betriebe
in Verbindung mit der Entkopplung von Bildung und Beschäftigung bei verschiedenen Personengruppen. Die Gestaltung von Berufseintritten unterschiedlicher Qualifikationsgruppen (aus eigener dualer Ausbildung, Lehrlinge anderer
Unternehmen, Berufsfachschulabsolventen, Hochschulabsolventen, berufserfah-
rene Quereinsteiger, Umschüler) steht in einem engen Zusammenhang zu Va-

kanzketten bei Betriebsaustritten (wie z.B. freiwilligen Kündigungen, Entlassungen und Altersübergängen). Festzustellen ist, dass nur ein Teil der Betriebe eine souveräne Gestaltung der Relation von Ein- und Austritten mit langer zeitlicher Perspektive der Personalpolitik betreibt, während viele Betriebe die Relation ein- und austretender Alterskohorten lediglich unter einer opportunistischen, situativen Anpassung an die Betriebsökologie angehen. Erwachsenensozialisation ist unter solchen Bedingungen zufällig, nicht mehr planbar.

Berufsbiographien:

Interessant ist die Wahrnehmung von Risikolagen und Handlungsspielräumen in biographischer Perspektive, beschrieben als Grundmuster biographischen Handelns ostdeutscher Berufseinsteiger. Die Relevanzrahmen einer sehr starken Erwerbsorientierung bleiben bestehen, mit den verfügbaren Ressourcen beruflicher Erfahrung und Identität, Bildung und Familie, sowie mit alten und neuen Aspirationen. Nachdem das Institutionsgefüge gleich nach der Wende schlagartig ausgetauscht worden war, erwies sich im weiteren Transformationsprozess, dass die tradierten subjektiven Mentalitäten fortbestanden.

Arbeit nimmt weiterhin einen zentralen Stellenwert im Leben ein. Ein Leben ohne Arbeit kann nicht lebenswert sein. Vier Typen der Bewältigung des berufsbiographischen Zusammenbruchs sind zu unterscheiden: Personen, die im Transformationsprozess trotz aller Probleme vor allen Dingen die neue Chance sehen; Personen, die zurückstecken mussten, die sich aber beruflich erfolgreich neu einrichten konnten; Personen, die immer noch ihrem alten Beruf nachhängen und sich nur schwer auf die neuen Verhältnisse einstellen; und beruflich dauerhaft gescheiterte Personen. Auffallend ist, dass Frauen aufgrund ihrer weniger ausschließlichen Lebensausrichtung auf Beruf und Erwerbsarbeit in der Bewältigung berufsbiographischer Katastrophen und Neuorientierungen subjektiv besser abschneiden als Männer. Und dies, obwohl sie objektiv die größeren beruflichen Probleme zu bewältigen haben.

Ein letzter Aspekt der erwachsenensozialisatorischen Auswirkungen der Transformation betrifft die dramatische Abnahme der Geburtenziffern in Ostdeutschland seit der Wende. Die Wende führte bei allen Kohorten zu einer Verschiebung der Entscheidung, Kinder zu bekommen. Diese Verschiebung gilt generell, trifft aber besonders auf die jüngeren Kohorten zu. Es entfallen die aus der DDR gewohnten Geburten vor oder während der Ausbildungszeiten fast vollständig. Diese Veränderungen scheinen dauerhaft zu sein. Auch bei Zweitkindern kommt es bisher zu keiner Angleichung an westdeutsche Muster generativen Verhaltens. Festzustellen sind überdies durchgreifende Effekte verlängerter Bildungszeiten und auch der Erhalt schon traditioneller regionaler Unterschiede.

Ausgehend von den Abgrenzungstendenzen in Ostdeutschland trotz des objektiven Transformationserfolgs ist das Spannungsverhältnis zwischen planwirtschaftlich-institutioneller Lebenslaufsteuerung und individuellen Handlungsspielräumen in der DDR aufschlussreich. Am Beispiel des DDR Beschäftigungssystems zeigt sich, dass die verbreitete These eines gesellschaftsstrukturell bedingten passiven und fremdgesteuerten Sozialcharakters der ehemaligen DDR-Bürger in dieser einfachen Fassung nicht zutrifft. So gab es offiziell ein verbindliches System der Überleitung vom Bildungsabschluss in Berufsbildung und Hochschule in die erste Beschäftigungsstelle, und es gab eine strikte Beschränkung der beruflichen Mobilität im weiteren Berufsverlauf. Tatsächlich aber war der Berufsverlauf mobil und der erste Berufseintritt ist stark von eigener Initiative bestimmbar gewesen. Dabei wurden kunstvoll die staatlichen Regularien umgangen oder im eigenen Sinne umgenutzt. Empirisch ist also festzustellen, dass die planwirtschaftliche Ordnung im Beschäftigungssystem oft individuell unterlaufen und deren Steuerungsinstitutionen individuellem berufsbiographischem Kalkül folgend instrumentalisiert wurden. Wenn insofern die These eines DDR-typischen biographischen Modernisierungsrückstands, die auf einer unbefragten Übernahme der Planwirtschaftssemantik basiert, nicht haltbar ist, so entstanden mit dem Übergang von der Plan- zur Marktwirtschaft gleichwohl Anpassungsstrategien auf der Ebene dysfunktional gewordener individueller Handlungspräferenzen gegenüber vorgegebenen institutionellen Strukturen.

Die erwachsenensozialisatorischen Effekte der Transformation sind sehr stark, sie sind bewusst, und die Bilanzen fallen unterschiedlich aus. Hierzu einige Beispiele (Raiser 2000):

„Ich hab' die Chance gehabt, auch was anderes beruflich zu machen. Das hätt' ich sonst nicht machen können. ... Das is' sehr schön – sonst hätt ich hier vieles nicht erlebt, möcht' ich mal sagen und wär's ja – trauriger gewesen, das Leben. Wesentlich uninteressanter. ... Das war wie vorgezeichnet." (S. 222)

„Ne Hochschulausbildung ist ja nun auch nicht so ganz ohne, ne. ... Und dann denke ich, dass ich vernünftig reden kann und dass man schon immer was findet." (S. 227)

„Is' zwar ‚n hartes Brot ..., etwas zu machen, was gar nichts mit (den bislang ausgeübten, A.W.) Naturwissenschaften zu tun hat, aber ja, mein Gott, was macht man nicht alles für seinen Marktwert." (S. 229)

„Das Wichtigste ist, seinen Nachbarn zu suchen, seine Beziehungen aufzubauen ... und dann vielleicht so ‚ne Art Insel aufzubauen. Das ist heutzutage
sehr lebenswichtig, existenziell." (S. 229)

„War der absolute Karriereknick. Regelrecht zusammengebrochen. Was soll
man da noch planen? Da gibt's nischt mehr zu planen." (S. 228)

„Also vor der Wende würde ick sagen, ... – keine Angst vor der Zukunft –
das ist sehr wichtig. Keine existentiellen Ängste. ... Irgendwie war dat doch
sozialer. ... Und nach der Wende – also muss ich ganz betont Zukunftsangst,
muss ich so sagen, – Angst, dass irgendwann das Geld alle ist, dass keiner
Arbeit hat, dass wir von Sozialhilfe leben müssen. Was für mich bedeuten
würde, ... dass ick mein eignes Leben nicht mehr alleine meistern kann." (S.
224)

„Die Westdeutschen sind nun mal der Sieger. Das ist das Problem." (S. 230)

12.4 Werftarbeiter und ländliches Milieu

Als gebrochene Modernisierung beschreiben Alheit u.a. ihre Beobachtungen
des *Werftarbeitermilieus* (Alheit u.a. 1998).[105] Die Untersuchung zielt auf allgemein gültige Aussagen über den Wandel des proletarischen Milieus im Rahmen
schneller gesellschaftlicher Veränderungen, und sie interessiert sich für die
Rückwirkungen von Trägheitselementen der Milieus auf die institutionellen
Modernisierungsmöglichkeiten der bislang getrennten und jetzt vereinigten Gesellschaften. Eine Besonderheit dieser Untersuchung liegt nicht nur im Ost-
West Vergleich, sondern auch darin, dass sie das Konzept der Außen- und In-
nenräume von Milieus um Typologien von Biographien typischer Akteure ergänzt. Die Untersuchung beschreibt den strukturellen Wandel der Institution
Werft und der außerbetrieblichen Lebenswelt des Alltags der Arbeiter. Sie ver-
ortet in diesen beiden Kontexten mehrere typische biographische Akteure: Pro-
tagonisten des Wandels, Integrierte, Randständige u.a.m. Die These der Untersuchung lautet, dass sich in der Arbeiterschaft der DDR die politisch gewollte
Bewahrung des klassischen Arbeitermilieus gegen die Modernisierung der wirtschaftlichen Leistungsfähigkeit stellte. Es entwickelte sich ein Spannungszu-
stand zwischen sozialem Wandel einerseits und den Beharrungskräften des inneren Milieus und biographischer Lebensentwürfe andererseits. Die Werftar-
beiterstudie bezeichnet die historischen Ergebnisse dieses Spannungsverhältnis-
ses zwischen Strukturwandel und Milieu als gebrochene Modernisierung.

---

105 Zum Typus der Milieustudien Vester/Oertzen/Geiling/Hermann/Müller, D. 1993.

Unter den Lebenslagen und Mentalitäten, die einer besonders drastischen Modernisierung unterworfen wurden, ragen die *ländlichen Erwerbs- und Lebensweisen* heraus. In einer Studie zu den Veränderungen im ländlichen Raum Mecklenburg-Vorpommerns erinnern Meier und Müller daran, dass noch zu Beginn des 20. Jahrhunderts die bäuerliche Landbevölkerung ein Drittel der Gesamtbevölkerung umfasste, während gegenwärtig nur noch etwa drei Prozent der Bevölkerung ihre Existenzgrundlage und Lebensform in der Landwirtschaft haben (Meier/Müller 1997).

„Dabei handelt es sich um einen Vorgang von historischer Bedeutung, denn mit dem nahezu vollständigen Verschwinden einer Wirtschafts- und Lebensform, die früher über endlos lange geschichtliche Zeiträume und selbst noch in unserm Jahrhundert signifikant das Dasein von klar definierbaren, großen sozialen Schichten oder gar Klassen bestimmte ... geht ... wahrhaft eine Epoche zu Ende." (Meier/Müller 1997, S. 17)

Die ländliche Lebensform ist heute nur noch wenig durch patriarchalische Familienwirtschaften geprägt. Die sozialstrukturelle Modernisierung der Lebenslagen und der soziale Wandel der Lebensformen stoßen innerhalb der Familien sichtbar aufeinander. Hier sind die Strukturveränderungen der Erwerbsformen subjektiv sinnhaft zu verarbeiten, nicht zuletzt im Umgang der Generationen miteinander. Denn die Lebensweise des Alltags ist in die unmittelbaren sozialen Beziehungen von Individuen und Gruppen eingebettet. Familienökonomie, familiäre Beziehungen nach innen und außen und individuelle Lebensläufe greifen ineinander. Trotz einem unter ökonomischem Druck insgesamt guten Verhältnis zwischen den Generationen werden die Unterschiede zwischen den Generationen in deren Rangordnung der Relevanz der strukturellen Veränderungen (z.B. Beruf, Lebensstandard, Politik, Freiheiten, soziale Kontakte) und in deren Bewertung sichtbar. Jugendliche beurteilen die neuen gesellschaftlichen Verhältnisse nicht nur insgesamt positiver als ihre Eltern, sie heben auch andere Dinge als wichtig hervor.[106] Praktisch wirksam werden solche Generationsunterschiede beispielsweise im Umgang mit den sich ändernden Optionen und Restriktionen beim Übergang der Jugendlichen aus Familie und Schule in berufliche Ausbildung, Beruf und eigenes Leben.

---

106 Über Lebensverhältnisse, soziale Lagen und Lebensläufe Bertram 1995; zur psychosozialen Bewältigung Schwarzer/Jerusalem 1994.

12.5 Zusammenfassung

Der ‚gelernte DDR-Bürger', so sagt Matthias Wingens, hat ein Problem mit den neuen Institutionen (Wingens 1999). Die neuen Institutionen wurden schnell und relativ problemlos von West nach Ost exportiert und in Ostdeutschland implementiert, aber der biographische Erfahrungshintergrund der ostdeutschen Bevölkerung ist anders als der der westdeutschen. Neue Institutionen und alte Persönlichkeiten und Milieus passen nicht immer gut zusammen. Die Ursache ist aber nicht allein, wie oft vereinfacht behauptet, die Gewöhnung an eine Kommandowirtschaft und -gesellschaft in den Jahrzehnten der DDR, sondern vielmehr ebenso die aus dieser Gesellschaftsstruktur hervorgehende, hochentwickelte Kunst, die Vorgaben der Institutionen zu umgehen und Institutionen eigensinnig zu gebrauchen. Das schafft ein besonderes Verhältnis zwischen Individuum und Institution: Eine verzögerte Erwachsenensozialisation, die gekennzeichnet ist durch großen zeitlichen Abstand zwischen sozialstrukturellem, institutionellem, kulturellem und personalem Wandel.

7.2.2 Zusammenfassung

IV. Zukunft der Erwachsenensozialisation

„It's hard for me to get used to these changing times. I can remember when the air was clean and sex was dirty."
(George Burns 1996, S. 18)

13. Globalisierung, Institutionen und Lebenslaufpolitik

Die bisherigen Ausführungen zur Erwachsenensozialisation im Lebenslauf bewegen sich auf der Plattform gegebener und vertrauter Beziehungen zwischen Individuum, Institutionen und Gesellschaft. Im Zeitalter der Globalisierung verliert diese Plattform den Status der Lebenswelt des Alltags. Zwar ist Globalisierung ein seit Jahrhunderten bekanntes Element im Modernisierungsprozess, das schon Adam Smith und Karl Marx beobachteten, beschrieben und analysierten.[107] Geschwindigkeit, Ausdehnung und Intensität haben jedoch einen neuen Grad erreicht. Er geht auch über den bisherigen Höhepunkt der Globalisierung zu Beginn des 20. Jahrhunderts hinaus.[108]

Bereits der sich über Jahrhunderte hinziehende Prozess europäischer Modernisierung hatte als Reaktion der aufkommenden Nationalstaaten eine gezielte Institutions- und Lebenslaufpolitik notwendig gemacht. Die Anforderungen an institutionelle Lebenslaufpolitik werden mit der gegenwärtigen Globalisierungsdynamik steigen.[109] Als Lebenslaufpolitik wollen wir hier die planvolle strategische Einrichtung (policy) und die kurzfristige Organisation oder Umorganisation (politics) von Institutionen zur Erleichterung von Passagen, Sequenzen und langfristigen Trajekten im Lebenslauf bezeichnen. *Lebenslaufpolitik schafft oder verändert Institutionen des Lebenslaufregimes einer Gesellschaft und damit des Musters der Erwachsenensozialisation.*

Lebenslaufpolitik ist (weitgehend) eine „Erfindung" moderner Gesellschaften. Deren Kennzeichen ist die Befreiung des Individuums von der Herrschaft der Lebenswelt des Alltags, von Religion, Tradition, Adel, Großfamilien und Ortsgemeinschaften. Anstelle traditionaler Gemeinschaften strukturieren hochspezialisierte Institutionen das Leben in modernen Gesellschaften von der Wiege bis zur Bahre. *Es handelt sich nicht zuletzt um Institutionen der Sozialisation und der Erwachsenensozialisation.*

Lebenslaufpolitik ermöglicht eine rationale Lebensführung und stabile Erwartungen angesichts riskanter Übergänge und schwer planbarer langfristiger

---

107 Adam Smith beschreibt Globalisierung als wirtschaftlich positive Triebkraft unter anderem am Beispiel weltweiter arbeitsteiliger Kooperation zur Produktion eines Pullovers; hingegen ist Marx und Engels kommunistisches Manifest ein Musterfall ambivalent fortschrittseuphorischer und apokalyptischer Beobachtung von Globalisierung und deren Folgen (Marx/Engels 1966; auch Engels 1993).

108 Diese erste Globalisierung wurde durch Renationalisierung in Weltkriegen und Weltwirtschaftskrise beendet. Zur Wiederholungswahrscheinlichkeit dieser Reaktion auf die heutige Globalisierung James 2001.

109 Zu diesem Abschnitt vgl. Weymann 2003c.

Trajekte durch Schaffung und Implementierung unterstützender Institutionen. Kerninstitutionen von Lebenslaufpolitik sind Bildungs- und Erziehungswesen, Familie und Partnerschaft, Gesundheit und Altersversorgung, Einrichtungen des Sozialstaats, Beschäftigung- und Arbeitsmarktpolitik. Diese Kernfelder von Lebenslaufpolitik sind – aus historischen Gründen in unterschiedlichem Ausmaß – Aufgabe des Nationalstaats geworden. Im Laufe der Jahrhunderte haben sich dabei sehr unterschiedliche Pfade von Lebenslaufregimen in verschiedenen Nationen entwickelt. Sie sind äquivalente Antworten auf die Vielzahl neuer Herausforderungen an den Lebenslauf in modernen Gesellschaften.[110]

Wenn institutionelle Lebenslaufpolitik eine Kernaufgabe der Nationalstaaten ist, was wird dann mit den nationalen Lebenslaufregimen unter dem Einfluss der Globalisierung geschehen? Werden in ihrer Souveränität und Autonomie geschwächte Nationalstaaten die Kraft zur Lebenslaufpolitik verlieren? Werden sich Nationalstaaten auflösen und mit ihnen die nationalen Lebenslaufregime? Wird es zu internationalen und supranationalen Lebenslaufregimen kommen als innovative Antworten auf die Globalisierung? Für letzteres könnte die Europäische Union das Muster sein.

Ob wir Schwächung und vielleicht sogar Zerfall nationaler Lebenslaufpolitik beobachten werden, oder aber ob innovative Lösungen supranationaler Art sich entwickeln werden: *Lebenslaufpolitik ist ein äußerst interessantes Forschungsthema in der globalisierten Welt, denn sie setzt u.a. die Rahmenbedingungen für Erwachsenensozialisation.*

13.1 Lebensläufe in modernen Gesellschaften

Lebenslaufpolitik reagiert auf besondere Herausforderungen an den Lebenslauf in modernen Gesellschaften durch Institutionsentwicklung. Drei dieser besonderen Herausforderungen sollen etwas genauer beschrieben werden: (1) Individualisierung und Pluralisierung der Zeit; (2) Differenzierung der Sozialstruktur und Mobilisierung der (menschlichen) Ressourcen; (3) Pluralisierung und Erosion der Lebenswelten.

---

110 Zur institutionstheoretischen Begründung relativer Vorteile im Wettbewerb internationaler Pfade Hall/Soskice 2001.

(1) Individualisierung und Pluralisierung der Zeit

Ein erstes auffallendes Merkmal des Lebens in modernen Gesellschaften ist der Grad der Individualisierung verbunden mit der Pluralisierung der Zeit.

In seinem bekannten Traktat „Emile oder über die Erziehung" beschreibt Rousseau (1762) Persönlichkeitsentwicklung als eine Abfolge von Passagen und Sequenzen, die sich zu einem langen Entwicklungstrajekt verbinden. Rousseau entfaltet schrittweise eine Erziehungstheorie, die das Kind am Ende des Entwicklungsprozesses absehbar in eine vorherbestimmte Position in Leben und Gesellschaft bringen soll. Mit 20 Jahren soll der junge Erwachsene eine erfolgreiche Schöpfung seines Erziehers sein.

Wir finden in diesen Argumenten und Handlungsanleitungen die Anfänge unseres heutigen professionellen Systems der Erziehung, Bildung und Sozialisation, das auf der Gestaltung des individuellen Lebenslaufs zielt. „Ihr könnt Euch nicht vorstellen, wie Emile mit zwanzig Jahren fügsam sein kann." ... „ Ich habe fünfzehn Jahre Arbeit gebraucht, um mir diese Gewalt zu sichern." ... „Er erkennt die Stimme der Freundschaft und weiß, der Vernunft zu gehorchen. Zwar lasse ich ihn in dem Glauben, unabhängig zu sein, niemals aber war er mir mehr unterworfen; denn er ist es, weil er es sein will." (Rousseau 1963, S. 676)

Von Geburt an wird Passage für Passage die Sozialisation als Erziehung mit aller Sorgfalt arrangiert. Das individuelle Leben muss in die Sozialstruktur eingefügt werden, die individuelle Zeit in die soziale Zeit. Sozialstruktur und soziale Zeit sind allerdings nicht der primäre Gegenstand von Rousseaus Abhandlungen. Dieses ist Durkheims zentrales Thema. Er beobachtet, dass die überkommene Solidarität unter Gleichen, die in enger Gemeinschaft unter einheitlichen normativen Vorgaben zusammen leben, im Zuge der Modernisierung ersetzt wird durch die wechselseitige Abhängigkeit von Ungleichen, von Individuen, deren sozialer Zusammenhalt nicht durch geteilte Normen, sondern durch Arbeitsteilung, Spezialisierung und das aufeinander angewiesen Sein hergestellt wird. Ein Musterfall für diesen Wandel von – wie er es nennt – organischer zu mechanischer Solidarität sind Wanderung und Verstädterung im 19. Jahrhundert. Im Zuge von Migration und Verstädterung entgleitet den Alten die Kontrolle über die bisher unter ihrem Regime stehenden Jugend. Das städtische Leben ist voller Aufbruch, Unruhe und Vielfalt. Es entstehen Jugendgruppen, die sich nach Werten und Normen von anderen Altersgruppen unterscheiden.

Nicht nur die Alten verlieren ihren Einfluss auf die Ortsgesellschaft, auch Großfamilien können in modernen Gesellschaften ihre Kinder nicht mehr mit allen kulturellen Anforderungen ausstatten, und sie können sie auch nicht mehr lebenslang mit allem wirtschaftlich Nötigen versorgen, indem sie ihnen Berufs-

position und sozialen Status in der Gesellschaft verschaffen durch Erbschaft o-
der Privileg. Es ist wahr, die Jugend hat in modernen Gesellschaften einen bei-
spiellosen Zugang zu Wohlfahrt und Lebenschancen, sie kann ihr Potential in
niemals zuvor gekanntem Maße entwickeln. Aber der Zugang zu dieser breit ge-
fächerten Opportunitätsstruktur wird nicht mehr allein durch die Weitergabe
von Erbschaft, anerkannten Privilegien und öffentlichen Ämtern oder durch
Privaterziehung gesichert. Familien haben ihre traditionale gatekeeper Rolle in
weiten Bereichen verloren, die einstmals eine lebenslange Allokation von Status
und Position einmal möglich machte. Stattdessen sind die individuellen Lebensverläufe funktional oder dysfunktional in die Gesellschaft integriert durch die
Sozialisation der Individuen und durch die Allokation ihrer Arbeitskraft. Die
volle Mitgliedschaft als Erwachsener in einer Gesellschaft wird erst schrittweise
erreicht in einer langen Abfolge von Passagen von jungen zu älteren Alters-
gruppenmitgliedschaften.

Die heute benutzten Begriffe Generationen und Kohorten zeigen besonders
deutlich die Tatsache und Bedeutung pluralisierter sozialer Zeit in modernen
Gesellschaften. Generationen sind Altersgruppen, die in einer jeweils unterschiedlichen Weise im historischen Strom des gesellschaftlichen Geschehens
gelagert sind, insbesondere in die periodischen Wirtschafts- und Machtbedin-
gungen einer Zeit. Das gemeinsame historische Schicksal einer Jugendgeneration kann besondere Konventionen des Verhaltens, der Gefühle und des Denkens herbeiführen. Die Folge des raschen Wandels gesellschaftlicher Gegebenheiten und damit der je unterschiedlichen Einbettung von Jugendgenerationen in
diese ist, dass unterschiedliche Generationen in verschiedenen Lebenswelten
des Alltags groß werden und diese mit sich durch den weiteren Lebenslauf
nehmen. Es kommt zu der bereits zuvor angesprochenen „Gleichzeitigkeit der
Ungleichzeitigen" (Mannheim).

Die Begriffe Passagen, Sequenzen, Trajekte, Altersgruppen, Generationen
und Kohorten stehen für die historisch gewachsene Differenzierung individueller und sozialer Zeit und damit für die komplexe Beziehung zwischen Institutionen und individuellem Leben im Prozess der Modernisierung. Alltägliche Folge davon sind unzureichende Koordination und konflikthafte Zusammenstösse
zwischen der Zeitplanung im individuellen Leben auf der einen Seite und den
vielfältigen und unterschiedlichen Zeitstrukturen von Gruppen, Institutionen,
Gesellschaften und Kulturen, denen das Individuum angehört, auf der anderen
Seite. Aus dieser Konstellation ergibt sich ein erster, fundamentaler Anreiz für
Lebenslaufpolitik. Deren Aufgabe ist es, durch institutionelle Regimes von Er-
ziehungscurricula über Familiengesetzgebung und Bildungsordnungen bis zur

Regelung von Renten- und Pensionsansprüchen individuelle und institutionelle Zeitstrukturen langfristig und berechenbar miteinander zu verbinden.

(2) Differenzierung und Mobilisierung menschlicher Ressourcen

Gesellschaftliche Differenzierung und die Mobilisierung menschlicher Ressourcen sind der zweite Faktor, der einen Bedarf an Lebenslaufpolitik hervorbringt. Der Prozess der Modernisierung hat die Sozialstruktur stark differenziert: von einfachen oder segmentierten Gemeinschaften mit umfassenden Bindungsansprüchen hin zu spezialisierten und vielfältigen gesellschaftlichen Beziehungen, vom Kollektivismus zur Individualisierung, von partikularer Wertorientierung zu universalen Normen, von zugeschriebenem zu erworbenem Status. Ebenfalls typisch für moderne Gesellschaften ist die Trennung von Amt, Bürokratie und Verwandtschaftssystem des Clans, die allgemeine Durchsetzung des Marktes, des Privateigentums und der Geldwirtschaft sowie die Entstehung von zentralisierten Königtümern und später Nationalstaaten.

Dem historischen Aufbruch einer kleinen Gruppe führender westlicher (nach und nach demokratischer) Industriestaaten folgte erst spät die Modernisierung nichteuropäischer Gesellschaften. In der heutigen, von starkem internationalem Wettbewerb gekennzeichneten Konkurrenzlage haben die ehedem fortgeschrittensten Gesellschaften einzeln wie im Verbund immer wieder neue Anstrengungen unternommen, ihre Führungsrolle zu verteidigen (Boyer 1996; Boyer/Drache 1996; Crouch/Streeck 1997, S. 1-18; Kindleberger 1996; Olson 1991; Parsons 1971; Kennedy 1991). Der Schlüssel zur Aufrechterhaltung eines hohen Lebensstandards ist die Fähigkeit zu ständiger Innovation. In langen Wellen folgen neue Produkte und neue führende Industrien aufeinander, und damit häufig auch andere wissenschaftlich und wirtschaftlich führende Nationen (Rostow 1960). Einen erheblichen Anteil an den langen Innovationswellen hat der technische Fortschritt als Motor dieser Innovationen (Castells 2001). Technologischer Fortschritt geht Hand in Hand mit fortgesetzter Restrukturierung von Arbeitsmärkten, Berufen, Branchen, Sektoren und Regionen.

Dieser permanente Prozess der Innovation und Mobilisierung menschlicher Ressourcen hat aber ein Janusgesicht: Man kann ihn als den mächtigen Motor des Fortschritts betrachten, ebenso aber auch als Ursache von Wirtschaftszyklen und als Ursache von Ungleichgewichten und Ungleichheit. Technische und wirtschaftliche Modernisierung geht Hand in Hand mit der Expansion des Erziehungswesens, mit dem Ausbau von Wissenschaft und Medien, mit Rationalisierung und Säkularisierung der Kultur, mit sprachlicher Assimilation, mit intensivierter nationaler und internationaler Kommunikation, und mit wachsender politischer Partizipation. *Modernisierung als generelle und fundamentale Mobilisierung menschlicher Ressourcen erfasst immer weitere Bevölkerungsgruppen und erzwingt umfassende und tiefgehende Persönlichkeitsanpassung: Erwachsenensozialisation.* Schrittweise geraten alle bislang noch unberührten Individuen und Kollektive in den Sog dieses Prozesses.

Auch diese universale und im Alltag der Lebenswelt allgegenwärtige menschliche Erfahrung löst einen Bedarf nach Lebenslaufpolitik aus, die die notwendigen institutionellen Grundlagen zur Stabilisierung von Erwartungen, Übergängen und Trajekten, und damit für die Möglichkeit rationaler Lebensführung legen soll. Institutionen der Erwachsenensozialisation sind eines der Instrumente.

(3) Pluralisierung und Erosion der Lebenswelten

Das Dritte, einen Bedarf an Lebenslaufpolitik auslösende Kennzeichen moderner Gesellschaften ist die Pluralisierung und Erosion der Lebenswelten.

Ursprünglich in Religion und Tradition verwurzelt, erodierten die Grundlagen der Lebenswelt über die Jahrhunderte der Modernisierung. Habermas (1981) spricht davon, dass in modernen Gesellschaften weniger denn je ein dauerhafter Bestand von traditioneller Zustimmung getragener, bewährter und übereinstimmend akzeptierter Lebenswelt garantiert sei. Die Lebenswelt traditionaler Gemeinschaften wird schrittweise kolonisiert durch die spezialisierten Subsysteme der modernen Gesellschaft: durch Recht, Markt, Politik, Wissenschaft, Bildungswesen. Mit dem Niedergang der mittelalterlichen Welt verloren in Europa Religion und Tradition, Adel und Klerus, nach und nach Macht und Autorität über diese aufstrebenden Felder moderner gesellschaftlicher Aktivität. Ein bekanntes Musterbeispiel dafür war der Prozess gegen Galileo Galilei. In der modernen Gesellschaft haben sich die Machtbeziehungen zwischen Lebenswelt und modernen Subsystemen umgekehrt (Mann 1986, 1993). Immer noch unterwerfen moderne Subsysteme die verbliebenen Lebenswelten des Alltags tradierter Gemeinschaften – seien es Stämme, Feudalregime, religiöse Gemeinschaften oder auch überkommene Geschlechterbeziehungen und Formen des Familienlebens – ihrer spezifischen Rationalität und ihren jeweiligen Medien. Das moderne Leben wird nicht mehr durch eine als ursprünglich und ewig angesehene Kultur geformt, sondern durch eine Kultur der Reflexion, durch diskursive Prozeduren der Normgebung und der Normlegitimierung. Aus diesem Grunde erfordert das Leben in modernen Gesellschaften einen hohen Grad individueller Selbstregulierung und Selbststeuerung – also risikoanfällige menschliche Anstrengungen, die der großen Mehrzahl der Lebensläufe in traditionalen Gemeinschaften fremd waren (Habermas 1981).

Der Kommunitarismus ist die populär gewordene Kritik an der Kolonialisierung und Pluralisierung der Lebenswelt (Walzer 1992). In Opposition zum gegenwärtig Amerika und Europa beherrschenden Liberalismus sucht der Kommunitarismus die Gründung von Gesellschaften in Wertegemeinschaften zu erneuern. Die Wertegemeinschaft gegenwärtiger westlicher Gesellschaften ruht auf jüdischen, christlichen, griechischen und römischen Elementen, auf Renaissance und Humanismus, aber auch auf marxistischen und positivistischen Utopien des Fortschritts. Auch der Individualismus und die individuelle Freiheit zählen zu den an westliche Gemeinschaften gebundenen Werten: Denn nur diese westlichen Wertegemeinschaften halten individuelle Freiheit für den höchsten Wert. Die für westliche Gesellschaften typische Annahme des Gesellschaftsvertrages, die Unterstellung einer gesellschaftsschließenden Verfassung unter freien Individuen, ist somit schon von der Ausgangslogik her an einen westlichen kommunitaristischen Wertekonsens individueller Freiheit gebunden.

Man muss die Frage stellen, ob Gesellschaften allein oder zumindest ausreichend durch Märkte, Recht, Gesetz und Verfassung integriert werden können oder ob es dazu auch einer geteilten Moralbegründung durch gemeinsame Kultur bedarf. Genügt es, die Diversität moralischer Gemeinschaften durch gemeinsame Staatsbürgerschaft zu versöhnen? Ist Staatsbürgerschaft selbst wiederum auf kulturelle Integration angewiesen? Reicht die Unterscheidung zwischen Bürger und Privatperson aus, um in pluralistischen Gesellschaften den politischen Frieden zu sichern? Die moderne Gesellschaft setzt sich aus immer mehr Personen mit unterschiedlicher Geschichte, Herkunft, Zukunft und sozialen Bindungen zusammen. Der Kommunitarismus klagt den westlichen Liberalismus an, dieses Faktum nicht als Problem zu sehen, weil er einem Individualismus huldigt, der sich nicht mehr auf einen gesellschaftlichen Konsens über das Gute gründet.

Die moderne Gesellschaft bietet immer weniger einen Baldachin an Werten und Normen, der dem individuellem Leben einen unhinterfragten, lebensweltlichen Sinn verleiht.

Die Frage ist, ob Markt und Recht ausreichen, Gesellschaft zu integrieren. Oder bedarf es dazu auch der Sinngemeinschaft? Die Frage ist weiterhin, ob Lebenslaufpolitik als Substitut für den verlorenen universalen Horizont der Lebenswelt des Alltags dienen kann, und ob es ausreicht, Institutionen, gesetzliche und fiskalische Arrangements, bereit zu stellen, die Struktur und Unterstützung der individuellen Lebensführung geben.

13.2 Ambivalenzen und Dilemmata der Moderne

Jahrhunderte der Modernisierung haben den modernen Lebenslauf in einer besonderen Weise gestaltet: der Lebenslauf hat sich individualisiert einhergehend mit einer Pluralisierung der Zeitstruktur. Soziale Differenzierung und die Mobilisierung menschlicher Ressourcen haben immer mehr Gruppen der globalen Bevölkerung zu tiefgehender und umfassender Flexibilität des Lebenslaufs gezwungen. Und traditionale, vor allem religiöse Lebenswelten wurden einem Prozess der Erosion unterworfen mit der Folge, dass der einstmals geheiligte Baldachin des universalen Lebenssinns verschwand.

Aufgrund der die Modernisierung ausmachenden Veränderung hat die Mehrheit der Klassiker (*Machiavelli, Hobbes, Smith, Marx, Durkheim, Simmel, Tönnies, Weber*) den Ertrag der Modernisierung als ambivalent beschrieben. Zwar brachte der Modernisierungsprozess in vielen Feldern des sozialen Lebens außerordentliche Fortschritte, diese gingen aber häufig mit Krise und Anomie einher. Auf der einen Seite bietet die moderne Gesellschaft ganz außerordentlich verbreiterte und verbesserte Opportunitätsstrukturen, die dem individuellen Lebenslauf viele neue Optionen geben; auf der anderen Seite aber ist für das moderne Leben ein hohes Risiko individuellen Scheiterns charakteristisch, das nicht ohne weiteres auf Gottes Wille, Schicksal, Klassen und Stand oder andere unabwendbare äußere Umstände geschoben werden kann. Zwar ist das moderne Leben weit weniger von Tod, Armut und Krankheit bedroht als das Leben in vormodernen Zeiten; aber gleichzeitig ist das moderne Leben ein individualisiert riskantes Leben.

Institutionen und Normen haben sich in der Modernisierung durchgreifend geändert und sie wandeln sich immer noch mit der Folge einer großen Varianz im Quer- und Längsschnitt. Die Zukunft ist der Vergangenheit nicht länger ähnlich. Aus der Vergangenheit lässt sich für die Zukunft nur noch wenig lernen. „Ersichtlich ist die Vorstellung absurd, Lebenserfahrung könnte noch als Basis der Urteilsbildung ... in modernen Gesellschaften taugen." (Lübbe 1983, S. 55) Das Thema „Väter und Söhne" oder „Mütter und Töchter" ist ein typisches modernes Thema. Da sich das gegenwärtige Leben nicht mehr ausreichend auf die Erfahrung der Vergangenheit, auf Tradition stützen kann, da die Zukunft der Vergangenheit nicht mehr ähnlich ist, muss das moderne Leben individuell geführt und verantwortet werden. Die moderne Gesellschaft fordert primär individualisiertes und wettbewerbsorientiertes Verhalten. Die Unterstützung durch traditionelle Gemeinschaften der Familie, der Verwandtschaft, des Freundeskreises und des örtlichen Umfeldes ist schwach und begrenzt. Eine neue Ökonomie des Lebens hat sich durchgesetzt, die diesen Veränderungen Rechnung trägt. Humankapital muss akkumuliert werden: „Jeder ist seines Glückes Schmied", „Zeit ist Geld". Die neue Ökonomie der Lebenszeit entspricht der Ökonomisierung der Gesellschaft, und der Vertrag zwischen Individuen entspricht der Auflösung der traditionellen Normen der Solidarität.

13.3 Lebenslaufpolitik als Antwort des Nationalstaates

In Jahrhunderten okzidentaler Modernisierung hat die moderne Gesellschaft schrittweise die alten Gemeinschaften ersetzt. Eine der besten Definitionen für die Differenz zwischen Gemeinschaft und Gesellschaft findet sich bei Tönnies.

„Die Theorie der Gesellschaft konstruiert einen Kreis von Menschen, welche, wie in Gemeinschaft, auf friedliche Art nebeneinander leben und wohnen, aber nicht wesentlich verbunden, sondern wesentlich getrennt sind, und während dort verbunden bleibend trotz aller Trennungen, hier getrennt bleibend trotz aller Verbundenheiten." (Tönnies 1979, 34)

Gemeinschaft versteht Tönnies als natürliche Lebensform. Gesellschaft hingegen ist ein Artefakt. In Gesellschaft befindet sich jeder in einem Zustand der Spannung gegenüber allen anderen, sind die jeweiligen Interessen und Machtgebiete klar voneinander abgegrenzt. In der Gesellschaft, im Unterschied zur Gemeinschaft, wird niemand jemanden einen Dienst leisten ohne dafür eine Kompensation von gleichem Wert zu erhalten. Austausch und Vertrag, nicht jedoch Gemeinschaftlichkeit, sind die essentiellen Elemente von Gesellschaft.

In der modernen Gesellschaft wird der individuelle Lebenslauf nicht länger durch die geteilte Lebenswelt des Alltags dominiert, sondern durch persönliche Interessen – also durch utilitaristische Prinzipien. Da die Menschen der Gegenwart sich als frei und als gleich in physischer und mentaler Hinsicht betrachten, stehen sie in einem ständigen Wettbewerb um die knappen begehrten Objekte des Lebens, insbesondere um Eigentum, Macht und Vergnügen. Das Kennzeichen der modernen Gesellschaft ist deshalb der ständige Kampf aller gegen alle. Politische Theoretiker wie *Machiavelli*, *Hobbes* und *Marx* – italienische Renaissancestädte, *Cromwells* Großbritannien und die Klassenkämpfe des 19. Jahrhunderts vor Augen – verstanden diesen immerwährenden Wettbewerb als permanenten Bürgerkrieg. Andere Sozialwissenschaftler hingegen wie *Adam Smith, Schumpeter, Hayek* oder *Coleman* sehen den Wettbewerb in liberalen modernen Gesellschaften als eine großartige und nicht versiegende Quelle der Innovation und Prosperität. Denn nur in Gesellschaften des westlichen Typs kommt es erstmals zu einer Wohlfahrtsproduktion, die weit über die notwendige Subsistenz hinaus geht. Ursache sind eine sehr hohe Arbeitsproduktivität, hohe

Beschäftigungsquote, hohe Kapitalisierung der Wirtschaft sowie der systematische Einsatz von Wissenschaft und Bildung. Hinzu kommt, dass der freie Handel in wachsenden großen Märkten immer neue Opportunitätsstrukturen erzeugt durch Spezialisierung auf Gebieten relativen Wettbewerbsvorteils. Deshalb ist dieser moderne, liberale und kapitalistische Gesellschaftstyp der einzige in der Geschichte der Menschheit, der unter Inkaufnahme ungleicher Verteilung der Erträge, fortgesetzt große Überschüsse produziert.

Gleichwohl, liberté, égalité – plus productivité, um die bekannte Parole etwas zu variieren, führen keineswegs zwangsläufig zu fraternité, wie die französischen Revolutionäre glauben machen wollten. In kleinen Gemeinschaften ist es nicht schwierig, das Streben nach individuellen Vorteilen mit solidarischer Kooperation zu vereinbaren. In großen Organisationen und Gesellschaften hingegen besteht der unaufhebbare Anreiz, faire Kooperation selbst für geringste persönliche Vorteile aufzukündigen, typischerweise als Trittbrettfahrer (Olson 1992). Gemeinschaften konnten individuelle Lebenslaufsarrangements ihrer Mitglieder noch den religiösen Regeln und kulturellen Normen der jeweiligen tradierten Lebenswelt unterwerfen. Individualisierung war nur in engen Grenzen möglich. Die Gemeinschaft hatte Vorrang. In modernen Gesellschaften hingegen ist die Integration individueller Lebenslaufentwürfe und institutioneller Belange ein Dauerproblem.

Eine Lösung dieses Problems kann Lebenslaufpolitik bieten. Lebenslaufpolitik schafft die Institutionen zur Unterstützung und Integration individueller Lebensläufe. Institutionelle Arrangements und Rechtsansprüche in bezug auf Erziehung und Bildung, Familienunterstützung, Krankenversorgung, Alterssicherung sind solche Kernelemente von Lebenslaufpolitik in modernen Gesellschaften. Sie strukturieren, unterstützen oder ermöglichen bestimmte Passagen, Sequenzen und Trajekte im Lebenslauf. Lebenslaufpolitik legt die Grundlagen der Stabilisierung von Erwartungen, Übergängen und Trajekten und damit die Grundlagen für eine mögliche rationale Lebensplanung – in je nach nationaler Tradition jeweils besonderer Weise.

Die Lebenslaufpolitik der heutigen Nationalstaaten ruht vor allem auf Markt und Rechtsverfassung (Vanberg 1999, S. 234) sowie auf dem sozialstaatlichen Regime.[111]

Der Staat als künstlich geschaffenes Kollektivgut liegt im Dauerkonflikt mit den vielfältigen Privatinteressen der Bürger. Die Staatsmaschine kann die wirtschaftenden Individuen nur bis zu dem Punkt um die Früchte ihrer wirtschaftli-

---

111 Ein Vergleich von Sozialpolitik in Europa findet sich bei Esping-Anderson 1990 und 1999; Kaufmann 2003a; Cousins 1999; Leibfried/Pierson 1995. Über Inklusion und Exklusion Woodward/Kohli 2001 und Boje/Steenbergen/Walby 1999.

chen Leistungen bringen, an dem jene aufhören, ihre äußersten Energien in ihre eigenen wirtschaftlichen Belange zu investieren (Schumpeter 1918). Bei dieser Annahme wird vorausgesetzt, dass die Menschheit in modernen Gesellschaften sich aus homines oeconomici zusammensetzt. Der homo oeconomicus ist ein Persönlichkeitstypus, der das Interesse an Gewinnerzielung und bezahlter Arbeit über alle anderen Interessen stellt. Er lebt in einer Gesellschaft, die spezialisierte, besondere ökonomische Institutionen geschaffen hat mit dem Ziel der Kostensenkung und Ertragssteigerung der Wirtschaftsleistung (Polanyi 1995). Der für moderne Gesellschaften typische universale Wettbewerb aller gegen alle macht produktiven Austausch möglich und friedliche Kooperation zwingend notwendig – jedoch beides auch schwierig zu realisieren. Die Lösung ist der Gesellschaftsvertrag der Zivilgesellschaft. Nur so lassen sich das produktive Streben nach individueller Prosperität und der Erhalt der kollektiven Wohlfahrt verbinden. Die Durchsetzung bürgerlicher und politischer Rechte ist daher die Basis jeder Lebenslaufpolitik in liberalen, nicht kommunitaristischen Gesellschaften.

Hinzu kommt in einem historisch etwas späteren Schritt die Entwicklung des Wohlfahrtsstaates. Durch den Wohlfahrtsstaat werden Individuen und Bevölkerungsgruppen in einer neuen und sehr tiefreichenden Weise dauerhaft und tiefgehend miteinander verbunden. Im Rahmen verlässlicher Institutionen des Wohlfahrtsstaates kann die Mehrheit der Bevölkerung langfristige Lebenslaufplanung betreiben. Der Wohlfahrtsstaat dient daher der Zivilisierung der Gesellschaft und der Zivilisierung der individuellen Lebensführung. Die neuen Staatsbürgerrechte, die der Wohlfahrtsstaat begründet, stehen allerdings in einem potentiellen Dauerkonflikt mit bürgerlichen und politischen Rechten, also den Rechten des politischen Liberalismus und der Verfolgung der eigenen Wirtschaftsinteressen (Marshall 1992a; 1992b). Denn die mit dem Sozialstaat verbundenen Rechte beschränken in vielerlei Hinsicht die wirtschaftlichen und politischen Freiheiten der Bürger. Sie beeinflussen elementar Markt und Preisbildung. Und der Wohlfahrtsstaat ist auch keineswegs zwangsläufig fair, gerecht und solidarisch. Er vergibt Sonderrechte an Individuen oder Gruppen, gewährt oder verweigert also Inklusion in bestimmte Privilegien und Wohltaten für die einen einhergehend mit der gleichzeitigen Exklusion aller anderen. Beispiele in Fülle bietet das Steuerrecht mit seiner Vielfalt durchgesetzter Rechtsansprüche für Individuen, Berufe, Sektoren, Branchen, Professionen, Regionen, Lebensumstände wie auch die zahllosen gesetzlichen Bestimmungen des Sozialstaates mit ihrer beabsichtigten Zielführung auf sorgfältig ausgewählte Bevölkerungsgruppen und deren organisierte Interessenlobby.

Um es zusammenzufassen: die Bürger in modernen Gesellschaften sind in dreierlei Weise miteinander tiefgehend und unauflöslich verbunden: als *Wirtschaftssubjekte (bourgeois)* durch die antagonistische Kooperation innerhalb der Institutionen der Märkte; als *Staatsbürger (citoyen)* durch Vertrag, Recht und Verfassung; und durch die *Institutionen des Sozialstaates*. Moderne Nationalstaaten haben ein Rahmenrecht der Konfliktlösung geschaffen durch staatsbürgerliche und politische Rechte. Sie haben ein hoch entwickeltes Wohlfahrtsstaatsregime hervorgebracht, das je nach nationalstaatlicher Tradition als angemessen geltende Rechtsansprüche und Transferzahlungen garantiert. Beides, bürgerlicher Rechtsstaat wie Sozialstaat, sind Kernelemente von Lebenslaufpolitik, denn sie ermöglichen in einzigartiger Weise Rationalität und Verlässlichkeit individueller Lebensplanung der Bürger.

Aber, das ist wichtig festzuhalten, Lebenslaufpolitik war und ist immer noch so gut wie ausschließlich eine nationalstaatliche Angelegenheit. Globalisierung, Internationalisierung, Supranationalisierung sind daher Herausforderungen für die bis heute sehr unterschiedlichen nationalen Lebenslaufregime, an die wir uns gewöhnt haben.

13.4 Globalisierung als Herausforderung an den Nationalstaat

In „The Consequences of Modernity" bezeichnet Anthony Giddens (1990) die Modernisierung als das für die westliche Zivilisation kennzeichnende historische Projekt und die Globalisierung als jüngstes Kind der Modernisierung. Globalisierung erzeugt neue Risiken von niemals zuvor da gewesenen Dimensionen und nährt daher den Verlust von Vertrauen, Verlässlichkeit und festen Erwartungen an den Gang der Geschichte und des eigenen Lebens. Diese Giddensche These korrespondiert mit dem Grundgedanken von Pierre Bourdieu (1993) in „La Misère du Monde", einer Sammlung von Interviews aus der Lebenswelt des Alltags.

Wir hatten gesagt, dass Lebenslaufpolitik die in modernen Gesellschaften nicht mehr von Gemeinschaften erzeugten, aber unverzichtbaren öffentlichen Güter bereitstellt zur institutionellen Unterstützung von Familie, Bildung, Erziehung, Gesundheit, Arbeit, Soziales und Altersversorgung. Im Zeitalter der Globalisierung stellt sich dann allerdings die Frage, ob diese im Zuge der Geschichte als nationale Leistungen zustande gekommenen öffentlichen Güter, die je nach Nationalstaat auch noch unterschiedlichen Pfaden gefolgt sind, in vollem oder ausreichendem Umfang erhalten bleiben können oder ob angesichts der Globalisierung internationale und supranationale Lebenslaufpolitik die bessere Lösung wäre?

„Historians may differ over the exact moment of nationalism's birth, but social scientists are clear: nationalism is a modern movement and ideology, which emerged in the latter half of the eighteenth century in Western Europe and America, and which, after its apogee in two world wars, is now beginning to decline and give way to global forces which transcend the boundaries of nation-states." (Smith 1998, S. 1)

Zu Beginn war Nationalismus eine befreiende und inklusive Kraft. Er brach den Regionalismus und den Feudalismus, erzeugte große Märkte, schuf eine effektive Verwaltung und ist eng verquickt mit der Durchsetzung der Demokratie. Immer schon mit Ethnonationalismus verbunden, wuchs nach Versailles der Ethnonationalismus auch kleiner Gruppen. Rassismus und zweiter Weltkrieg haben dem Nationalstaat den Glanz in Europa genommen. Die Idee, dass Nationen natürlich, einheitlich und homogen sind, überzeugt nicht mehr (Hobsbawm 1991).

Der Nationalstaat folgte dem Niedergang der vormodernen, hierarchischen, polyethnischen, religiösen und feudalen Gesellschaft und den zentralisierten Königreichen. Er ist in Gänze ein Kind der Modernisierung: verbunden mit der Durchsetzung der industriellen und kapitalistischen Wirtschaftsordnung, mit zentraler Infrastrukturpolitik, mit professioneller bürokratischer Verwaltung, mit professionellem Militär, mit Ethnosymbolismus, mit Rechtsstaat und zunehmend demokratischer Verfassungsform. Am Ende der Entwicklung sind die Bevölkerungen in die Käfige ihrer Nationalstaaten eingeschlossen. Die Außenbeziehungen werden von den Staats- und Militäreliten definiert. Mit dem Einschluss steigt nach innen die Politisierung vieler Probleme als Staatsprobleme. Für alle Ziele lassen sich mobilisierbare Gruppen finden, die ihre Sonderinteressen als Lobbyisten auf den Nationalstaat richten.

Wird der Nationalstaat als Folge der aufscheinenden Globalisierung verschwinden? Wird dies dann wiederum zur Destruktion des Wohlfahrtsstaates und der staatsbürgerschaftlichen Rechte führen? Werden die nationalstaatlichen Lebenslaufregime für Bildung und Erziehung, öffentliche Gesundheit, Altersversorgung und soziale Leistungen zusammenbrechen?

Die Antwort hängt ab von der Einschätzung der Globalisierung. Die radikalste und auch einfachste Idee ist, dass alle fortschrittlichen Industriegesellschaften nach und nach auf ein einziges gemeinsames Modell der Produktion und Wirtschaftsform einschwenken werden als Konsequenz der erfolgreichsten Praxis in Freihandel und freiem Kapitalverkehr (Crouch/Streeck, 1997). Sorgfältige Analyse zeigt jedoch, dass diese Annahme falsch ist. Auffällig ist die starke Widerständigkeit nationaler historischer Pfade. Nationale Pfade bieten einen starken Widerstand aufgrund ihrer jeweiligen Einzigartigkeit des Zusammenwirkens von multinationalen Konzernen, der Art der Bereitstellung von öffentlichen Gütern wie Bildung, Infrastruktur, R & D, Justiz und Verfassung, aber auch anderer, weicher Kontextbedingungen wie Sprache, Kultur und Normen. Dies alles sind starke Kräfte nationaler Art, die einen massiven Einfluss auf die Reduktion von Transaktionskosten haben, was dann wiederum auf die Stärke nationaler Wettbewerber im internationalen Wettbewerb durchschlägt (Berger/Dore 1996).

Deshalb sind alle Diagnosen der Globalisierung übertrieben, die von der wachsenden Machtlosigkeit der Regierungen angesichts transnationalen Kapitals sprechen, die den Nationalstaat bereits als überflüssiges Organisationsprinzip bezeichnen, die den Kollaps des Wohlfahrtsstaates voraussehen, den Tod der Industriepolitik und das Ende nationaler Vielfalt. Entscheidend im Prozess der Globalisierung ist vielmehr die ‚Transformationskapazität‘ moderner Staaten, also deren jeweilige und höchst unterschiedliche Fähigkeit, mit externen Schocks, Zwängen, Herausforderungen fertig zu werden und die neuen Chancen zu nutzen (Boyer/Drache 1996; Hollingsworth/Boyer 1997; Weiss 1998).

Für Europa und den Westen stellt sich die Situation auch insofern kompliziert dar, als immer schon nationale Kräfte und Kräfte der übergreifenden okzidentalen Zivilisation (*Marx, Weber, Elias*) wirksam waren. Der einfache Gegensatz von Nationalstaat und Globalisierung wird dem nicht gerecht:

> „Allgemeiner ausgedrückt: der Westen umfaßte sowohl eine segmentäre Reihe von nationalstaatlichen ‚Gesellschaften‘ als auch eine breitere transnationale Zivilisation. Seine Ideologien von Krieg und Frieden, von Konservatismus, Liberalismus und Sozialismus, von Religion und von Rassismus – sie pendelten allesamt unsicher und nervös zwischen dem Nationalen und dem Transnationalen hin und her." (Mann 2001, S. 234)

13.5 Strukturen europäischer Lebenslaufpolitik

Sind angesichts der Herausforderungen durch die Globalisierung internationaler Regime insbesondere supranationale Organisationsformen eine innovative Lösung, um die Schocks der Globalisierung abzufedern und deren Möglichkeiten zu nutzen?[112] Die Geschichte Europas und die Lebenslaufpolitik in der Europäischen Union vermögen vorläufige Antworten zu geben.

In einer vergleichenden Studie hat de Swaan (1988) über Jahrhunderte der Modernisierung die Entwicklung der ‚Staatsfürsorge‘, wie er es nennt, in den Bereichen Gesundheit, Bildung, Sozialstaat in Deutschland, England, Frankreich, Holland (und teilweise den USA) untersucht. Beginnend mit Schutzmaßnahmen gegen Massenmigration und Vagantentum umfasste die ‚Staatsfürsorge‘ nach und nach soziale Hilfsmaßnahmen und den Wohlfahrtsstaat, das Bildungswesen mit einem nationalen Curriculum, Gesundheitsfürsorge und öffentliche Gesundheitspolitik, Gesundheits- und Altersversicherung, Familienfürsorge und andere Leistungen. Die treibende Kraft hinter dieser Expansion des Fürsorgestaats in immer weitere Bereiche der individuellen Lebensführung hinein war die offensichtliche Unfähigkeit von Individuen, Bauernfamilien, Dörfern, kleinen Städten, örtlichen Herrschern und Regierungen, religiösen und weltlichen Autoritäten aller Art, mit den überwältigenden Problemen der Auflösung der alten Gemeinschaften und den drohenden Problemen der neuen Gesellschaft fertig zu werden. Insbesondere Armut, Hunger, Epidemien, Massenmigration, Gewalt und Anomie überforderten die Steuerungskapazität der vormodernen Akteure, Individuen wie Gemeinschaften. Nur ein neuer korporativer Akteur, eben der Fürsorgestaat, konnte effektiv mit diesen neuen Problemen der modernen Gesellschaft fertig werden. Der Fürsorgestaat lag also im Interesse einer notleidenden Bevölkerung, er lag aber auch im Interesse neuer aufstrebender Eliten – Unternehmer, unterschiedliche soziale Bewegungen, politische Parteien, Bürokraten, Wissenschaftler und Intellektuelle. Diese neuen Eliten sahen den Nationalstaat als geeignetes Instrument ihrer eigenen Interessen und den Fürsorgestaat als ein zentrales Betätigungsfeld.

Während also der Nationalstaat als Fürsorgestaat die Lösung der historischen Modernisierung europäischer Gesellschaften in den letzten Jahrhunderten war, um mit den überbordenden Problemen einer kleinen Globalisierung fertig zu werden, könnte die Europäische Union die Antwort auf die heutigen Probleme wirklicher Globalisierung sein. Denn die freie Beweglichkeit von Gütern, Dienstleistungen und Kapital brachte in ihrem Gefolge natürlich auch die freie Beweglichkeit von Menschen mit den bereits aus der Geschichte bekannten Konsequenzen. Mit vielen dieser Konsequenzen könnte die Europäische Union, könnte eine europäische Lebenslaufpolitik, besser fertig werden als die institutionelle Lebenslaufpolitik der Nationalstaaten. Die EU kann in einem gewissen

---

112 Zu internationalen Regimes Katzenstein 1993; Keohane 1989, 1991; Keohane/Nye 2001; Krassner 1983; Zürn 1998. Zur Kritik Sally 1998. Zum supranationalen Europäischen Regime Ziltener 1999; Sandholz/Sweet 1998; zur Kritik Vaubel 2001 und Riekmann 1998.

Maße Globalisierungsprozesse zu internen Prozessen machen durch die Einrichtung supranationaler, EU-weiter Institutionen.

Ein zentrales Feld europäischer Lebenslaufpolitik ist der *Wohlfahrtsstaat*. Leibfried/Pierson (1995) haben hier argumentiert, dass die Europäische Union die Antwort auf gemeinsam geteilte Probleme der Nationalstaaten sei.[113] Die Lebenslaufpolitik im Bereich des Wohlfahrtsstaates ist ein direkter Ausfluss des gemeinsamen Marktes von Gütern, Dienstleistungen und Kapital. Sozialstaatliche Lebenslaufpolitik kann nicht länger ausschließlich nationalstaatlich strukturiert sein, wenn der Markt der Güter, Dienstleistungen und des Kapitals sowie die freie Beweglichkeit der Menschen international wird. Sozialpolitik wird daher schrittweise eine Angelegenheit der Europäischen Union werden. Dies wird auch bereits in vielen Feldern sichtbar: Krankenversicherung, Arbeitssicherheitsgesetzgebung, Beschäftigungs- und Industriepolitik, Mutterschaftsrechte, Rechtsansprüche im Falle von Invalidität, Armut und Alter.

„The process of European integration has eroded both the sovereignty (by which we mean legal authority) and autonomy (by which we mean de facto capacity) of member states in the realm of social policy." (Leibfried/Pierson 1995, S. 44)

Es gibt also gute Gründe, weshalb Sozialpolitik als Bestandteil von Lebenslaufpolitik mehr und mehr auch von den supranationalen Institutionen der EU geformt wird, wobei hier primär an das Europäische Parlament, die Europäische Kommission und den Europäischen Gerichtshof zu denken ist. Die Rechtsansprüche selbst, ihre tatsächliche Inanspruchnahme, Mitnahmerecht und praktische Nutzungsmöglichkeiten an beliebigen Punkten der Europäischen Union sind deshalb wichtige Punkte supranationaler Lebenslaufpolitik der EU geworden. Die Bürger beginnen, sich auf die neuen Institutionen und Rechtverhältnisse einzustellen und sie zu nutzen. *Damit wird Erwachsenensozialisation zum europäischen Bürger in Ansätzen sichtbar.*

Ein anderes bedeutendes Feld sich entwickelnder europäischer Lebenslaufpolitik ist das *Bildungswesen*, hier insbesondere Berufsbildung, Weiterbildung und der Hochschulbereich. Die Europäische Union ist ein vorangeschrittener Spezialfall – aber keine Ausnahme – im weltweit wachsenden Isomorphismus des Bildungswesens mit seiner Angleichung der Ziele, der Organisationsformen und der Curricula.[114] In der EU werden Abschlüsse und Zertifizierungen wechselseitig anerkannt. Die Regelungen für Gebühren, Stipendien, Forschungs-

---

113 Vgl. auch Cousins 1999 und Esping-Anderson 1999.
114 Zum weltweiten und historisch wachsenden Isomorphismus des Bildungswesens Finnemore 1996.

förderung, Austauschprogramme sind wechselseitig bindend, zum Teil Gemeinschaftsangelegenheit (Barblan 2000). Wichtig und von starker Wirkung auf die Vereinheitlichung der Lebenslaufpolitik sind auch die immer häufiger werdenden und in der öffentlichen Debatte intensiv aufgenommenen Vergleichsstudien über Standards, Qualifikationen, Kompetenzen und Leistungen des Bildungswesens (Goedebuure 1994; Deutsches PISA Konsortium 2001). Curricula, Zertifikate, Abstufungen, Organisationsformen, Management, Rechtsansprüche konvergieren nach dem Bologna Prozess.

„These common trends arise not only from the policies of the European Commission ..., but also ... from the common structural problems which most states in the EU face ..." (Green/Wolf/Lenney 1999)

Die schrittweise aufkommende europäische Bildungspolitik wird einen starken Einfluss auf die bislang noch bestehende nationale Vielfalt des Bildungswesen haben, insbesondere auf die Beziehungen zwischen dem Nationalstaat und dessen jeweiligem Bildungssystem (Henkel/Little, 1999). Das Lebenslaufregime im Bildungsbereich tendiert erkennbar in Richtung eines neuen Modells von ‚mixed governance': Supranationale EU, Bildungsmarkt, regionale und lokale Einheiten gewinnen Einfluss auf Kosten des jeweiligen Nationalstaates (Braun/ Merrien 1999).

Die empirische Lebenslaufforschung hat damit begonnen, die Wirkung von Institutionen und Curricula auf Bildungs- und Berufskarrieren zu untersuchen. Wie homogen oder heterogen sind Bildungs- und Berufsverläufe im Vergleich der EU Staaten und was sind die Ursachen dafür? (Breen/Jonsson 2000; Shavit/ Blossfeld 1993; Shavit/Müller 1998)[115] „What then are the reasons for the apparent international variations in the association between educational qualifications and occupational destinations? Which factors account for stronger or weaker associations between education and jobs?" (Shavit/Müller 1998, S. 2)

′ Shavit und Müller führen die zur Zeit noch beobachtbaren Varianzen in der Verknüpfung zwischen Qualifikation und Berufsverlauf primär auf Unterschiede in Stratifikation und Standardisierung der nationalen Bildungssysteme zurück. Die Autoren ergänzen diese beiden Variablen um zwei andere, nämlich um die Existenz oder Nichtexistenz eines dualen Systems der Berufsausbildung und um die Qualifikations- oder Organisationsstrukturiertheit des Arbeitsmarktes. Zusammen halten sie diese vier Faktoren für eine hinreichende Erklärung der Varianz in den beobachteten Passagen und Trajekten von 13 untersuchten Nationen. Es ist keine riskante Annahme, dass solche nationalen Unterschiede

---

115 Kritisch zum Einfluss von Wissenschaft und Humankapital auf die Wohlfahrtsproduktion Schofer/Ramirez/Meyer 2000.

früher oder später das Objekt von Lebenslaufpolitik in der Europäischen Union sein werden.

13.6 Ausblick

Globalisierung durchdringt unsere gegenwärtige Welt als Kapitalmärkte, Arbeitsmärkte, Handelsmärkte, Information und Migration. Globalisierung wirkt sich weltweit gravierend auf individuelle Lebensläufe aus. Eine Konsequenz der Globalisierung ist die Fortsetzung der schon aus der europäischen Modernisierung bekannten Destruktion strikter sozialer Kontrolle, die typisch für traditionale Gemeinschaften ist. Wie schon die europäische Modernisierung, so befreit auch die heutige Globalisierung Individuen aus religiösen, feudalen, traditionalen, kulturellen Zwängen, vergrößert durchgreifend die persönliche Autonomie in der Konstruktion des Lebenslaufs. Auf der anderen Seite aber muss diese Befreiung aus tradierten Lebenswelten des Alltags bezahlt werden. Der Preis ist die Abschwächung der Sicherheit gebenden Werte und Normen, der Verlust der Routine von Traditionen und Ritualen, die Minderung lokaler Solidarität und gemeinschaftlicher Unterstützung. Diese Verluste können durchaus furchterregend sein. Die Reaktion auf Verlustängste kann sich in Entfremdung, Desorientierung, Ressentiments ebenso niederschlagen wie in der vielfältig zu beobachtenden Neigung zum Fundamentalismus. Fundamentalismus vermengt auf eigenartige Weise die Utopie einer perfekten Welt der Zukunft mit der rückwärts gewandten Wiedererfindung der eigenen reinen moralischen Wurzeln und Geschichte. Dabei wird in der Regel letzteres in scharfem Kontrast wahrgenommen zum hegemonialen westlichen Gesellschaftsmodell, das als weich und im Niedergang befindlich angesehen wird (Huntington 1996; Eisenstadt 2000). Fundamentalismus basiert häufig auf Religion. Das ist jedoch nicht zwingend so, wie der säkularisierte marxistische Fundamentalismus des 19. und 20. Jahrhunderts beweist. In beiden Fällen ist Fundamentalismus eine von Ressentiments getragene Antwort auf die erfahrenen Bürden des Lebenslaufs unter den Bedingungen von Modernisierung bzw. Globalisierung.

Seit dem 19. Jahrhundert ist es den westlichen demokratischen und kapitalistischen modernen Staaten erfolgreich gelungen, mit den Herausforderungen der Modernisierung schrittweise fertig zu werden. Dies geschah nicht zuletzt durch die Etablierung von Lebenslaufpolitik in vielen Bereichen des alltäglichen Lebens. Wie oben bereits diskutiert, schuf der Staat eine Vielfalt von Institutionen, die geeignet sind, individuelle Passagen, Sequenzen und Trajekte von der Wiege bis zur Bahre abzupolstern und die Risiken des individuellen

Scheiterns im Lebenslauf zu minimieren. Die Frage ist heute allerdings, ob die nationale Lebenslaufpolitik auch in Zukunft in gleicher Weise erfolgreich mit den Konsequenzen der Globalisierung fertig werden wird, die zurecht als das jüngste Kind der Modernisierung gilt. In der Globalisierung wiederholt sich die schon aus der Modernisierung bekannte Spannung zwischen stetig wachsender Prosperität und Freiheit in vielen Lebensbereichen und den als bedrohlich und beängstigend empfundenen Verlusten an Sicherheit und Solidarität in anderen Lebensbereichen. Gewünschte und für gut befundene Individualisierungsgewinne gehen Hand in Hand einher mit gefürchteten und beängstigenden Verlusten an Orientierung und mit Anomie.

Es ist ganz eindeutig, dass Globalisierung eine Herausforderung sowohl für den individuellen Lebenslauf als auch für die nationalen Pfade von Institutions- und Lebenslaufpolitik bedeutet, an die wir uns seit dem 19. Jahrhundert gewöhnt haben. Ist es also besser, zukünftige Lebenslaufpolitik an inter- und supranationale Regime zu binden, so wie es die Europäische Union in vielfältiger Hinsicht bereits unternimmt? Diese Lösung zukünftiger Lebenslaufpolitik als Antwort auf die Probleme der Globalisierung wird nur dann ein Erfolg sein, wenn die offensichtlich hohen Transaktionskosten der Aufgabe der nationalen Pfade zugleich als gering angesehen werden im Vergleich zu den erwarteten finanziellen, rechtlichen, kulturellen und humankapitalbezogenen Gewinnen aus der sich abzeichnenden Entwicklung inter- und supranationaler Lebenslaufregime.

Europa wird seine Bürger ,erwachsenensozialisieren': durch neue Institutionen, getragen von neuen Ideen und reduzierten Transaktionskosten in Politik und Staat, Recht und Markt, Bildung, Kultur und Sozialwesen; durch neue und veränderte Funktionen, Positionen, Rollen und Status; durch erneuerte und ,resozialisierte' Lebenswelt, durch Sprachwandel, durch neue epistemische und Diskursgemeinschaften; durch neue Möglichkeiten der individuellen und korporativen Interessenrealisierung in größeren Märkten und in umfassenderen Rechtsverhältnissen – soweit die erwachsenen Bürger Europas sich diesen Prozessen unterwerfen, sie zumindest hinnehmen, sie sich zu eigen machen, sie aktiv nutzen, sie handelnd vorantreiben und als legitim ansehen, also die neue Ordnung aktiv mit konstruieren. Es ist ein historischer Prozess der Erwachsenensozialisation im individuellen Lebenslauf und ein Prozess des Generationsaustausches – mit offenem Ausgang.

Literaturverzeichnis

Adult Development and Learning 1978: A Handbook on Individual Growth and Competence in the Adult Years for Education and the Helping Professions (Hg.: Knox, Alan B.), San Francisco/Washington/London: Jossey-Bass-Publishers

Age Happens – The Best Quotes About Growing Older, 1996. Ed. by Lansky, Bruce, New York: Meadowbrook Press

Alheit, Peter u.a. 1998: Gebrochene Modernisierung. Der langsame Wandel des proletarischen Milieus. Bremen: Donat

Anderson, Nels 1923: The Hobo. Chicago and London: University of Chicago Press (reprint 1975)

Arbeitslosigkeit und Berufliche Weiterbildung (Hg.: Landesverband der Volkshochschulen Niedersachsens): Materialien. Hannover o. J.

Autorenkollektiv 1973: Berufliche Sozialisation und gesellschaftliches Bewusstsein jugendlicher Erwerbstätiger. Frankfurt: Europäische Verlagsanstalt

Axelrod, Robert 1988: Die Evolution der Kooperation. München: R. Oldenbourg

Axmacher, Dirk 1974: Erwachsenenbildung im Kapitalismus. Ein Beitrag zur politischen Ökonomie des Ausbildungssektors in der BRD. Frankfurt: Fischer

Baethge, Martin 1976: Sozialpolitik und Arbeiterinteresse. Frankfurt: Aspekte

Barblan, Andris/Reichert, Sybille/Schotte-Kmoch, Martina/Teichler, Ulrich 2000: Implementing European Policies in Higher Education Institutions. Kassel: University of Kassel

Baumgart, Franzjörg 2000: Theorie der Sozialisation. Bad Heilbrunn: Klinkhardt

Baurmann, Michael 1996: Der Markt der Tugend. Recht und Moral in der liberalen Gesellschaft. Tübingen: J.C.B. Mohr (Paul Siebeck)

Beck, Ulrich/Bonß, Wolfgang 1989: Weder Sozialtechnologie noch Aufklärung? Analysen zur Verwendung sozialwissenschaftlichen Wissens. Frankfurt: Suhrkamp

Beck, Ulrich/Brater, Michael/Daheim, Hansjürgen 1980: Soziologie der Arbeit und der Berufe. Reinbek bei Hamburg: Rowohlt

Beckel, Albrecht 1974: Recht der Erwachsenenbildung. In: Beckel, Albrecht/Senzky, Klaus, Management und Recht der Erwachsenenbildung. Stuttgart: Kohlhammer (= Band 2 des Handbuch der Erwachsenenbildung)

Becker, Gary S. 1965: A Theory of the Allocation of Time. In: The Economic Journal (Vol. LXXV), S. 493-517

Becker, Gary S. 1981: A Treatise on the Family. Cambridge, Mass: Harvard University Press

Becker, Gary S. 1982: Ökonomische Erklärung menschlichen Verhaltens. Tübingen: J.C.B. Mohr (Paul Siebeck)

Becker, Helmut 1962: Die verbindende Aufgabe der Erwachsenenbildung in Deutschland und in der Welt. In: Gegenwartsaufgaben der Erwachsenenbildung (Hg. Friedrich-Naumann-Stiftung), Köln/Opladen, S. 16-26.

Beckert, Jens 1997: Grenzen des Marktes. Die sozialen Grundlagen wirtschaftlicher Effizienz. Frankfurt/New York: Campus

Beck-Gernsheim, Elisabeth 1976: Der geschlechtsspezifische Arbeitsmarkt. Frankfurt: Aspekte

Beck-Gernsheim, Elisabeth 1980: Das halbierte Leben, Männerwelt Beruf, Frauenwelt Familie. Frankfurt: Fischer

Bell, Daniel 1975: Die nachindustrielle Gesellschaft. Frankfurt/New York: Campus

Berger, Johannes/Offe, Claus 1982: Die Zukunft des Arbeitsmarktes. In: Kölner Zeitschrift für Soziologie und Sozialpsychologie. Sonderheft 24, S. 348-371

Berger, Peter/Luckmann, Thomas 1969: Die gesellschaftliche Konstruktion der Wirklichkeit. Eine Theorie der Wissenssoziologie. Frankfurt (16. Auflage 1999): S. Fischer

Berger, Suzanne/Dore, Ronald 1996: National Diversity and Global Capitalism. Cornell: Cornell University Press

Bertram, Hans 1995: Ostdeutschland im Wandel: Lebensverhältnisse – politische Einstellungen. Opladen: Leske+Budrich

Blossfeld, Hans-Peter 1989: Kohortendifferenzierung und Karriereprozeß. Eine Längsschnittstudie über die Veränderung der Bildungs- und Berufschancen im Lebenslauf. Frankfurt/New York: Campus

Blossfeld, Hans-Peter 1995: The New Role of Women. Family Formation in Modern Societies. Boulder/San Francisco/Oxford: Westview Press

Böhnisch, Lothar/Schefold, Werner 1980: Sozialisation durch sozialpädagogische Institutionen. In: Handbuch der Sozialisationsforschung (Hg.: Hurrelmann, Klaus/Ulich, Dieter), Weinheim/Basel: Beltz, S. 551-573

Boje, Thomas P./Steenbergen, Bart van/Walby, Sylvia 1999: European Societies. Fusion or Fission? London/New York: Routledge

Bourdieu, Pierre 1982: Die feinen Unterschiede. Kritik der gesellschaftlichen Urteilskraft. Frankfurt (11. Auflage 1999): Suhrkamp

Bourdieu, Pierre 1993: La misere du monde. Paris: Edition du Seuil (dt.: Das Elend der Welt. Konstanz: UVK; engl.: The weight of the world: social suffering in contemporary society. Oxford: Polity Press)

Boyer, Robert 1996: The Convergence Hypothesis Revisited: Globalization but Still the Century of Nations. In: Robert Boyer & Daniel Drache (eds.), States against Markets. The Limits of globalization (pp. 29-59). London: Routledge

Boyer, Robert/Drache, Daniel 1996: States Against Markets. The Limits of Globalization. London/New York: Routledge

Brater, Michael 1980: Die Aufgaben beruflicher Weiterbildung. In: Handbuch für die Soziologie der Weiterbildung, S. 66-101

Braun, Dietmar/Merrien, Francois-Xavier 1999: Towards a New Model of Governance for Universities? London/Philadelphia: Jessica Kingsley Publishers

Braun, Joachim/Ehrhardt, Peter 1981: Weiterbildungsberatung für Erwerbslose. Aufbau und Erprobung von zehn kommunalen Beratungsstellen für Weiterbildung. Berlin: Deutsches Institut für Urbanistik

Breen, Richard/Jonsson, Jan O. 2000: Analysing Educational Careers: Multinomial Transition Model. American Sociological Review 65, S.. 754-772

Brennan, Geoffrey/Buchanan, James M. 1993: Die Begründung von Regeln. Tübingen: J.C.B. Mohr (Paul Siebeck)

Brim, Orville G. 1974: Sozialisation im Lebenslauf. In: Brim, Orville G./Wheeler, Stanton, Erwachsenensozialisation. Stuttgart: Enke (dtv Band 4135), S. 1-52

Brim, Orville G./Wheeler, Stanton 1974: Erwachsenensozialisation. Stuttgart: Enke (dtv Band 4135)

Brinton, Mary C./Nee, Victor 1998: The New Institionalism in Sociology. New York: Russel Sage Foundation

Brödel, Rainer 1979: Bildungserfahrungen von Industriearbeitern. Frankfurt: Campus

Brose, Hanns-Georg 1982: Die Vermittlung von sozialen und biographischen Zeitstrukturen. In: Kölner Zeitschrift für Soziologie und Sozialpsychologie. Sonderheft 24, S. 385-407

Brose, Hanns-Georg/Wohlrab-Sahr, Monika/Corsten, Michael 1993: Soziale Zeit und Biographie. Über die Gestaltung von Alltagszeit und Lebenszeit. Opladen: Westdeutscher Verlag

Buchanan, James M. 1984: Die Grenzen der Freiheit. Zwischen Anarchie und Leviathan. Tübingen: J.C.B. Mohr (Paul Siebeck)

Büchner, Ulrike 1982: Arbeit und Individuierung. Weinheim/Basel: Beltz

Bulmer, Martin 1984: The Chicago School of Sociology. Institutionalization, Diversity and the Rise of Sociological Research. Chicago und London: University of Chicago Press

Burger, Angelika/Seidenspinner, Gerlinde 1980: Sozialpädagogische Maßnahmen gegen Jugendarbeitslosigkeit. In: Handbuch für die Soziologie der Weiterbildung, S. 210-225

Burns, George 1996: In: Age Happens – The Best Quotes About Growing Older (Ed. by Lansky), Bruce, New York: Meadowbrook Press, S. 18

Cardinal, Marie 1979: Schattenmund. Roman einer Analyse. Reinbek bei Hamburg (neueste Auflage 1994): Rowohlt

Castells, Manuel 2001: The Rise of the Network Society. Oxford & Malden, MA: Blackwell Publishers

Club of Rome 1979: Zukunftschance Lernen (Hg.: Peccei, Aurelio). Wien/Zürich/Innsbruck: Fritz Molden (Goldmann Sachbuch Nr. 11289)

Coleman, James S. 1986: Die asymmetrische Gesellschaft. Vom Aufwachsen mit unpersönlichen Systemen. Weinheim/Basel: Beltz (engl.: 1982: The Asymmetric Society. Syracuse: Syracuse Univ. Press)

Coleman, James S. 1990: Foundations of Social Theory. Cambridge, Mass/London: The Belknap Press of Harvard University Press (Deutsch 1991: Grundlagen der Sozialtheorie, Band 1: München 1991; Band 2: München 1992, Band 3: München 1994)

Coleman, James S. 1996: Bringing New Generations into the New Social Structure. In: Weymann, Ansgar/Heinz, Walter R., Society and Biography. Interrelationships between Social Structure, Institutions and the Life Course. Weinheim: Deutscher Studien Verlag, S. 175-190

Collins, Randall 1979: The Credential Society. A Historical Sociology of Education and Stratification. New York/San Francisco/London: Academic Press

Collins, Randall 1998: The Sociology of Philosophies. A Global Theory of Intellectual Change. Cambridge, Mass. and London: The Belknap Press of Harvard University Press

Collins, Randall 1999: Macrohistory. Essays in Sociology of the Long Run. Stanford: Stanford University Press

Cousins, Christine 1999: Society, Work and Welfare in Europe. Houndsmills/London: Macmillan/New York: St. Martin`s Press

Cressey, Paul G. 1932: The Taxi-Dance Hall. Chicago and London: Chicago University Press (reprint 1968 by Greenwood Press, New York)

Crouch, Colin/Streeck, Wolfgang 1997: Political Economy of Modern Capitalism. Mapping Convergence and Diversity. London/Thousand Oaks/New Delhi: SAGE

Daheim, Hansjürgen 1982: Zu einer Zwischenbilanz der soziologischen Berufsforschung. In: Kölner Zeitschrift für Soziologie und Sozialpsychologie. Sonderheft 24, S. 372-384

Dahm, Gerwin u. A. (Hg.) 1980: Wörterbuch der Weiterbildung. München: Kösel

Dahrendorf, Ralf 1967: Pfade aus Utopia. München: Piper

Daniel, Claus 1981: Theorien der Subjektivität. Frankfurt/New York: Piper

Deutscher Bildungsrat 1973: Strukturplan für das Bildungswesen (Empfehlungen der Bildungskommission). Stuttgart: Klett (Taschenbuchausgabe der 4. Auflage 1972)

Deutsches PISA-Konsortium 2001: PISA 2000. Basiskompetenzen von Schülerinnen und Schülern im internationalen Vergleich. Opladen: Leske+Budrich

Dikau, Joachim 1968: Wirtschaft und Erwachsenenbildung. Ein kritischer Beitrag zur Geschichte der deutschen Volkshochschule. Weinheim: Beltz

DiMaggio, Paul/Powell, Walter W. 1983: The Iron Cage Revisited: Institutional Isomorphism and Collective Rationality in Organizational Fields. In: ASR (48), S. 147-160. (Dt.: Das ‚stahlharte Gehäuse‘ neu betrachtet: Institutioneller Isomorphismus und kollektive Rationalität in organisationalen Feldern. In: Müller, Hans-Peter/Sigmund, Steffen, Zeitgenössische amerikanische Soziologie. Opladen: Leske+Budrich, S. 147-173

Dörrie, Doris 2000: Was machen wir jetzt? Zürich: Diogenes

Dubiel, Helmut 1988: Kritische Theorie der Gesellschaft. Eine einführende Rekonstruktion von den Anfängen im Horkheimer-Kreis bis Habermas. Weinheim und München: Juventa

Durkheim, Emile 1965 (2. Auflage): Regeln der soziologischen Methode. Neuwied/Berlin (4. Auflage 1999): Luchterhand

Durkheim, Emile 1966: Suicide: a study in sociology. New York: Free Press

Durkheim, Emile 1973: Der Selbstmord. Neuwied/Berlin: Luchterhand

Durkheim, Emile 1977: Über die Teilung der sozialen Arbeit. Frankfurt: Suhrkamp

Dux, Günter 1982: Die Logik der Weltbilder. Sinnstrukturen im Wandel der Geschichte. Frankfurt: Suhrkamp

Eisenstadt, Shmuel N. 1966 (Nachdruck 1998): Von Generation zu Generation. Altersgruppen und Sozialstruktur. München: Juventa (engl.: 1956: From Generation to Generation – Age Groups and Social Structure. Glencoe, Ill: Free Press)

Eisenstadt, Shmuel N. 1979: Tradition, Wandel und Modernität. Frankfurt: Suhrkamp

Eisenstadt, Shmuel N. 2000: Die Vielfalt der Moderne. Weilerswist: Velbrück Wissenschaft

Elder, Glen 1999: Children of the Great Depression. Boulder and Oxford: Westview Press (First Edition 1974 by University of Chicago Press)

Elias, Norbert 1980: Über den Prozeß der Zivilisation. Soziogenetische und psychogenetische Untersuchungen. (2 Bände). Frankfurt: Suhrkamp. (engl.: 2000: The civilizing process: sociogenetic and psychogenetic investigations. Oxford: Blackwell Publishers)

Elias, Norbert 1989: Studien über die Deutschen. Machtkämpfe und Habitusentwicklungen im 19. und 20. Jahrhundert. Frankfurt: Suhrkamp

Elster, Jon 1987: Subversion der Rationalität. Frankfurt/New York: Campus

Elster, Jon 1989: The cement of society. A study of social order. Cambridge et. al.: Cambridge University Press

Endruweit, Günter/Trommsdorff, Gisela 2002: Wörterbuch der Soziologie. Stuttgart: Lucius & Lucius

Engels, Friedrich 1993: The Condition of the Working Class in England. Oxford: Oxford University Press

Engler, Wolfgang 1992: Die zivilisatorische Lücke. Versuche über den Staatssozialismus. Frankfurt: Suhrkamp

Enzyklopädie Erziehungswissenschaft (Hg.: Lenzen, Dieter) 1984: Stuttgart (2. Auflage 1995): Klett-Cotta

Enzyklopädie Erziehungswissenschaft (Hg.: Lenzen, Dieter) 1995, Band 11 (Hg. Hans Tietgens/Enno Schmitz): Erwachsenenbildung, Stuttgart (2. Auflage): Klett-Cotta

Erwachsenenbildung in der Bundesrepublik (Hg.: Knoll, Joachim H./Siebert, Horst) 1967. Heidelberg: Quelle & Meyer

Esping-Andersen, Gösta 1990: Three World of Welfare Capitalism. Princeton: Princeton University Press

Esping-Andersen, Gösta 1999: Social Foundations of Postindustrial Economies. Oxford: Oxford University Press

Esser, Hartmut 1991: Alltagshandeln und Verstehen. Zum Verhältnis von erklärender und verstehender Soziologie am Beispiel von Alfred Schütz und „Rational Choice". Tübingen: J. C. B. Mohr (Paul Siebeck)

Esser, Hartmut 1993: Soziologie. Allgemeine Grundlagen. Frankfurt/New York: Campus

Eyferth, Hanns u. a. (Hg.) 1980: Handbuch zur Sozialarbeit/Sozialpädagogik. Darmstadt/Neuwied: Luchterhand

Falk, Susanne 2003: Geschlechtsspezifische Differenzierungsprozesse im Erwerbsverlauf. Das Beispiel Ostdeutschland nach dem Systembruch. Dissertation: Universität Bremen

Falk, Susanne/Weymann, Ansgar 2002: Social Change, the Life Course, and Socialization. Biographies of Labor Market Entrants after Unification. In: Settersten Jr., Richard A./Owens, Timothy J. (eds.), New frontiers in Socialization. Advances in life-course research: (Vol. 7). Amsterdam, Boston, London etc: Elsevier Science (JAI Press) 2002, S. 501-526

Faulstich, Peter/Bayer, Mechthild/Krohn, Miriam 1998: Zukunftskonzepte der Weiterbildung. Projekte und Innovationen. Weinheim und München: Juventa

Faulstich-Wieland, Hannelore 2000: Individuum und Gesellschaft. Sozialisationstheorie und Sozialisationsforschung. München/Wien: Oldenbourg

Feidel-Mertz, Hildegard 1975: Erwachsenenbildung seit 1945. Ausgangsbedingungen und Entwicklungstendenzen in der Bundesrepublik. Köln: Kiepenheuer & Witsch

Finnemore, Martha 1996: Norms, culture, and world politics; insights from sociology's institutionalism. In: International Organizations (50/2), S. 325-347

Fischer, Joschka 1999: Mein langer Lauf zu mir selbst. München: Knaur

Freud, Sigmund 1991: Vorlesungen zur Einführung in die Psychoanalyse. Frankfurt: S. Fischer

Freud, Sigmund o.J.: Werke im Taschenbuch. (Hg. Ilse Grubrich-Simitis/Ingeborg Meyer-Palmedo). Frankfurt: S. Fischer

Fricke, Else 1980: Innovatorische Qualifikationen in der Arbeiterbildung. In: Handbuch für die Soziologie der Weiterbildung, S. 137-149

Friedrich, Jürgen/Lepsius, M. Rainer/Mayer, Karl Ulrich 1998: Die Diagnosefähigkeit der Soziologie. Opladen: Westdeutscher Verlag (Sonderheft 38 der KZfSS)

Geißler, Rainer 1981: Zur Brauchbarkeit der Sozialisationstheorie von Talcott Parsons für die Analyse von Erwachsenensozialisation. In: Nave-Herz, R., Erwachsenensozialisation. Weinheim und Basel: Beltz, S. 19-26

Gennep, Arnold van 1960: Rites of Passage. London (10. Auflage 1988). Deutsch: Übergangsriten. Frankfurt: Campus 1999

Gensior, Sabine 1982: Politische Überformung der Arbeitsteilung? In: Soziale Welt ¾, S. 431-439

Gernert, Wolfgang 1975: Das Recht der Erwachsenenbildung als Weiterbildung. München/Basel: Reinhardt (UTB 456)

Gershuny Jonathan S./Jones, Sally/Baert, P. 1991: The Time Economy or the Economy of Time. An Essay on the Interdependence of Living and Work Conditions. Oxford/Bath:

Gershuny, Jonathan 1981: Die Ökonomie der nachindustriellen Gesellschaft. Produktion und Verbrauch von Dienstleistungen. Frankfurt/New York: Campus

Gershuny, Jonathan 2000: Changing times – work and leisure in postindustrial society. Oxford: Oxford University Press

Geulen, Dieter 1977: Das vergesellschaftete Subjekt. Zur Grundlegung der Sozialisationstheorie. Frankfurt: Suhrkamp

Geulen, Dieter 1980: Die historische Entwicklung sozialisationstheoretischer Paradigmen. In: Handbuch der Sozialisationsforschung, S. 15-49

Giddens, Anthony 1990: The Consequences of Modernity. Oxford: Polity Press/Basil Blackwell

Glatzer, Wolfgang 1991: Haushaltstechnisierung und gesellschaftliche Arbeitsteilung. Frankfurt/New York: Campus

Gleichmann, Peter/Goudsblom, Johan/Korte, Hermann 1984: Macht und Zivilisation. Frankfurt: Suhrkamp

Global 2000. Der Bericht an den Präsidenten. Frankfurt 1980: Verlag 2001

Goedebuure, Leo/Kaiser, Frans/Maassen, Peter/Meek, Lynn/Vught, Frans van/Weert, Egbert de 1994: Higher Education Policy. An International Comparative Perspective. Oxford/New York/Seoul/Tokyo: Pergamon Press

Goffman, Erving 1967: Stigma. Über Techniken und Bewältigung beschädigter Identität. Frankfurt (13. Auflage 1998): Suhrkamp

Goffman, Erving 1971: Interaktionsrituale. Über Verhalten in direkter Kommunikation. Frankfurt (4. Auflage 1996): Suhrkamp

Goffman, Erving 1971: Verhalten in sozialen Situationen. Strukturen und Regeln der Interaktion im öffentlichen Raum. Gütersloh: Bertelsmann

Goffman, Erving 1976 (3. Auflage): Wir alle spielen Theater. Die Selbstdarstellung im Alltag. München (8. Auflage 2000): Piper

Goffman, Erving 1977: Rahmen-Analyse. Ein Versuch über die Organisation von Alltagserfahrungen. Frankfurt: Suhrkamp

Goffman, Erving 1981: Asyle. Über die soziale Situation psychiatrischer Patienten und anderer Insassen. Frankfurt (11. Auflage 1997): Suhrkamp

Göhler, Gerhard 1997: Wie verändern sich Institutionen? Revolutionärer und schleichender Institutionenwandel. In: Leviathan (16), Opladen: Westdeutscher Verlag, S. 21-56

Goldmann, Monika/Müller, Ursula 1986: Junge Frauen im Verkaufsberuf. Berufliche Sozialisation, Arbeits- und Lebensperspektive. Stuttgart et al.: Kohlhammer

Graathoff, Richard 1989: Milieu und Lebenswelt. Einführung in die phänomenologische Soziologie und die sozialphänomenologische Forschung. Frankfurt: Suhrkamp

Gräbe, Sylvia 1993: Die Technisierung der privaten Haushalte. Frankfurt/New York: Campus

Green, Abigail 2001: Fatherlands. State-Building and Nationhood on Nineteenth-Century Germany. Cambridge et al.: Cambridge University Press

Green, Andy/Wolf, Alison/Leney, Tom 1999: Convergence and Divergence in European Education and Training Systems. London: University of London

Griese, Hartmut M. 1976: Erwachsenensozialisation. München: Werner Raith

Griese, Hartmut M. 1979a: Sozialisation im Erwachsenenalter. Weinheim/Basel: Beltz

Griese, Hartmut M. 1979b: Erwachsenensozialisationsforschung. In: Taschenbuch der Weiterbildungsforschung (Hg. Horst Siebert), Baltmannsweiler: Burgbücherei, S. 172-210

Groothoff, Hans-Hermann/Wirth, Ingeborg 1976: Erwachsenenbildung und Industriegesellschaft. Paderborn: Schöningh (= UTB 553)

Groskurth, Peter (Hg.) 1979: Arbeit und Persönlichkeit. Reinbek bei Hamburg: Rowohlt

Grundbegriffe der Soziologie (Hg.: Schäfers, Bernhard 1998 5. Auflage). Opladen: Leske+Budrich

Grundlagen der Weiterbildung (Hg.: Bartz, Ralf u.a.). Darmstadt/Neuwied: Luchterhand (Loseblattsammlung)

Grundmann, Matthias 1999: Konstruktivistische Sozialisationsforschung. Frankfurt: Suhrkamp

Grundmann, Matthias/Lüscher, Kurt 2000: Sozialökologische Sozialisationsforschung. Ein anwendungsorientiertes Lehr- und Studienbuch. Konstanz: UVK

Habermas, Jürgen 1981: Theorie des kommunikativen Handelns (2 Bände). Frankfurt: Suhrkamp

Habermas, Jürgen 1985: Der philosophische Diskurs der Moderne. Frankfurt: Suhrkamp

Hacking, Ian 1999: Was heißt ‚soziale Konstruktion'? Zur Konjunktur einer Kampfvokabel in den Wissenschaften. Frankfurt: Fischer

Hall, Peter A./Soskice, David 2001: Varieties of Capitalism. The Institutional Foundations of Comparative Advantage. Oxford: Oxford University Press

Handbook for Adult Education 1970 (eds.: Smith, R.M./Aker, G.F./Kidd, J.R.). New York/London: Macmillan

Handbuch der Erwachsenenbildung (Hg.: Pöggeler, Franz). Stuttgart: Kohlhammer

Handbuch der Sozialisationsforschung 1995 (Hg.: Hurrelmann, Klaus/Ulich, Dieter). Weinheim/Basel (5. Auflage 1998): Beltz

Handbuch der Weiterbildung 1978 (Hg.: Wirth, Ingeborg). Paderborn: Schöningh

Handbuch für die Soziologie der Weiterbildung 1980 (Hg.: Weymann, Ansgar). Darmstadt/Neuwied (3. Auflage 1982): Luchterhand

Handbuch zur Sozialarbeit/Sozialpädagogik 1987 (Hg.: Eyferth, Hans/Otto, Hans U./ Thiersch, Hans). Darmstadt/Neuwied: Luchterhand

Hayek, Friedrich A. 1991 (3. Auflage): Die Verfassung der Freiheit. Tübingen: J.C.B. Mohr (Paul Siebeck) Engl. Orig: 1960: The Constitution of Liberty. Chicago: University of Chicago Press and London: Routledge & Kegan Paul

Hechter, Michael 2000: Containing Nationalism. Oxford: Oxford University Press

Hegener, Friedhart/Landenberger, Margarete 1982: Arbeitsmarkt- und Sozialpolitik im Rahmen einer zukunftsgerichteten Gesellschaft, Konsequenzen aus dem Interesse an flexibler Gestaltung der Arbeitszeit. In: Soziale Welt 1, S. 66-86

Hegselmann, Rainer/Kliemt, Hartmut 1997: Moral und Interesse. Zur interdisziplinären Erneuerung der Moralwissenschaft. Oldenbourg: Scientia Nova

Heinemann, Klaus 1982: Arbeitslosigkeit und Zeitbewußtsein. In: Soziale Welt 1, S. 86-101

Heinz, Walter R. 1980: Berufliche Sozialisation. In: Handbuch der Sozialisationsforschung, S. 499-520

Heinz, Walter R. 1995: Arbeit, Beruf und Lebenslauf. Eine Einführung in die berufliche Sozialisation. Weinheim/München: Juventa

Heinz, Walter R. 1999: From Education to Work. Cross National Perspectives. Cambridge: Cambridge University Press

Heller, Joseph 1975: Was geschah mit Slocum? Frankfurt (Neuausgabe 1995): S. Fischer

Henkel, Mary/Little, Brenda 1999: Changing Relationships between Higher Education and the State. London/ Philadelphia: Jessica Kingsley Publishers

Hobbes, Thomas 1965: Leviathan oder Wesen, Form und Gewalt des kirchlichen und bürgerlichen Staates. Reinbek bei Hamburg: Rowohlt (enthält Auszüge der englischen Ausgabe von 1651 in deutscher Übersetzung)

Hobsbawm, Eric J. 1991: Nationen und Nationalismus. Mythos und Realität seit 1780. Frankfurt: Campus

Hoff, Ernst/Lappe, Lothar/Lempert, Wolfgang 1982: Sozialisationstheoretische Überlegungen zur Analyse von Arbeit, Betrieb und Beruf. In: Soziale Welt (33), S. 508-536

Hollingsworth, Rogers J./Boyer, Robert 1997: Contemporary Capitalism. The Embeddedness of Institutions. Cambridge/New York: Cambridge University Press

Horkheimer, Max/Adorno, Theodor W. 1947: Dialektik der Aufklärung. Amsterdam: Querido

Hormuth, Stefan u.a. 1996: Individuelle Entwicklung, Bildung und Berufsverläufe. Opladen: Leske+Budrich

Hughes, Everett Charrington 1971: The Sociological Eye. Selected Papers. Chicago & New York: Aldine

Huinink, Johannes/Mayer, Karl Ulrich u.a. 1995: Kollektiv und Eigensinn. Lebensverläufe in der DDR und danach. Berlin: Akademie Verlag

Humboldt, Wilhelm von 1967 (geschrieben 1792; Erstausgabe 1851): Ideen zu einem Versuch, die Grenzen der Wirksamkeit des Staates zu bestimmen. Stuttgart: Reclam

Huntington, Samuel P. 1996: Der Kampf der Kulturen. Die Neugestaltung der Weltpolitik im 21. Jahrhundert. München/Wien: Europaverlag (engl: 1996: The Clash of Civilizations. New York: Simon & Schuster)

Hurrelmann, Klaus (Hg.) 1976: Sozialisation und Lebenslauf. Empirie und Methodik sozialwissenschaftlicher Persönlichkeitsforschung. Reinbek bei Hamburg: Rowohlt

Hurrelmann, Klaus 2002 (8. Auflage): Einführung in die Sozialisationstheorie. Weinheim und Basel: Beltz

Hurrelmann, Klaus/Ulich, Dieter 1980: Einführung durch die Herausgeber. In: Handbuch der Sozialisationsforschung

Hurrelmann, Klaus/Ulrich, Dieter (Hg.) 1980: Handbuch der Sozialisationsforschung. Weinheim/Basel: Beltz

Hurrelmann, Klaus/Ulrich, Dieter (Hg.) 1991: Neues Handbuch der Sozialisationsforschung. Weinheim/Basel: Beltz

Inglehart, Ronald 1977: The Silent Revolution. Changing Values and Political Styles among Western Publics. Princeton/New York: Princeton University Press

Jahoda, Marie u.a. 1980: Die Arbeitslosen von Marienthal. Frankfurt (13. Auflage 1997): Suhrkamp

James, Harold 2001: The End of Globalization. Lessons form the Great Depression. Cambridge, Mass./London: Harvard University Press

Jasso, Guillermina 2003: Migration, Human Development, and the Life Course. In: Handbook of the Life Course (eds.: Mortimer, Jeylan T./Shanahan, Michael J.) New York et al.: Kluwer/Plenum, S. 331-364

Joas, Hans 1980: Einleitung des Herausgebers. In: Mead, George H.: Gesammelte Aufsätze (Band 1), Frankfurt 1980: Suhrkamp, S. 7-18

Joas, Hans 1985 (Hg.): Das Problem der Intersubjektivität. Neue Beiträge zum Werk George Herbert Meads. Frankfurt: Suhrkamp

Joas, Hans 1988: Symbolischer Interaktionismus. Von der Philosophie des Pragmatismus zur einer soziologischen Forschungstradition. In: KZfSS (40), S. 417-446

Joas, Hans 1992a: Pragmatismus und Gesellschaftstheorie. Frankfurt: Suhrkamp

Joas, Hans 1992b: Die Kreativität des Handelns. Frankfurt: Suhrkamp

Joas, Hans 2001: Lehrbuch der Soziologie. Frankfurt: Campus

Joas, Hans/Kohli, Martin 1993: Der Zusammenbruch der DDR. Soziologische Analysen. Frankfurt: Suhrkamp

Joas, Hans 1980/1983): George H. Mead. Gesammelte Aufsätze. (Band 1 Frankfurt 1980; Band 2 Frankfurt 1983): Suhrkamp

Joerges, Bernward (Hg.) 1988: Technik im Alltag. Frankfurt: Suhrkamp

Kalthoff, Thomas/Pickel, Gert 2000: Transformationsforschung – revisited. In: Soziologische Revue (23), S. 9-17

Katzenstein, Peter 1993: Small States in World Markets. Industrial Policy in Europe. Ithaca: Cornell University Press

Kaufmann, Franz-Xaver 2003a: Varianten des Wohlfahrtsstaats. Der deutsche Sozialstaat im internationalen Vergleich. Frankfurt: Suhrkamp

Kaufmann, Franz-Xaver 2003b: Sozialpolitisches Denken. Die deutsche Tradition. Frankfurt: Suhrkamp

Kaufmann, Jean-Claude 1994: Schmutzige Wäsche. Zur ehelichen Konstruktion von Alltag. Konstanz: UVK (Original: La Trame Conjugale. Analyse du Couple par son Linge. Paris 1992: Edition Natale)

Kaufmann, Jean-Claude 1996: Frauenkörper, Männerblicke. Konstanz: UVK

Kaufmann, Jean-Claude 2002: Single Frau und Märchenprinz. Über die Einsamkeit modernder Frauen. Konstanz : UVK (Original: La Femme Seule et le Prince Charmant. Enquete sur la Vie en Solo. Paris 1999: Editions Nathan)

Kennedy, Paul 1991: Aufstieg und Fall der großen Mächte. Ökonomischer Wandel und militärischer Konflikt von 1500 bis 2000. Frankfurt: Fischer TB (Orig. The Rise and Fall of the Great Powers, New York 1987: Random House)

Keohane, Robert O. 1989: International Institutions and State Power. Essays in International Relations. Boulder: Westview

Keohane, Robert O. 1991/Nye, Joseph S. 2001: Power and Interdependence. New York: Longman

Keohane, Robert O. 1991: The New European Community. Decisionmaking and Institutional Change. Boulder: Westview

Kerber, Harald/Schmieder, Arnold 1994: Spezielle Soziologien. Problemfelder, Forschungsbereiche, Anwendungsorientierungen. Reinbek bei Hamburg: Rowohlt (Enzyklopädie)

Keupp, Heiner 1980: Sozialisation in Institutionen der Psychosozialen Versorgung. In: Handbuch der Sozialisationsforschung (Hg.: Hurrelmann, Klaus/Ulich, Dieter). Weinheim/Basel: Beltz, S.575-602

Keupp, Heiner/Höfer, Renate 1997: Identitätsarbeit heute. Klassische und aktuelle Perspektiven der Identitätsforschung. Frankfurt: Suhrkamp

Kierkegaard, Søren 1996. In: Age Happens – The Best Quotes About Growing Older, 1996. (Ed. by Lansky, Bruce), New York: Meadowbrook Press, S. 38

Kieselbach, Thomas/Offe, Heinz (Hg.) 1979: Arbeitslosigkeit. Individuelle Verarbeitung. Gesellschaftlicher Hintergrund. Darmstadt: Verlag D. Steinkopff

Kindleberger, Charles P. 1996: World Economic Primacy: 1500 to 1990. New York/Oxford: Oxford University Press

Knight, Jack/Sened, Itai 1998: Explaining Social Institutions. Ann Arbor: The University of Michigan Press

Knoll, Joachim Heinrich/Künzel, Klaus 1980: Von der Nationalerziehung zur Weiterbildung. 150 Jahre Erwachsenenbildung im Spiegel ausgewählter Forschungsfragen. Köln/Wien: Böhlau

Knoll, Joachim Heinrich/Pöggeler, Franz/Schulenberg, Wolfgang 1982: Zur Erwachsenenbildung in Niedersachsen 1970-1981. Hg. vom Niedersächsischen Minister für Wissenschaft und Kunst. Hannover

Kocka, Jürgen o.J.: Das lange 19. Jahrhundert. Arbeit, Nation und bürgerliche Gesellschaft. Stuttgart: Klett-Kotta (Band 13 des Gebhardt, Handbuch der deutschen Geschichte, 10. Auflage)

Kocka, Jürgen 1995: Vereinigungskrise. Zur Geschichte der Gegenwart. Göttingen: Vandenhoeck&Ruprecht

Kohlberg, Lawrence 1974: Zur kognitiven Entwicklung des Kindes. Frankfurt: Suhrkamp

Kohli, Martin 1981: Arbeit und Persönlichkeit im mittleren Erwachsenenalter. In: Nave-Herz, Rosemarie (Hg.), Erwachsenen-Sozialisation. Weinheim/Basel: Beltz, S. 83- 92

Kohli, Martin 1987: Erwachsenensozialisation. In: Handbuch der Sozialarbeit/Sozialpädagogik (Hg.: Eyferth, Hans/Otto, Hans U./Thiersch, Hans). Darmstadt/Neuwied: Luchterhand, S. 304-313

Kohli, Martin 1995: Erwachsenensozialisation. In: Schmitz, Enno/Tietgens, Hans (Hg.), Erwachsenenbildung (Band 11 der Enzyklopädie Erziehungswissenschaft, Hg.: Lenzen, Dieter). Stuttgart/Dresden: Klett-Kotta, S. 124-159

Kohn, Melvin L. 1981: Persönlichkeit, Beruf und soziale Schichtung. Stuttgart: Klett-Kotta

König, Karl 1995: Kleine Entwicklungspsychologie des Erwachsenenalters. Göttingen: Vandenhoeck + Ruprecht

König, Karl 2002 (7. Auflage): Kleine psychoanalytische Charakterkunde. Göttingen: Vandenhoeck + Ruprecht

König, René 2000: Vom Wesen der deutschen Universität. Opladen: Leske + Budrich

Krasner, Stephen D. 1983: International Regimes. Ithaca & London: Cornell University Press

Krovoza, Alfred 1976: Produktion und Sozialisation. Köln: Europäische Verlagsanstalt

Kuhn, Thomas S. 1967: Die Struktur wissenschaftlicher Revolutionen. Frankfurt: Suhrkamp

Kurtz, Lester R. 1984: Evaluating Chicago Sociology. A Guide to Literature, with Annotated Bibliography. Chicago and London: The University of Chicago Press

Lakatos Imre/Musgrave, Alan 1974: Kritik und Erkenntnisfortschritt. Braunschweig: Vieweg

Landesco, John 1929: Organized Crime in Chicago. Chicago/London: University of Chicago Press (reprint 1968)

Lange, Otto/Raapke, Hans-Dietrich 1976: Weiterbildung der Erwachsenen. Bad Heilbrunn: Julius Klinkhardt

Lange, Ute u.a. 1999: Studienbuch berufliche Sozialisation. Theoretische Grundlagen und empirische Befunde zu Etappen der beruflichen Sozialisation. Bad Heilbrunn: Julius Klinkhardt

Lansky, Bruce 1996: Age Happens – The Best Quotes About Growing Older. New York: Meadowbrook Press

Lehrbuch der Soziologie (Hg.: Joas, Hans 2001). Frankfurt: Campus

Leibfried, Stephan/Leisering, Lutz 1995: Zeit der Armut. Frankfurt: Suhrkamp

Leibfried, Stephan/Pierson, Paul 1995: European Social Policy. Between Fragmentation and Integration. Washington D.C. 1995: Brookings

Lempert, Wolfgang 1981: Moralische Sozialisation durch den ‚heimlichen' Lehrplan des Betriebs. In: Zeitschrift für Pädagogik, S. 723-738

Lempert, Wolfgang 1998: Berufliche Sozialisation oder Was Berufe aus Menschen machen. Eine Einführung. Hohengehren: Schneider

Lenhardt, Gero 1980: Weiterbildung und gesellschaftlicher Fortschritt. Sozialpolitische Aspekte der Weiterbildung. In: Weymann, Ansgar (Hg.) Handbuch für die Soziologie der Weiterbildung. Darmstadt/Neuwied: Luchterhand

Lennon, John 1996: In: Age happens – The Best Quotes About Growing Older (Ed. by Lansky, Bruce), New York: Meadowbrook Press, S. 29

Lepsius, M. Rainer 1990: Interessen und Ideen. Die Zurechnungsproblematik bei Max Weber. In: Lepsius, M.R., Interessen, Ideen und Institutionen. Opladen: Westdeutscher Verlag, S. 31-43

Lepsius, M. Rainer 1990: Interessen, Ideen und Institutionen. Opladen: Westdeutscher Verlag

Lepsius, M. Rainer 1995: Institutionenanalyse und Institutionenpolitik. In: Nedelmann, Brigitta (Hg.), Politische Institutionen im Wandel. Opladen: Westdeutscher Verlag (Sonderheft 35 der KZfSS), S. 392-403

Leu, Hans Rudolf/Krappmann, Lothar 1999: Zwischen Autonomie und Verbundenheit. Bedingungen und Formen der Behauptung von Subjektivität. Frankfurt: Suhrkamp

Lexikon zur Soziologie 1973 (Hg.: Fuchs, Werner/Lautmann, Rüdiger/Rammstedt, Ottheim/Wienold, Hanns). Opladen (3. Auflage 1994): Westdeutscher Verlag

Lübbe, Hermann 1983: Zeit-Verhältnisse. Zur Kulturphilosophie des Fortschritts. Graz/Wien: Styria

Luckmann, Thomas 1992: Theorie des sozialen Handelns. Berlin & New York: Walter de Gruyter

Luhmann, Niklas 1977: Arbeitsteilung und Moral. Durkheims Theorie. In: Durkheim 1977, S. 17-35

Lüscher, Kurt 1968: Der Prozeß der beruflichen Sozialisation. Stuttgart: Enke

Lutz, Burkhart 1996: Arbeit, Arbeitsmarkt und Betriebe. Opladen: Leske+Budrich

Machiavelli, Niccolò 1986 (Erstausgabe 1532): Il Principe - Der Fürst. Stuttgart: Reclam

Mann, Michael 1986; 1993: The Sources of Social Power (2 Volumes). Cambridge: Cambridge University Press

Mann, Michael 1998: Geschichte der Macht. Band 3, Teil I. Frankfurt/New York: Campus

Mann, Michael 2001: Geschichte der Macht. Band 3, Teil II. Frankfurt/New York: Campus

Mannheim, Karl 1978: Das Problem der Generationen. In: Kohli, M., Soziologie des Lebenslaufs. Darmstadt und Neuwied: Kiepenheuer & Witsch, S. 33-53 (teilweiser Nachdruck). Original in: Kölner Vierteljahreshefte für Soziologie 1928, 7: S. 157-184 und S. 309-330. Vollständiger Nachdruck in: Wolff, K.-H. 1964: Karl Mannheim. Wissenssoziologie. Auswahl aus dem Werk. Berlin-Neuwied: Kiepenheuer & Witsch, S. 509-565

March, James G./Olsen, Johann P. 1998: The Institutional Dynamics of International Political Orders. In: International Organizations (52,4), S. 943-969

Markert, Werner 1973: Erwachsenenbildung als Ideologie. Zur Kritik ihrer Theorien im Kapitalismus. München: List

Marshall, Thomas H. 1992: Bürgerrechte und soziale Klassen. Frankfurt/New York: Campus (eng.: 1992: Citizenship and Social Class. London/Concord, Mass: Pluto Press)

Marshall, Victor W./Heinz, Walter R./Krüger, Helga/Verma, Anil 2001: Restructuring Work and the Life Course. Toronto/Buffalo/London: Toronto University Press

Marx, Karl/Engels, Friedrich 1966 (urspr. 1848): Manifest der Komunistischen Parteil in Deutschland. Frankfurt: Fischer, S. 59-87

Mead, George H. 1968: Geist, Identität und Gesellschaft. Frankfurt: Suhrkamp

Mead, George H. 1969: Philosophie der Sozialität. Frankfurt: Suhrkamp

Meadows, Dennis L. 1994 (16. Auflage): Die Grenzen des Wachstums. Stuttgart: DVA

Meier, Artur 1998: Intendierte und nicht-intendierte Folgen von Fortbildung und Umschulung. In: Faulstich, Peter/Bayer, Mechthild/Krohn, Miriam 1998, Zukunftskonzepte der Weiterbildung. Projekte und Innovationen. Weinheim und München: Juventa, S. 155-165

Meier, Artur/Müller, Jörg 1997: Die letzte Generation? Jugend und Familie auf dem Lande in Ostdeutschland und in den USA. Ein empirischer Vergleich während der Agrarrevolution. Berlin: trafo Verlag

Merton, Robert K. 1957: Social Theory and Social Structure. New York/London (2. Auflage): Macmillan/Free Press

Meyer, John W./Rowan, Brian 1977: Institutionalized Organization: Formal Structure as Myth and Ceremony. In: AJS (83), S. 340-363

Meyer, Sibylle/Schulze, Eva (Hg.) 1993: Technisiertes Familienleben. Berlin: edition sigma

Miegel, Meinhard 2002: Die deformierte Gesellschaft. Wie die Deutschen ihre Wirklichkeit verdrängen. Berlin und München: Propyläen

Miegel, Meinhard/Wahl, Stefanie 1993: Das Ende des Individualismus. Die Kultur des Westens zerstört sich selbst. Bonn: Verlag Bonn Aktuell

Mill, John Stuart 1974: Über die Freiheit. Stuttgart : Reclam 1974 (Erstausgabe 1859)

Mühlbauer, Karl Reinhold 1980: Sozialisation. München: Fink (UTB 857)

Nave-Herz, Rosemarie (Hg.) 1981: Erwachsenensozialisation. Weinheim/Basel: Beltz

Nestvogel, Renate 1999: Sozialisation im 'Weltsystem'. In: ZSE (19), S. 388-404

North, Douglass C. 1992: Institutionen, institutioneller Wandel und Wirtschaftsleistung. (engl.: Institutions, Institutional Change and Economic Performance, Cambridge u.a. 1990: Cambridge Univ. Press) Tübingen 1992: J.C.B. Mohr (Paul Siebeck)

Oesterdiekhoff, Georg W. 2000: Zivilisation und Strukturgenese. Norbert Elias und Jean Piaget im Vergleich. Frankfurt: Suhrkamp

Offe, Claus/Hinrichs, Karl/Wiesenthal, Helmut (Hg.) 1982: Arbeitszeitpolitik. Formen und Folgen der Neuverteilung der Arbeitszeit. Frankfurt/New York: Campus

Olson, Mancur 1991: Aufstieg und Niedergang von Nationen. Ökonomisches Wachstum, Stagflation und soziale Starrheit. Tübingen: J.C.B. Mohr (Paul Siebeck). (engl.: 1982: The Rise and Decline of Nations: Economic Growth, Stagflation and Social Rigidies. New Haven/London: Yale University Press)

Olson, Mancur 1992 (3. Auflage): Die Logik des kollektiven Handelns. Kollektivgüter und die Theorie der Gruppen. (engl.: 1965: The Logic of Collective Action: Public Goods and the Theory of Groups. Cambridge, Mass: Harvard University Press)

Orwell, George 1978: Erledigt in Paris und London. Zürich (Neuausgabe 1990): Diogenes

Paris, Rainer 1998: Stachel und Speer, Machtstudien. Frankfurt am Main: Suhrkamp

Parsons, Talcott 1964: Soziologische Theorie. Darmstadt/Neuwied (3. Auflage 1973): Luchterhand

Parsons, Talcott 1964: The Social System. New York: Free Press Paperback (urspr. New York/London 1951)

Parsons, Talcott 1972: Das System moderner Gesellschaften. München: Juventa (engl: 1971: The System of Modern Societies. Englewood Cliffs, N.J.: Prentice Hall)

Parsons, Talcott 1975: Gesellschaften. Evolutionäre und komparative Perspektiven. Frankfurt (2. Auflage 1986): Suhrkamp

Parsons, Talcott 1976: Zur Theorie sozialer Systeme. Opladen: Westdeutscher Verlag

Parsons, Talcott 1979: Sozialstruktur und Persönlichkeit. Frankfurt (6. Auflage 1999): Fachbuchhandlung für Psychologie

Parsons, Talcott/Platt, Gerald M. 1976: Alter, Sozialstruktur und Sozialisation in der Studienphase. In: Hurrelmann, Klaus, Sozialisation im Lebenslauf. Reinbek: Rowohlt, S. 186-202

Pöggeler, Franz (Hg.) 1975: Geschichte der Erwachsenenbildung. Stuttgart: Kohlhammer (= Band 4 des Handbuchs für Erwachsenenbildung)

Polanyi, Karl 1995: The Great Transformation. Politische und ökonomische Ursprünge von Gesellschaften und Wirtschaftssystemen. Frankfurt: Suhrkamp

Popper, Karl R. 1976: Logik der Forschung. Tübingen: J.C.B. Mohr (Paul Siebeck)

Produktion, Arbeit, Sozialisation 1976 (Hg.: Leithäuser, Thomas/Heinz, Walter R.). Frankfurt: Suhrkamp

Projektgruppe Arbeitsmarktpolitik/Claus Offe (Hg.) 1977: Opfer des Arbeitsmarktes. Zur Theorie der strukturierten Arbeitslosigkeit. Darmstadt/Neuwied: Luchterhand

Raiser, Cecilie 2000: Bewältigungsstrategien beruflicher Umbrüche. In: Sackmann, Reinhold/Weymann, Ansgar/Wingens, Matthias, Die Generation der Wende. Wiesbaden: Westdeutscher Verlag, S. 219-230

Rapaport, David 1973: Die Struktur der psychoanalytischen Theorie. Stuttgart (3. Auflage): Klett

Rasztar, Matthias 1999: Transformation und Berufsmobilität. Pfaffenweiler: Centaurus

Rawls, John 1975: Eine Theorie der Gerechtigkeit. Frankfurt: Suhrkamp (engl.: A Theory of Justice. Boston 1971: Harvard College)

Rawls, John 1998: Politischer Liberalismus. Frankfurt: Suhrkamp

Riekmann, Sonja Puntscher 1998: Die kommissarische Neuordnung Europas. Wien und New York: Springer Verlag

Ronneberger, Franz 1971: Sozialisation durch Massenkommunikation. Stuttgart 1971: Enke

Rosewitz, Bernd 1985: Weiterbildungssystem und Erwachsenensozialisation. Weinheim/Basel: Beltz

Rostow, Walt W. 1960: The Stages of Economic Growth. Cambridge: Cambridge University Press

Rousseau, Jean-Jacques 1963: Emile oder Über die Erziehung. Stuttgart: Reclam (engl.: Emile: or, On education. New York: Basic Books)

Rowe, David C. 1997: Genetik und Sozialisation. Die Grenzen der Erziehung. Weinheim: Psychologie-VerlagsUnion

Runde, Peter 1980: Rehabilitation und Integration. In: Handbuch für die Soziologie der Weiterbildung, S. 225-243

Sackmann, Reinhold 1998: Konkurrierende Generationen auf dem Arbeitsmarkt. Altersstrukturierung in Arbeitsmarkt und Sozialpolitik. Opladen: Westdeutscher Verlag

Sackmann, Reinhold 2000: Generationenverhältnis: historisch; ethisch. In: Religion in Geschichte und Gegenwart. Tübingen 2000 (4. Auflage): J.C.B. Mohr (Paul Siebeck)

Sackmann, Reinhold/Weymann, Ansgar 1994: Die Technisierung des Alltags. Generationen und technische Innovationen. Frankfurt/New York: Campus

Sackmann, Reinhold/Weymann, Ansgar/Wingens, Matthias 2000: Die Generation der Wende. Berufs- und Lebensverläufe im sozialen Wandel. Opladen: Westdeutscher Verlag

Sackmann, Reinhold/Wingens, Matthias 2001: Strukturen des Lebenslaufs. Weinheim und München: Juventa

Sally, Razeen 1998: Classical Liberalism and International Economic Order. Studies in theory and intellectual history. London/New York: Routledge

Sandholz, Wayne/Sweet, Alec Stone 1998: European Integration and Supranational Governance. Oxford: Oxford University Press

Schäfers, Bernhard 1998 (5. Auflage): Grundbegriffe der Soziologie. Opladen: Leske + Budrich

Scharpf, Fritz W. 2000: Interaktionsformen. Akteurszentrierter Institutionalismus in der Politikforschung. Opladen: Leske+Budrich

Schluchter, Wolfgang 1979: Die Entwicklung des okzidentalen Rationalismus. Eine Analyse von Max Webers Gesellschaftsgeschichte. Tübingen: J.C.B. Mohr (Paul Siebeck)

Schlutz, Erhard 1999: Lernkulturen. Innovationen, Preise, Perspektiven. Frankfurt: DIE

Schmitz, Enno 1995: Erwachsenenbildung als lebensweltbezogener Erkenntnisprozess. In: Schmitz, Enno/Tietgens, Hans, Erwachsenenbildung (Band 11 der Enzyklopädie Erziehungswissenschaft, Hg.: Lenzen, Dieter). Stuttgart/Dresden: Klett-Cotta, S. 95-123

Schmitz, Enno/Tietgens, Hans 1995: Erwachsenenbildung (Band 11 der Enzyklopädie Erziehungswissenschaft, Hg.: Lenzen, Dieter). Stuttgart: Klett-Cotta

Schober, Karen/Hochgürtel, Gerhard 1980: Bewältigung der Krise oder Verwaltung des Mangels? Staatliche Maßnahmen zur Bekämpfung der Jugendarbeitslosigkeit 1974-1979. Bonn: Verlag Neue Gesellschaft

Schofer, Evan/Ramirez, Francisco O./Meyer, John W. 2000: The Effects of Science on National Economic Development, 1970 to 1990. American Sociological Review, 65, S. 688-887

Schorb, Bernd/Mohn, Erich/Theunert, Helga 1980: Sozialisation durch Massenmedien. In: Handbuch der Sozialisationsforschung (Hg.: Hurrelmann, Klaus/Ulich, Dieter). Weinheim und Basel: Beltz, S. 603-627

Schradin, Walther/Wehle, Ernst U. 1980: Weiterbildung mit Strafgefangenen. In: Handbuch für die Soziologie der Weiterbildung, S. 244-259

Schulenberg, Wolfgang (Hg.) 1978: Erwachsenenbildung. Darmstadt: Wissenschaftliche Buchgesellschaft

Schultz, Theodore William 1986: In Menschen investieren. Tübingen (engl.: Investing in People, Univ. of Cal. Press, Berkeley 1981)

Schulze, Gerhard 1992: Die Erlebnisgesellschaft. Kultursoziologie der Gegenwart. Frankfurt/New York (6. Aufl. 1996): Campus

Schumpeter, Joseph A. 1918: Die Krise des Steuerstaates. Zeitfragen aus dem Gebiet der Soziologie, 4, S. 3-75 Graz und Leipzig: Leuschner & Lubensky

Schütz, Alfred 1960 (2. Auflage): Der sinnhafte Aufbau der sozialen Welt. Eine Einleitung in die verstehende Soziologie. Wien: Springer

Schütz, Alfred 1971: Gesammelte Aufsätze. Band 1. Das Problem der sozialen Wirklichkeit. Den Haag: Martin Nijhoff

Schütz, Alfred 1972: Gesammelte Aufsätze. Band 2. Studien zur soziologischen Theorie. Den Haag: Martin Nijhoff

Schütz, Alfred/Luckmann, Thomas 1979: Strukturen der Lebenswelt. 1. Band. Frankfurt: Suhrkamp

Schütz, Alfred/Luckmann, Thomas 1984: Strukturen der Lebenswelt. 2. Band. Frankfurt: Suhrkamp

Schütz, Alfred/Parsons, Talcott 1977: Zur Theorie sozialen Handelns. Ein Briefwechsel. (Hg.: Sprondel, Walter M.). Frankfurt: Suhrkamp

Schwarzer, Ralf/Jerusalem, Matthias 1994: Gesellschaftlicher Umbruch als kritisches Lebensereignis. Psychosoziale Krisenbewältigung von Übersiedlern und Ostdeutschen. Weinheim und München: Juventa

Scott, Richard 2001: Institutions and Organizations. Thousand Oaks/London/New Delhi: Sage

Seve, Lucien 1977: Marxismus und Theorie der Persönlichkeit. Frankfurt: Verlag Marxistischer Blätter

Shavit, Yossi/Blossfeld, Hans-Peter 1993: Persistent Inequality. Changing Educational Attainment in Thirteen Countries. Boulder/San Francisco/Oxford: Westview Press

Shavit, Yossi/Müller, Walter (1998): From School to Work. A Comparative Study of Educational Qualifications and Occupational Destinations. Oxford: Clarendon Press

Shaw, Clifford R./Moore, Maurice E. 1931: The Natural History of a Delinquent Career. Chicago/London: University of Chicago Press (reprint 1968 by Greenwood Press, New York)

Siebert, Horst 1979 (Hg.): Taschenbuch der Weiterbildungsforschung. Baltmannsweiler: Schneider

Siebert, Horst 1995: Erwachsenenpädagogische Didaktik. In: Schmitz, Enno/Tietgens, Hans (Hg.), Erwachsenenbildung (Band 11 der Enzyklopädie Erziehungswissenschaft, Hg.: Lenzen, Dieter). Stuttgart/Dresden: Klett-Cotta, S. 160-170

Silbereisen, Rainer K./Zinnecker, Jürgen 1999: Entwicklung im sozialen Wandel. Weinheim: Beltz (Psychologie VerlagsUnion)

Simmel, Georg 1964: Einleitung in die Moralwissenschaft. Eine Kritik der ethnischen Grundbegriffe. Aalen (4. Aufl.) (1. Auflage Berlin 1892/93): Scientia Verlag (Band 1)

Simmel, Georg 1966: Über soziale Differenzierung. Amsterdam: Liberac (Nachdruck der Ausgabe Leipzig 1890: Duncker & Humblot)

Simmel, Georg 1969: Wie ist die Gesellschaft möglich? In: Soziologisches Lesebuch (Hg.: Eisermann, Gottfried), S. 96-108, Stuttgart: Enke

Simmel, Georg 1987: Die Philosophie des Geldes. Berlin: Duncker & Humblot

Skirbekk, Gunnar 1977: Wahrheitstheorien. Eine Auswahl aus den Diskussionen über Wahrheit im 20. Jahrhundert. Frankfurt: Suhrkamp

Skowronek, Helmut 1995: Psychologie des Erwachsenenalters. In: Schmitz, Enno/Tietgens, Hans (Hg.), Erwachsenenbildung (Band 11 der Enzyklopädie Erziehungswissenschaft, Hg.: Lenzen, Dieter). Stuttgart/Dresden: Klett-Cotta, S. 143-159

Smelser, Neil J./Swedberg, Richard 1994: Handbook of Economic Sociology. Princeton: Princeton University Press

Smith, Adam 1974/1978: Der Wohlstand der Nationen. Eine Untersuchung seiner Natur und seiner Ursachen (Hg.: Recktenwald, Horst C.). München: Beck (8. Auflage 1999): Deutscher Taschenbuch Verlag (dtv)

Smith, Anthony D. 1998: Nationalism and Modernism. A critical survey of recent theories of nations and nationalism. Routledge: London and New York

Soeffner, Hans-Georg 1989: Auslegung des Alltags -- Der Alltag der Auslegung. Zur wissenssoziologischen Konzeption einer sozialwissenschaftlichen Hermeneutik. Frankfurt: Suhrkamp

Spezielle Soziologien. Problemfelder, Forschungsbereiche, Anwendungsorientierungen. (Hg.: Kerber, Harald/ Schmieder, Arnold 1994). Reinbek bei Hamburg: Rowohlt (Enzyklopädie)

Sprondel, Walter M. 1977: Editorisches Vorwort und Einleitung. In: Schütz, Alfred/Parsons, Talcott: Zur Theorie sozialen Handelns. Frankfurt: Suhrkamp, S.7-18

Sprondel, Walter M./Graathoff, Richard 1979: Alfred Schütz und die Idee des Alltags in den Sozialwissenschaften. Stuttgart: Enke

Strauss, Anselm 1991: Creating Sociological Awareness. New Brunswick/London: Transaction Publishers

Struck, Olaf 1998: Individuenzentrierte Personalentwicklung. Frankfurt/New York: Campus

Strukturplan für das Bildungswesen 1973 (Hg.: Deutscher Bildungsrat). Stuttgart (4. Auflage): Klett Taschenausgabe

Swaan, Abram de 1993: Der sorgende Staat. Wohlfahrt, Gesundheit und Bildung in Europa und den USA der Neuzeit. Frankfurt/New York: Campus (engl.: 1988: In Care of the State. Health Care, Education and Welfare in Europe and the USA in the Modern Era. New York: Oxford University Press)

Taschenbuch der Erwachsenenbildung 1982 (Hg.: Nuissl, Ekkehard). Baltmannsweiler: Burgbücherei

Taschenbuch der Weiterbildungsforschung 1979 (Hg.: Siebert, Horst). Baltmannsweiler: Burgbücherei

Tenbruck, Friedrich H. 1975: Das Werk Max Webers. In: Kölner Zeitschrift für Soziologie und Sozialpsychologie (27), S. 663-702

Thomas, William I./Znaniecki, Florian 1918-1920: The Polish Peasant in Europe and America. Boston: Richard G. Badger/The Gorham Press (Abridged reprint, ed. by Zaretsky, Eli (1984). Urbana and Chicago: Univ. of Illinois Press)

Thrasher, Frederic M. 1927: The Gang. Chicago/London: University of Chicago Press (reprint 1963)

Tietgens, Hans 1981: Erwachsenenbildung. München: Juventa

Tillmann, Klaus-Jürgen 1980: Sozialisationstheorie und Subjektbegriff. Anmerkungen zu Dieter Geulens handlungstheoretischem Entwurf. In: Zeitschrift für Pädagogik (6), S. 953-963

Tillmann, Klaus-Jürgen 2000 (11. Auflage): Sozialisationstheorien. Eine Einführung in den Zusammenhang von Gesellschaft, Institution und Subjektwerdung. Reinbek bei Hamburg: Rowohl (Enzyklopädie)

Tocqueville, Alexis de 1985: Über die Demokratie in Amerika. Stuttgart: Reclam

Tönnies, Ferdinand 1979: Gemeinschaft und Gesellschaft. Darmstadt (3. Auflage 1991): Wissenschaftliche Buchgesellschaft (basiert im Wesentlichen auf der 8. Auflage von 1935) (engl.: Community and civil society. ed. by. Harris, J Cambridge/New York: Cambridge University Press)

Touraine, Alain 1982: Die antinukleare Prophetie. Frankfurt/New York: Campus

Trommsdorff, Gisela 1989: Sozialisation im Kulturvergleich. Stuttgart: Enke

Twain, Marc 1996: In: Age Happens – The Best Quotes About Growing Older, Ed. by Lansky, Bruce, New York: Meadowbrook Press, S. 1

Vanberg, Victor V. 1998: Rationale Wahlhandlung. Regelorientierung und Institutionen. Eine evolutorische Perspektive. In: Gerhard Wegener/Josef Wieland, Formelle und informelle Institutionen. Genese, Interaktion und Wandel. Marburg: Metropolis, S. 379-522

Vanberg, Victor V. 1999: Markets and Regulations. On the Contrast Between Free-Market Liberalism and Constitutional Liberalisms. Constitutional Political Economy (10), S. 219-243

Vaubel, Roland 2001: Europa-Chauvinismus. Der Hochmut der Institutionen. München: Universitas

Veith, Hermann 1996: Theorien der Sozialisation. Zur Rekonstruktion des modernen sozialisationstheoretischen Denkens. Frankfurt/New York: Campus

Vester, Michael/Oertzen, Peter von/Geiling, Heiko/Hermann, Thomas/Müller, Dagmar 1993: Soziale Milieus im gesellschaftlichen Strukturwandel. Zwischen Integration und Ausgrenzung. Köln: Bund-Verlag

Voigt, Wilfried 1975: Einführung in die Berufs- und Wirtschaftspädagogik. München: Juventa

Wacker, Ali (Hg.) 1978: Vom Schock zum Fatalismus? Soziale und psychische Auswirkungen der Arbeitslosigkeit. Frankfurt/New York (2. Auflage 1981): Campus

Wacker, Ali 1976: Arbeitslosigkeit. Soziale und psychische Voraussetzungen und Folgen. Frankfurt/New York: Europäische Verlagsanstalt

Wagner, Peter 1990: Sozialwissenschaften und Staat. Frankreich, Italien, Deutschland 1870-1980. Frankfurt/New York: Campus

Wahler, Peter 1997: Berufliche Sozialisation in der Leistungsgesellschaft. Pfaffenweiler: Centaurus

Waibl, Elmar 1980: Gesellschaft und Kultur bei Hobbes und Freud. Wien: Löcker

W-A-L (Sozialwissenschaftliche Arbeitsgruppe) 1978: Die soziale und psychische Lage der Arbeitslosen. Ansatzpunkte für Weiterbildung. Göttingen: (Projektbericht)

Walzer, Michael 1992: Sphären der Gerechtigkeit. Ein Plädoyer für Pluralität und Gleichheit. Frankfurt/New York: Campus (engl.: 1983: Spheres of Justice. A Defense of Pluralism and Equality. New York: Basic Books)

Weber, Max 1920 (7. Aufl. 1978): Die protestantische Ethik und der Geist des Kapitalismus. In: Max Weber, Gesammelte Aufsätze zur Religionssoziologie. Band I, Tübingen (9. Auflage 1988): J. C. B. Mohr (Paul Siebeck), S. 17-206

Weber, Max 1964: Wirtschaft und Gesellschaft (Hg.: Winckelmann, Johannes). Köln/Berlin: Kiepenheuer und Witsch (basiert auf der Ausgabe Tübingen 1956: J.C.B. Mohr (Paul Siebeck))

Weber, Max 1965: Die protestantische Ethik. München und Hamburg: Siebenstern

Weber, Max 1978 (7. Auflage): Gesammelte Aufsätze zur Religionssoziologie. J.C.B. Mohr (Paul Siebeck)

Weber, Max 1985 (6. Auflage): Gesammelte Aufsätze zur Wissenschaftslehre. Tübingen (7. Auflage 1988): J.C.B. Mohr (Paul Siebeck)

Weiss, Linda 1998: The Myth of the Powerless State. Ithaca, New York: Cornell University Press

Weymann, Ansgar (Hg.) 1980: Handbuch für die Soziologie der Weiterbildung. Darmstadt/Neuwied (3. Auflage 1982): Luchterhand

Weymann, Ansgar 1979: Rezension von Erving Goffman, Rahmen-Analyse. In: Soziologische Revue (2), S. 270f.

Weymann, Ansgar 1983: Weiterbildung zwischen Instrumentalisierung und Irritation. Zur Situation von Weiterbildungspolitik und -forschung. In: Zeitschrift für Sozialisationsforschung und Erziehungssoziologie (3), S. 237-243

Weymann, Ansgar 1989: Handlungsspielräume. Untersuchungen zur Individualisierung und Institutionalisierung von Lebensläufen in der Moderne. Stuttgart: Enke

Weymann, Ansgar 1995: Modernisierung, Generationsverhältnisse und die Ökonomie der Lebenszeit. Gesellschaftsformen und Generationen im ‚Polish Peasant'. In: Soziale Welt (46), S. 369-384

Weymann, Ansgar 1996: Modernization, Generational Relations and the Economy of Life Time. International Journal of Sociology and Social Policy (16), S. 37-57

Weymann, Ansgar 1998: Sozialer Wandel. Theorien zur Dynamik der modernen Gesellschaft. Weinheim/München: Juventa

Weymann, Ansgar 1999a: From Education to Employment: Occupations and Careers in the Social Transformation of East Germany. In: Heinz, Walter (ed.), From Education to Work: Cross-National Perspectives. Cambridge: Cambridge University Press, S. 87-108

Weymann, Ansgar 1999b: Gesellschaft/Gesellschaftstheorie. In: Enzyklopädie der Philosophie (Hg.: Sandkühler, Hans Jörg). Hamburg: Felix Meiner, S. 470-480

Weymann, Ansgar 2000a: Everett C. Hughes: The Sociological Eye. In: Hauptwerke der Soziologie (Hg.: Kaesler, Dirk /Vogt, Ludgera). Stuttgart: Alfred Kröner Verlag, S. 112-114

Weymann, Ansgar 2000b: Generationenverhältnis: soziologisch, anthropologisch. In: Religion in Geschichte und Gegenwart. Tübingen (4. Auflage): J.C.B. Mohr (Paul Siebeck)

Weymann, Ansgar 2003a: The Life Course, Institutions, and Life Course Policy. In: Marshall, Victor/Heinz, Walter R. (eds), the Life Course: Sequences, Institutions and Interrelations. New York/Berlin: Aldine/de Gruyter 2003, S. 164-188

Weymann, Ansgar 2003b: Bildung, Staat und Gesellschaft. Gedanken zur Freiheit – mit einer Fallstudie zu Weiterbildung und Berufsbiographien. In: Bolder, Axel/Witzel, Andreas (Hg.), Berufsbiographien – Beiträge zu Theorie und Empirie ihrer Bedingungen, Genese und Gestaltung. Opladen: Leske+Budrich, S. 17-34

Weymann, Ansgar 2003c: Future of the Life Course. In: Mortimer, Jeylan T./Shanahan, Michael J. (eds.), Handbook of the Life Course. New York/Boston/Dordrecht/London/Moscow: Kluwer/Plenum 2003, pp. 703-714

Weymann, Ansgar u.a. 1980: Der Hauptschulabschluß in der Weiterbildung. Paderborn: Schöningh

Weymann, Ansgar/Heinz, Walter R. 1996: Society and Biography. Interrelationsships between Social Structure, Institutions and the Life Course. Weinheim: Deutscher Studienverlag

Weymann, Ansgar/Sackmann, Reinhold/Wingens, Matthias 1999: Social Change and Life Course in East Germany. A Cohort Approach to Inequalities. In: International Journal of Sociology and Social Policy, Vol. 19 (9-11) 1999 (Special Issue ed. by Blackburn, Robert M., Understanding Social Inequaulity), S. 90-114

Wiesenthal, Helmut 1995: Einheit als Interessenpolitik. Studien zur sektoralen Transformation Ostdeutschlands. Frankfurt/New York: Campus

Wiesenthal, Helmut 2001: Gelegenheit und Entscheidung. Policies und Politics erfolgreicher Transformationssteuerung. Wiesbaden: Westdeutscher Verlag

Williamson, Oliver E. 1975: Markets and Hierarchies: Analysis and Antitrust Implications. New York: Free Press

Williamson, Oliver E. 1985: The Economic Institutions of Capitalism. Firms, Markets, Relational Contracting. New York: Free Press

Williamson, Oliver E. 1994: Transaction Cost Economics and Organization Theory. In: Smelser, Neil J./Swedberg, Richard (eds), The Handbook of Economic Sociology, S. 77-107

Windolf, Paul 1981: Berufliche Sozialisation. Stuttgart: Enke

Windolf, Paul 1982: Die Neue Arbeitslosigkeit und die Grenzen der Sozialpolitik. In: Soziale Welt (33), S. 365-399

Windzio, Michael 2003: Organisation, Strukturwandel und Arbeitsmarktmobilität. Wiesbaden: Westdeutscher Verlag

Wingens, Matthias 1999: Der gelernte DDR-Bürger. Biographischer Modernisierungsrückstand als Transformationsblockade. In: Soziale Welt, (50/3). Jahrgang, S. 225-280

Wingens, Matthias/Sackmann, Reinhold/Grotheer, Michael 2000: Berufliche Qualifizierung für Arbeitslose. Zur Effektivität AFG-finanzierter Weiterbildung im Transformationsprozess. In: Kölner Zeitschrift für Soziologie und Sozialpsychologie (52/1), S. 60-80

Wippler, Reinhard 1978: Die Ausarbeitung theoretischer Ansätze zu erklärungskräftigen Theorien. In: Theorienvergleich in den Sozialwissenschaften (Hg.: Hondrich, Karl Otto/Matthes, Joachim). Darmstadt/Neuwied: Luchterhand, S. 196-212

Wirth, Louis 1928: The Ghetto. Chicago/London: University of Chicago Press

Wittpoth, Jürgen 1994: Rahmungen und Spielräume des Selbst: ein Beitrag zur Erwachsenensozialisation im Anschluss an George H. Mead und Pierre Bourdieu. Frankfurt: Diesterweg

Woodward, Alison/Kohli, Martin 2001: Inclusions and Exclusions in European Societies. London/New York: Routledge

Wörterbuch der Pädagogik 1982 (Hg.: Böhm, W.). Stuttgart (12. Auflage): Kröner

Wörterbuch der Soziologie (Hg.: Endruweit, Günter/Trommsdorff, Gisela 2002). Stuttgart: Lucius & Lucius

Wörterbuch der Weiterbildung (Hg.: Dahm, Gerwin u.a.) 1980. München: Kösel

Wuthnow, Robert 1989: Communities of Discourse. Ideology and Social Structure in the Reformation, the Enlightenment, and European Socialism. Cambridge, Mass. and London: Harvard University Press

Yergin, Daniel/Stanislaw, Joseph 1999: Staat oder Markt. Die Schlüsselfrage unseres Jahrhunderts. Frankfurt/New York: Campus

Zapf, Wolfgang 1969: Theorien sozialen Wandels. Köln/Berlin: Kiepenheuer & Witsch

Zapf, Wolfgang 1994: Modernisierung, Wohlfahrtsentwicklung und Transformation. Berlin: Sigma

Zapf, Wolfgang 1996: Die Modernisierungstheorie und unterschiedliche Pfade der gesellschaftlichen Entwicklung. In: Leviathan (23), S. 63-77

Zapf, Wolfgang/Habich, Roland 1996: Wohlfahrtsentwicklung im vereinten Deutschland. Sozialstruktur, sozialer Wandel und Lebensqualität. Berlin: Sigma

Ziltener, Patrick 1999: Strukturwandel der europäischen Integration. Die europäische Union und die Veränderung der Staatlichkeit. Münster: Westfälisches Dampfboot

Zukunftsaufgabe Weiterbildung 1982. Die politische Verantwortung für die Erwachsenenbildung (Hg.: Deutscher Volkshochschul-Verband). Bonn: Eigendruck

Zürn, Michael 1998: Regieren jenseits des Nationalstaats. Globalisierung und Denationalisierung als Chance. Frankfurt: Suhrkamp

Personenverzeichnis